大展好書　好書大展
品嘗好書　冠群可期

大展好書　好書大展

品嘗好書　冠群可期

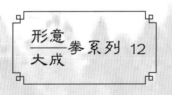

形意
大成
拳系列 12

盧式心意拳
傳習錄

余江 編著

大展出版社有限公司

序①

我和余江先生只見過兩次面，稱不上非常了解，但僅是那兩次見面，他已經給我留下了深刻的印象：酷愛武術、痴迷心意拳、尊師重道、心地善良、頭腦靈活……他在討論武術特別是心意拳相關話題時，一定會毫不留情面地堅持自己的原則——一個可敬又可愛的傳統武術人。我今天願意為他的這本書作序，最直接的原因就是這個。

說實話，我在沒有看到書稿之前，就答應為余江先生的這本書作序了，因為我相信這個人。然而這畢竟不是一種理性的行為方式，因為我並不知道這本書到底寫了些什麼，以及是如何寫的。所以當我收到他的書稿時，興奮與恐懼的心情交織在一起——一方面非常迫切地想知道余江先生對盧式心意拳的理解與解讀，另一方面又特別擔心看到的是一堆亂七八糟的「高談闊論」。所幸，我的不理性收穫了理性的結果——余江先生的這本書是值得一讀的。

在我看來，余江先生的這本書在以下方面值得肯定：

其一，這真的是一本傳習錄，余江先生把他所學過、見過、聽到、聽說、思考過和正在思考的與盧式心意拳有

---

①本序作者為清華大學體育部教授，博士生導師喬鳳杰。

關的知識，全部分門別類、實實在在地寫了出來。這樣的著作，無論是對盧式心意拳的傳習者，還是對中國武術的研究者，都是很有用的。

其二，余江先生說「學習盧式心意拳，就等於學習中國文化」，可謂是立意高遠、頗有見地，因為在我看來，只有明白了中國武術的文化特性，知曉了中國武術對中國文化的承載意義，才是真正看懂了中國武術，才是理解了中國武術的「跨越時空、超越國度」的價值與魅力。

其三，余江先生認為學拳練拳的主要目的應該是服務於生活，而不是很多人一直高喊的見義勇為、防身自衛，更不是那些「拳蟲」們整天炫耀的成名成家、打遍天下無敵手。在我看來，無論是武術的工具價值還是其文化符號價值，都只有在服務於生活時才真正具有意義。從余江先生的文字中可以感受到，他對這一目的的確認是經過很多年的思考與反思後所得出的結論，而不是人云亦云的附庸。

我對余江先生這本書的評述，基本上還在外圍的範疇，從某種意義上講是不太負責任的。因此，我也不想再多說了，因為畢竟我對盧式心意拳的了解還是遠遠不夠的。我希望余江先生的這本書能夠引起大家的關注，希望余江先生對盧式心意拳的研究與解讀能為讀者提供深入和清晰的引導。

自 序

◇◆◇◆◇◆◇◆◇◆◇◆◇◆◇◆◇◆◇◆◇◆◇◆◇◆◇◆◇◆◇◆

師爺盧嵩高說：「咱這門拳是古上留下來的寶貝，拳（術）不複雜，但易學難練、更難精，拳藝非常深奧，你們要去撈，越撈越深，要勤學苦練，學到老，練到老，是一輩子的學問。」

師父王書文說：「練心意拳，過去的老師們多是靠拳吃飯，所以實戰的多，現在主要提倡健身，身體好是第一位的，所以要多從養生這兒研究。」他還常說：「學拳和教拳都要有武德，出去亂出手和亂惹事的不能教，誰家都有老婆、孩子、大人，你把人家打傷，人家一家人如何生活。」

師叔張兆元說：「心意六合拳乃內家拳之鼻祖，考其沿革依循，遠溯至宋、元、明、清四代。首創於岳飛，集成於明末姬龍鳳，乃定名為心意六合拳。」

師娘郝雅琴說：「小余趕上了好時候，可以開武館，可以收徒弟。你師父年輕時，學個拳得偷偷摸摸，教個拳也得私下裡，找個沒人的地方，不理解的鄰居們會問，『都解放了，還學拳打人呀。』」

唉，世人多不知道學習盧式心意拳，就等於學習中國文化。

　　孔子說，「衣食足而後知禮儀」。有錢了就得先解決溫飽問題，而後是蓋個大房子、追求美食，到最後就會自然而然地迷上文化藝術，因為藝術本身是源於生活、高於生活，是精神的追求與滿足，武術如此、繪畫如此，宗教如此……學盧式心意拳也如此。

盧式心意拳的現實狀況

　　一窮二白慣性下的中國武術文化已經被邊緣化了近半個世紀，在市場經濟的大環境中又被漠視至今。拿傳統武術中的盧式心意拳來說，現在的局面是力量薄弱，人才凋零，且亂象叢生。我感覺有幾點偏差之處，暫列如下。

　　1. 不系統。多數師長只是教授拳術，不知道武意和武藝，不知道武術進步的階梯。多數老師只會根據個人的打拳經驗做些解釋，看似指點了武術，但因缺乏系統引導，不能讓愛好者得到更多的受用，從而失去了繼續深入的動力。

　　2. 教學沒有階梯化，沒有整體性的安排，想到哪教到哪，老師迷糊，學生也迷惘，即使愛好者學習的信心堅定，學到一定程度便無法提高。

　　3. 無緣得遇師長，僅憑個人感覺學習，摸索實踐，多是不得理、不得法，最後往往因迷失方向而退卻。心意拳傳承了近千年，盧式心意拳也傳承了百餘年，其博大精深，不是自學就能會了。

　　4. 更有甚者稍得一招半式，稍有一知半解，便狂妄自大，好為人師，自誤又誤人，反而成為了發展武術的障

礙。

因此，多數盧式心意拳的習練者都不得要領、偏執一端、落入玄談或是流於自說自話的境況，除了以上的偏差外，在武術文化方面的認識也是問題重重，誤會多多，如常把武術表演、武術商演、武術比賽當成武術的全部，反而失去了武術的初心和文化性。

可喜的是雖然凋零、日用而不知，但血脈通流不斷，有識之士都在進行反思，針對當下盧式心意拳傳承過程中存在的問題，提出了有效的解決方案。究其根源，根本在於體系性的缺失，沒有一套有可操作性的體系作為保障，基於此，門裏有志同仁開始做流傳整理、文化整理和技術整理，抓住了流傳明確、體系完整、進步明確這三個根本，想是很多問題就會自然而然地迎刃而解了。

學習盧式心意拳的現實意義

在現實生活中，如果一看無功名，二看無利祿，三看不能用來羽化成仙，四看不能成為一場秀，不能人前顯貴，那學習盧式心意拳還有沒有現實意義？當然有，因為一是學會關心自己，二是學會健全自己，三是學會完善自己。

首先，關心自己的生命和生活，即活著與更好地活著。現代人學習武術，不是讓你成為一名打手和殺手，也不是為了讓你成為一個職業運動員或商業選手，而是為了保護和保全自己，生死時刻與危機時刻有備無患。危機時刻就是你死我活，我們不僅要活著，還要更好地活著。學

習武術的益處一方面可以加快我們身體對環境的適應性。我們現在的身體是六千萬年進化的結果，最大的改變就是直立行走，直立可以使我們站得高、看得遠、想得多，行走可以使我們雙手完全自由，但代價是走路不穩了，承受體重的脊骨負重大，身體損傷多，內臟下垂，有了痔瘡，也易肥胖、骨質疏鬆、身體疼痛……人更痛苦了。傳統武術一直在應對著這些變化，並不斷地積累大量經驗，盧式心意拳更有其獨特之處。另一方面，從心智角度，打拳可以使你更加快速地學會整體地看待問題，使你擁有把不同事物歸入到一個完整的系統中的能力，認清它們之間的關係與關聯，獲得對客觀事物的深度理解。因為打拳就是一個逐漸整體如一的過程，明三節，齊四梢，束身而上，整身而去。練身體就像穿珠子，「節節貫穿」是方法，「體整如鑄」是效果，「中節不明，渾身是空」是警告，「眼觀六路，耳聽八方」是一個立體的認識客觀存在的方法，最後的「束一」是大成。

其次，樹立獨立的人格，擁有獨立應對一切困難的能力。武術以人為本，以我為出發點，相信自己會做得最好。「危機時刻戰勝對手，平日裡能更好地活著」是盧式心意拳的初心，是拳的原點，活著即是得道，能更好地活著即是有道德，順天應時。在盧式心意拳的勝負訓練中就是要成就強者，贏得勝利；是在訓練一個人的判斷選擇過程、決定過程和執行過程；是一個設置預案、演習預案和執行預案的過程。在這個訓練過程中可以使你養成遇事不猶豫，做事不魯莽；勝不驕，敗不悔，最終成就一個強

者。

　　世間人多認為「人生苦短」「人間正道是滄桑」，這是把有限的生命融入到紛繁瑣事中去，是很難快樂的；但若把有限的生命融入到博大的文化中去，人生一定會有很多快樂。因為文化是人類生活與生存的智慧結晶。學習中國武術就是走在一條學習中國文化的道路上，它有三個階段，一是學武術，苦中作樂；二是學武意，自由快樂；三是學武藝，昇華快樂。學習一門「源於生活，高於生活」的藝術，感受其中的文化，你的生命就會長時間地潤澤在幸福與快樂之中。

　　最後，需要明白學習盧式心意拳不是讓你回到傳統中去，而是透過實際技能的學習讓你擁有解決當下問題的力量和方法，在無法預料的現實生活中能夠每每做出有益的選擇，使生活更幸福，生命更快樂。

　　不管過去，還是現在、將來，學習武術都是學習中國文化的一條道路，是修煉中國文化素養的一條途徑，武術教你如何勇敢地面對困難，教你如何來為人處世，教你如何去立世應命，教你如何成為有中國文化精神的人，教你如何實現夢想——能文能武一條龍，培養中國人威武不屈的民族性格與氣質。學習中國武術永遠是中國人生存文化的一部分，學習武術的內核就是培養一批有民族文化精神的傳承人，一大群能文能武的人。

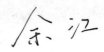

1958年盧嵩高拳照，楊肇基拍攝，余江提供

目 錄

概 述

◇◆

盧式 指盧式心意拳的開山鼻祖、一代宗師盧嵩高老師開創的一派武術。

心意 對應的是身心快樂這個概念。身是活著，心是更好地活著。「心」就是用腦子想，是說心中的嚮往，是說人的認知意向——一個極高明的假設和主觀認定。「意」就是用身體去尋找心中的嚮往。「心是猿猴意是馬」，內裏傳達心的認定，外裏尋找符合「心」的三界之象。在人與雞合的過程中找到了欺鬥之勇，在人與鷂合的過程中找到了側展之能，在人與鷹合的過程中學到了捉拿之功，在人與馬合的過程中學會了奔騰之功，在人與虎合的過程中學會了撲食之功，在意想龍的身上找到了驚靈之意……心意現顯於身。

六合 是說規矩，舉一身之相形似方。體似立方，六合言身，以六合的四面八方為方法，束身構拳成器，方之內力撐上下、前後、左右。頭欲頂，尾欲沉；肩欲前，背欲後；胯欲左右，對撐對拔穩如山，是心意門人的大智慧。

拳 一半是方法與竅門的技術，一半是常勝與長生的文化。

繼承与发展
卢式心意六合拳
卢少君 丁亥

從20世紀80年代武術挖掘整理工作的成果可知，我國武術有129個自成體系的拳種。一方水土養一方人，一方文化成就一方武術。武術是用來解決問題的，一個拳種解決一個問題或者說針對解決某一類方面問題，從這個角度看，129個拳種也是夠龐大的了。

盧式心意拳源於河南心意六合拳，成於一代宗師盧嵩高老師對傳統武術開創性的繼承與發展，在不斷的實踐交流中，擁有鮮明特點和獨特風格的盧式心意六合拳在20世紀二三十年代逐漸形成，並廣為流傳至今。

盧師開創了中國武術一派之先河，是現今上海武術中最具代表性的傳統技藝。在普陀區形成，在上海市發展壯大，是深受滬上百姓喜愛的武術，是上海市非物質文化遺產項目中武術文化的優秀代表。

盧嵩高老師於20世紀初來到上海，一生多在滬從事武術的傳授與發展，一直住在普陀區的櫻花里白玉坊。在1927—1937年期間，盧師在上海武術界被稱為拳王，心

意六合拳被稱為「盧嵩高（的）心意六合拳」。新中國成立後，盧師是普陀區的政協委員，心意六合拳被廣泛稱為「上海十大形」或十大形，這是以拳的內容來說，它象形取意10種動物「雞、鷂、燕、鷹、虎、馬、熊、蛇、猴、龍」。20世紀80年代後，外地武術家開始稱其「上海心意六合拳」「上海派心意拳」或「海派心意拳」，這是一個地域概念，因為這是一門在滬形成、發展、壯大，具有上海文化內涵和精神氣質，深受國內武術界認可的上海本土傳統武術拳種，曾經在一段時間裏，心意拳成了上海武術的代名詞。

2005年10月1日，由盧師之子盧少君老師，盧師親傳弟子中的長師兄王書文、張兆元、白恆祥等幾位老師共同商定將此拳名稱恢復到20世紀三四十年代的稱謂，定名為「盧式心意拳」或「盧式心意六合拳」，並成立了「盧式心意拳研究會」，盧少君老師為掌門，王書文老師為第一任會長，張兆元、白恆祥老師為副會長，余江老師為秘書長，蔡伯澄、吳秋亭、余江、薛鴻恩、李傳香老師為總教練。2010年，幾位前輩老師均已過世；2011年，研究會決定今後不再設掌門一職，改選蔡伯澄老師為第二任會長，余江老師任常務副會長兼秘書長，增選錢仁錶、孫雙喜、譚全勝、王周年幾位老師為副會長，吳秋亭老師為副秘書長。

自非物質文化遺產項目普查以來，盧式心意拳就受到普陀區和上海市文化管理部門的關注與重視，2013年在普陀區申請非物質文化遺產項目成功後，2015年又在上

海市申請非物質文化遺產項目成功。

　　盧式心意拳以「實用、長壽、易上手」為特色，是一門講常勝、求長生的學問，具有很高的文化價值、實用價值和健身價值。實用是因為它是千百年來軍事用拳的延續。拳譜曰：相傳心意拳是南宋抗金名將岳飛所創，用以訓練將士，殺敵報國，故又稱岳武穆王拳。山拳是衝鋒時戰鬥技術的延續，向前，向左，向右，唯獨沒有向後，也沒有遊場一說，它所要解決的問題場景是在二馬一錯鐙的瞬間，剎那間接觸，三步之內一個衝鋒，一個照面，哐啷一聲響，瞬間決出勝負。它所有技術上的要求都要服務於這一宗旨。

　　「心意勇高」，勇敢是培養出來的。「一勇、二膽、三武術」，在盧式心意拳一二三的排位體系中，勇敢排在第一位，功夫排在最末位。我們常說岳飛勇冠三軍，說趙子龍一身是膽，而不單說他們武功蓋世，武藝高強。首先培養的就是勇氣，它教你如何勇於面對未知、面對困難。沒有勇氣，你就是學得十成武術，關鍵時刻你用不出一成。沒有膽量，危急來臨時刻你邁不開步，學了也白學。人在生活中亦是如此，勇敢比懦弱好，弱不能成事，還常被人欺侮。

　　從拳術的特點方面講，盧式心意拳是二人對抗的技術，不是一門表演的武術。盧師在世時常和弟子們講：「咱這一門是枯枝梅，有花沒葉子，實用才是硬道理。」學拳的過程是不斷演練預案的過程，如何面對不同的對手？如何站位？如何判斷對手的特點？從哪裏下手？敢於

勝利和如何得勝……勇敢是有慣性的。從武德方面講，理
直才能氣壯，得理才能不饒人。強詞奪理，終究不會有真
正的勇敢。打拳的目的就是要養成勇敢之心，為愛國、為
感恩、為正氣、為大義、為誠信……出手才能做到理直氣
壯，得理不饒人。

膽量是歷練出來的，沒有人天生就膽大，都是後天養
成的，多經歷驚心動魄的事就能歷練出來。天生膽大是心
中沒有規矩，是無知者無畏。後天養成的是膽大心細，是
藝高人膽大。心中有正氣，身有正能量，又有武術在手，
還有什麼可畏懼的？所以說武術是磨鍊出來的。

「至老不衰」是1985年上海武術協會在出版的《上
海市武術挖掘整理專輯》一書中對盧師的評價，也是對這
一門拳的評價。盧師在20世紀50年代以七十多歲的高齡
連生4子，令上海武術界瞠目。

養兵千日，用兵一時，更好地活著是習武人士的追求
目標，長壽更是千百年來人們的追求，與其他拳種相比，
心意拳界名家名師中長壽之人比比皆是，這是一個極其突
出的現象。心意拳中養生的方法也是極高明地融入於日常
生活之中，在建拳之時就有了根據人體的更新周期來打拳
的理論——先訓練肌肉、筋骨、血氣，後訓練靜養、氣養
和養功養道的訓練體系。一年皮肉，三年筋骨，六年血
氣，十年養功養道，老法叫「易肌，易筋，易骨，易
髓」。易就是更換、改良，重新塑造出一個人來，俗稱脫
胎換骨。系統性地訓練一個人的肌肉、筋骨、氣血，靜養
靈根，氣養精神。長肌肉又分頭、肩、肘、手、胯、膝

等；抻筋拔骨又分抻四肢的筋，拔中軸的骨；氣血的晃滿又分三搖與二晃；靜養又分坐、臥、行等。氣養又分吸實與鼓實，又分順勁與顛倒勁……這是一個系統工程。

改變一個人，重塑一個人在拳中是一件很簡單的事，而且方法也很簡單，端正自己的身體，衛生自己的內府，充盈自己的氣血，積習成性，積性升氣，僅此而已。現在是過去的真實反映，檢驗成果的標準就是顯現於四梢，拳譜中說「想要好，梢中求」。現在社會刀槍入庫，馬放南山，人們追求更美好的生活，而長生與長壽、至老不衰則是心意拳門人們不斷追求的長生文化。

從拳理上分析中國武術，大致上有三類，一是民間用拳，講究留藝留成，不要傷人，如鏢局、看家護院用拳；二是官府用拳，講究思前想後，如何在不傷人的前提下捉到人；三是軍事用拳，講究留藝不留成，寧在一思前，莫在一思後。

心意拳的拳理特點是，勇往直前，勇不後退，寧要不是莫要停。前有三條路向左、向右或向前，沒有後退，也沒有遊場技術，有進無退。在接觸的瞬間定輸贏，出勝負。可以成排成列地衝鋒，也可以一窩蜂似地衝鋒。在實戰的過程中不擒、不拿、不摔，打打打，一勢三招，留藝不留成。心意拳中沒有擒拿與摔跤的技術，因為它是衝鋒時的戰鬥技術，其中心任務是在亂軍叢中，多面臨敵的情況下如何取得勝利，抓住敵人，如果限制了自己的雙手，就無法面臨第二三名對手。同時也沒有倒地的纏鬥，也沒有摔法，因為衝鋒時是不可以倒地的，若是倒地，恐怕就

再也沒有機會站起來。

心意拳的拳術特點是，在日常訓練上要做到拳打千遍方為會，萬遍為熟，千萬遍為精，萬萬遍為神。熟能生巧，精準與精確，萬萬遍之後才會有了自然而然的出神入化。手不離腮、肘不離肋是基本手法，是強調手肘在攻防時的位置，建拳伊始就寫入拳譜，強調了千百年。手是兩扇門，手腳齊到方為真，是基本的身法，強調手腳的配合，因為手腳長在身上，手到腳不到犯拿法，腳到手不到犯摔法。三尖照三尖齊是技術底線，強調交鋒時的身法，利於進攻往來，同時還強調對應關係，尖對尖，保持注意力，用最外的尖對敵三尖。

打拳不能是你打我一拳我踢你一腳，你砍我一刀我刺你一槍，比的是誰不犯錯誤，比的是誰不露破綻，比的是講關係。三尖照了就不會把身體的重要部位露給對手，三尖齊了就不會有前俯後仰之嫌。設預案打陷阱是技術思想，打拳拼的不是意氣、衝動，而是精心準備，是設計的智慧。心意拳有八個大雜拳七十二小手，每一小手都是一個預案，或叫陷阱，打拳就是演習預案，獲得執行預案的能力，學拳就是學習設置陷阱的思想和方法。

井井有條是常勝的方法，我們常說：「一力降十會，一招鮮吃遍天」「氣不打力，力不打功」等等。但常勝比的不全是反應靈活，技術過硬，身體過硬，最為核心的是關係的緊密。只有關係緊密了，對應的明了，才會有時間差的出現，才會有空間位置差的出現，才會有慢半拍差半步的機會給你。如何才能做到呢？六合中找，時時刻刻與

對手條理對應成井井有條，隨機應變就有機會。

滬上百姓愛稱它為十大形，是因為它象形取意十種動物：馬、燕、熊、猴、鷹、雞、鷂、虎、蛇、龍，似十種人體：高、矮、胖、瘦、甲、由、申、目、乾、虛。根據不同的人，不同的人體形態，選擇不同的動作來傳授學習，共有八個大雜拳七十二小手，一共分六個階段來練習進步——肌肉、筋骨、血氣、靜養、氣養和養功養道，每一階段又有諸多針對性的訓練方法與竅門。

學習盧式心意拳有兩個入口——鷹熊競志，以鷹式為實用入門，以熊式為養生入口。鷹式要求勢險節短，追求短疾、快利，狠毒，簡單實用，力求越短越好，形求越快越好，心求越狠毒越好。熊式追求四平八穩，厚重與撐拔，越養生越好。

有關盧式心意拳，已經出版的書籍有《盧式心意拳入門》《盧式心意拳開拳》，雜誌上也發表過很多相關文章。

傳承基地現在有：余江老師的「十大形功夫館」、吳秋亭老師的「吳秋亭文化工作室」、蔡伯澄老師的「盧式心意拳研習館」、譚全勝老師的「合肥市盧式心意拳傳承基地」、孫雙喜與萬孝先老師的「李尊思老師心意拳傳承基地」、王周老師的「南京市十大形功夫館」。

開派宗師盧嵩高

盧師生平

　　盧嵩高老師一生只做一件事——研習武術，一生守法忠義，守德明理，人格高尚，人生清白，寧守清貧，不事漢奸，具有很強的民族氣節；一生從事傳統武術的傳授、民族文化的傳播，桃李芬芳滿天下。

　　盧師，河南周口人，生於 1875 年 10 月 26 日，歸真於 1961 年 10 月 1 日，回族。自幼習武，十多歲時就拜心意門第七代武術大師袁鳳儀老師為師學習武術，在明師的指點下，26 歲時已武藝超群，被河南周口得勝鏢局聘為鏢師。

　　舊中國世道黑暗，中原地區戰亂頻繁，廣大人民群眾生活在水深火熱之中。盧老師經人介紹從河南輾轉來到上海，短暫地在麵粉商人陳公館（榮家）當過保鏢，後來替榮家管理過倉庫。也就是在這一時期，因緣際會結識了心意門第六代弟子中年齡最小的丁仁老師（河南桑坡村人，

回民，在滬從事皮貨生意，當時住在五馬路）。丁老師經人介紹知道盧老師在上海傳授心意門功夫，經過多日的觀察後才找到盧師，盧師也早就聽說過這位小師爺，對其十分敬重。看過盧老師的功夫後，丁老師說：「我現在可以將擔子卸給你了。」在以後半年多的時間裏，盧師秘密地跟著丁仁老師學習心意六合拳。

　　盧師是盧式心意六合拳的創始人。

　　在不斷地實踐、學習、交流中，擁有鮮明特點、獨特風格的盧式心意六合拳在20世紀二三十年代逐漸形成並廣為流傳。盧師一生多在上海從事武術的研習與傳授，開創了中國武術一派之先河，成就了一代宗師的崇高地位。

歷史評價

《普陀區志》（第三十四卷）中有記載：「20世紀20年代梅芳里王占坤的查拳、盧嵩高的心意六合拳，在上海灘上均有一定影響，有的在武術擂台賽上獲第一，有的在武術表演中名列前茅。」

1985年，上海武術協會出版的《上海市武術挖掘整理專輯》一書中對盧師的歷史評價是：「專攻此藝凡數十載，至老不衰，造詣精湛，廣授學生，卓然成為一代名家。」

1997年出版的《上海民族志》下卷人物篇中對盧師的記載有：「盧嵩高（1875—1961），回族。河南周口人。自幼習武，清光緒十七年（1891年）拜袁鳳儀學心意六合拳。後任周口鎮得勝鏢局鏢師。光緒二十六年輾轉到安徽蚌埠與師弟宋國賓共理蚌埠鏢局。光緒二十九年後至滬定居，以授拳為業。其高徒有穆清瀾、馬義芳、李尊賢、解興邦、馬惠龍、鐵國正、于化龍、李尊思、王守賢、張兆元、孫兆甫等。盧嵩高不僅拳藝高強，名徹武林，且肯熱心傳授，廣植新苗，其徒眾每晨練拳時，輒親臨指導。其技藝以出手敏捷見長，對手常手足未施展即敗北。盧嵩高在滬擊敗不少名家巨手，刮地風腿及單把龍形裹鳳為其擅長之技。他傳藝還打破歷來只傳回族的習俗，為心意六合拳傳授漢族的第一人。」

陳俊彥老師出版的《武林滄桑五十年》中對盧師的評價是：

「從精武體育會到上海市武術隊，使我有幸接觸和觀摩到很多當時的武術名家和他們的表演，比較全面地理解和認識武術這一個文化現象的方方面面。當時一場表演往往有幾十個不同門派的老師逐一登場，各顯身手，正是百花齊放，豐富多彩。特別是王子平、佟忠義、盧嵩高等幾位堪稱一代大名家，關於他們的傳奇性經歷或許是武俠小說家去發掘、演繹的材料，有的也已經正式出版了各自的傳記。我不過拾其接觸到的略述一二，以供參考。

……

「盧嵩高老先生：回族。當時已年過八旬，清瘦而硬朗的身影，樸素的衣著，時時透出一股堅韌、真樸的風骨。

「我知道和認識盧老先生，同樣是在武術表演會上。他上場表演的心意拳，動作極其清純活潑，變化莫測。當時我對心意拳完全外行而又閱歷不多，只覺得他的表演很隨意，很自在，並不是什麼重拳硬腳，一拳砸個洞的勇武。雖然時常耳聞什麼是化勁，但化勁究竟怎麼去理解、去運用，還是在十年以後才逐步能領悟到東西。我覺得心意拳目前在國外受到的眾多關注，實在是武術發展的必然結果。武術如果失去一個「武」字，那就只有華麗的外殼，心意拳對中國武術概念的發展和探索，是值得我們去深思和研究的極好課題。」

弟子回憶——一代宗師盧嵩高先輩①

我的師父盧嵩高老師是河南周口人，回族，從小習武，十多歲時就拜心意門第七代武術大師袁鳳儀為師，聰

明、勇敢、好學、苦練，在明師的指點下，盧老師26歲時已是武藝超群，被河南周口得勝鏢局聘為鏢師。押鏢去過河北、山東、四川等地。

舊中國世道黑暗，中原地區戰亂頻繁，廣大人民群眾生活在水深火熱之中。盧老師經人介紹從河南輾轉來到上海，先是在陳公館當過保鏢，後來替陳家管理過倉庫。也就是在這一時期，有幾位在上海工作的河南籍回民老鄉慕名前來拜師學藝。於是有李尊賢、馬孝海、馬義芳、龐世品、穆清瀾、孫少甫、許廣恩、陳信義等盧老師的第一批徒弟。心意門第六代弟子中年齡最小的丁仁老師（河南桑坡人，回民，在滬從事皮貨生意，當時住在五馬路）經人介紹知道盧老師在上海傳授心意門功夫，經過多日的觀察後才找到盧老師，盧老師也早就聽說過這位小師爺，知道丁仁老師是買壯圖師爺的小師弟，對其十分敬重。看過盧老師的功夫後，丁老師說：「我現在可以將擔子卸給你了。」在以後半年多的時間裏，盧老師每天都到五馬路回民教堂的樓上秘密跟著丁仁老師學習心意六合拳。（因為輩分不對，怕引起誤會，遵丁仁老師願，只講是得一個姓白的老師再傳。這件事的真相是盧老

---

①本文作者王書文。發表於《精武》雜誌2003年第2期。

師在晚年才分別講給我和楊肇基師弟。早期的師兄們只知道是得白老師再傳，現在丁老師和盧老師都已過世，我覺得我有義務把這件事講清楚，還原歷史真相。）

隨著不斷地學習完善，盧老師技藝突飛猛進，功夫更上一層，成為心意門第八代弟子中的佼佼者。盧老師起初在上海傳拳的時候稱「心意門」，在20世紀30年代中期才改稱「心意六合拳」。第一批徒弟套路傳的是「二把半」，改稱為心意六合拳後才改教「四把捶」。盧老師是上海心意六合拳的開山鼻祖，一代武術大師。

舊社會回漢之間有著很深的隔閡，相互間交流很少，盧老師當時也不肯外傳，門戶守得很嚴，只傳了少數幾位回民弟子。我們有位師兄叫解興邦，是地下共產黨員，在英租界巡捕房當教練，學過幾句回語，冒充回民拜盧老師為師學習心意六合拳。後來有師兄弟揭發他不是回民，盧老師就問他。解師兄就如實回答：「老師，我不是回民，是漢族，你看我這個漢族徒弟對你怎麼樣？」盧老師說：「你這個漢族徒弟對我很好。」解師兄接著說：「我們漢族人對待

聘請盧嵩高做安保工作的福新麵粉廠，至今舊址仍存

老師特別的尊敬，像我這樣的還是一般性的。」自此盧老師才肯收授漢族弟子，相信漢族弟子。

我是1938年拜盧老師為師的，那年我20歲，最初我在上海是跟著王效榮老師學習武術。王效榮老師和盧老師同在人民公園教拳，又是同鄉，王老師常請盧老師來指點我們，因此知道盧老師的武藝超群，功夫厲害。

1938年初，我和師弟王佩、李儀華三人決心要學心意六合拳，直接找到盧老師家拜師，盧老師不肯收，後經人引見，再經過一年多的考察，才同意我們三人遞帖磕頭拜師。所以在盧老師的漢民徒弟中我算是頂早的了。

舊社會時和新中國成立初期學習武術的人很多，跟著盧老師學習心意六合拳的也很多。單位組織十幾人或幾十人，然後請盧老師來傳授，盧老師稱之為「社會徒弟」；在公園裏報名學習心意六合拳的，盧老師稱之為「馬路徒弟」；過去是學別的拳種或同門師兄弟的徒弟，或親友路過上海，跟著盧老師學過一段時間心意六合拳的，盧老師稱之為「過路徒弟」。這些弟子統稱門外弟子。唯有給老師遞過帖子拜過師、長時間跟隨老師、深得老師信任的，盧老師稱之為「入室弟子」，也就是我們常說的門裏徒弟。在盧老師眾多的入室弟子中，首推大師兄李尊賢的功夫最好，盧老師早年常帶大師兄一道出外表演，也常拿大師兄的事例來鼓勵我們，常常對我們說：「你們大師兄一個單把，把新買來的皮鞋底都給打斷，功夫有多大！」

漢族弟子中數解師兄跟隨盧老師的時間最長，功夫最大，20世紀70年代，上海人掀起了學習心意六合拳的高

潮，許多人也是在這一時期認識並開始學習心意六合拳，這都與解師兄的辛勤傳授分不開，這時的上海人才普遍把「心意六合拳」稱作「十大形」。

日偽時期，有一位四川來的拳師在上海的斜橋設擂，許下重金，幾日下來無人能敵，這時有位河南來的老師，姓李，回族，上擂台比武，兩人打幾十個回合，不分上下，最後四川擂主被李老師一腿打下擂台，自此李老師在上海武術界揚了名。後聽人說盧老師功夫很厲害，有「拳王」之稱，李老師很不服氣，一日傍晚，找到盧老師教拳的地方，推門進來，看見盧老師正坐在客堂間的椅子上看我們練拳，便講：「盧嵩高，聽說你的心意門很厲害，我看看怎麼個厲害法？」盧老師馬上站起來講：「你站好。」一個過步濺躍便來到一丈開外的李老師身前，接著一個挑領。只見李老師從門裏摔在門外，摔出一丈來遠，爬起來，滿面通紅，一聲不響地轉身走了。沒過多久就離開了上海，去了四川。

日本投降後，上海又來了許多美國兵，很是張狂。一日，我和盧老師在復興公園鍛鍊完後出來，經過淮海路，就見到兩個美國海軍士兵邊走邊揮動著拳頭，像是在練習拳擊，嚇得行人紛紛避讓。盧老師看後非常生氣，對我說：「書文，你從旁邊走，看我怎麼教訓這兩個傢伙。」只見盧老師還保持原樣，雙手插在黑長衫的袖筒裏慢騰騰迎面上去，擠到二人中間，胯部一個靈動，只見兩個美國兵一個倒在左邊，一個倒在右邊。估計連他們也不知道是怎麼回事，還以為是兩個人自己相撞的。要不是老師事先

盧嵩高（中）、海燈法師（左）、楊基峨（右）合影，蔡伯澄提供

提醒讓我注意，我也很難發現。兩個美國兵倒在地上，看著這個乾瘦的老頭，頭也不回地從他們中間走過。路上行人都紛紛側目，不明白兩個美國兵怎麼會趴在地上。

新中國成立後，上海市的各行各業十分興旺，練習武術的人也很多，武術協會也經常組織一些武術老師在體育館中進行武術表演。有一次，盧老師在跑馬廳表演了一趟四把拳，深深地吸引了台下的海燈大師，他不認識盧老師，第二天便託人引薦，帶著佛家的四色禮品登門拜訪。盧老師也曾帶著我去看望過海燈大師，當時海燈大師住在虹口區的一間閣樓裏，房中沒有床，休息的時候是打坐。他在上海期間主要傳授梅花樁、長拳和器械套路，表演時常展示二指禪的功夫，在上海有著很大的影響。

此後海燈大師經常到盧老師家一邊喝茶，一邊討教心

意六合拳功夫。有一日，盧老師一時高興，便想試試海燈大師的功夫，一個「猴豎蹲」站在海燈大師的身前笑著說：「海燈大師，伸伸手。」海燈大師笑而不答，一動不動。過去有名的拳師輕易不會與人動手，怕萬一有個閃失傳揚出去。盧老師則不然，一生好武，喜歡與人交手，以至於有位在上海市很有名的推手老師在介紹盧老師的時候說：「這位老師是專門練打人的。」

二十餘年來我一直跟隨盧老師學藝，對待盧老師就像對待自己的父親一樣。盧老師也很喜歡我，公園裏練完後，經常到我家或帶我到山東會館空房間單獨教我，說到興奮處，連比帶打。盧老師晚年常對我說：「書文，你要好好努力下把勁，趁我現在還能教，等我『無常了』（河南迴民方言『死了』的意思），我還能帶到棺材裏不成？這門拳是古上留下來的寶貝，花錢買不到的，你要堅持傳下去，不能失傳，也不能亂傳，我以後只是圖落個名。拳不複雜，但易學、難練、更難精，拳藝非常的深奧，你要去撈，越撈越深，要勤學苦練，學到老，練到老。」

盧老師於 1961 年因病去世（在當時的紡織醫院過世），終年 87 歲。在老師生命中的最後幾

盧嵩高墓

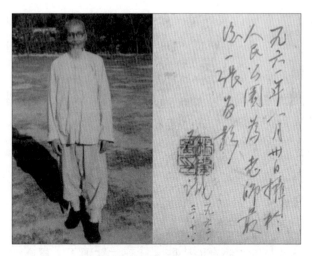

盧嵩高最後一張照片，余江提供

年，因遇到全國性自然災害，生活很是困難，只有我們幾個入室弟子還經常到盧老師家，堅持鍛鍊，節儉一點糧食，給老師送去，盡一份孝心。

時至今日，我仍念念不忘老師對我的教誨，盧老師習武時的一招一式，就像電影一樣深深刻在我的腦海裏，歷歷在目，難以忘卻。多年來我一直閉門勤修，日就月將，更感它的珍貴，不敢有一絲的懈怠。

王書文

盧師軼聞①

且說清光緒十七年（1891 年），河南周口心意六合

———————————

①本文選自《回族武術在上海》一書，作者馬萬家。

拳名師袁鳳儀收得徒弟，姓盧名嵩高，年十七，動作迅捷，出手勇猛，學藝刻苦賣力，甚喜。此前袁還收有高徒尚學禮、楊殿卿及宋國賓等。袁在鎮上開設得勝鏢局，聘盧嵩高為鏢師。一日，有一批貨請盧護駕送至某地，途經河北滄州，不料被盜匪劫走，盧豈甘罷休，獨自一人上山見寨主。寨主大驚，被盧之勇氣和坦蕩光明所震動，遂下令將貨全數奉還。

之後，袁對盧喜愛倍之，盡心授藝。一日，袁之舊友，號稱「神槍王義」者，拜望袁，道：「據說兄長新收高徒，功夫甚好，試看能不能架住我一杆槍。」袁遂示盧陪其演練。但見盧執一根長木杆，說笑之間隨步到演武場。王義喊聲「來哉！」盧持杆兒駕而不擊，數回合後，盧亦嗷嗷喊時，忽見那木杆頂端在王義鼻尖半寸處戛然停住也。王義收槍大嘆了得，喜將一雙勾皮靴贈予盧，作獎勵。

盧隨袁學藝九年，後鑑於鏢局不景氣，去武漢師叔鐵冠臣處闖蕩半年，返回周口遂做起餅饅生意，生活艱苦。

不日，盧閒暇坐困，忽念一處可為投奔，獨念道：「何不去蚌埠找師弟宋國賓吶。」原來，宋往昔曾到過周口，求拜袁師。袁見其誠懇之至，收為徒弟。宋於蚌埠開設鏢局，盧亦欲助一臂之力。

那日盧至蚌埠，宋師兄不由大喜。宋在蚌埠當地被稱為「安徽宋門」。近時與另一派湖北邦「湖門」，為爭搶碼頭裝運活計，常相爭鬥，宋國賓力薄受欺。盧來以後，形勢逆轉，幾回夜間爭鬥，盧左擋右架獨自擊退七八者，湖門人驚嘆道：宋門有能人耶？! 盧在蚌埠一待三年。

不覺時光荏苒。至清末民初，盧輾轉來滬，居於小沙渡（今新會路一帶），開餅鋪。後在屋前空地蓋棚搭架，避風擋雨，於回民間教授武藝，聊收薄禮，維持生計。

之後，經友人介紹，盧住在安徽邦茶葉老闆陳麻皮家擔當看家保鏢，數日後有陌生人送信來函，未待啟，轉身即去。陳拆信閱，不由恐慌失色，但見信函末尾寫道：限次日

盧嵩高(右)與宋國賓(左)老師，
蔡伯澄提供

將大洋××，送至×處，倘若未送，咎由自取。

此分明為敲詐勒索。陳詢問盧保鏢意下如何，盧道，不送，待看如何我。陳讚許接納其言。數日後，豈料送信者又至，依舊是交遞後轉身而去，信函內容與前次相仿。陳麻皮自忖：送將如何？不送又將如何？盧謀劃道：「送去，但要逮賊人歸案。」陳轉憂為喜，連連稱是。

翌日，盧嵩高趕至約定交錢路口，窺見一武士扮相男子等候多時，接頭後，盧將錢袋遞過去，那漢子接錢藏腋拔腿即去，行之半路，只覺後背有手掌拍右肩膀，遂轉回首往後掄手一拳。那拍其肩膀者正是盧嵩高也，盧一手架開，一手朝那人胸口掄過去，那漢子疾躲，被掄到臉孔，

當即倒下地去。盧一個箭步趕前將其提起，扭送到警察局，人證俱全。

有一日，有一來訪客人謁見陳麻皮。陳將來者迎入客廳。來人臉色鐵青，坐定，霎那間，左右手突掏出兩把盒子槍，「啪啪」，甩放桌上，嚷道：「要錢，還是要命……」陳家一女傭，惶然奔告盧。盧嵩高隨將圍腰兜上，端上茶點盆兒，躬入客廳，擱放盤時，順勢疾將一盒子槍抄起，將另一把槍朝一旁一擼，接著朝客者連座椅帶人推搡開去。那人連椅帶人摔出一丈多遠，躺在地上連呼：「大爺饒命，家有七旬老母……」

此後，陳麻皮家未再生此類事。日久，盧與陳之親屬賬房先生發生齟齬。賬房仗勢欲另請武師替代盧，盧道：「用誰，不妨比試再論。」陳不允。盧於是回家繼續又教練武術。其間數十年，收高徒有穆清瀾、馬義芳、李尊

盧嵩高全家合照，蔡伯澄提供

賢、解興邦、馬惠龍、鐵國正、于化龍、李尊思、王守賢、張兆元、孫兆甫等。盧習武精到,造詣獨深。形成自身特點,尤以刮地風腿及單把龍形裹鳳為擅長,且出手敏捷,令對手常手足未施展即遭敗北,在滬期間盧擊敗諸多名家巨手,蜚聲武林。

盧嵩高與其子盧少君,蔡伯澄提供

某日,有一年輕回民前來求藝,盧收納後見其頗有禮貌,甚為喜愛。不久後察其形跡,發覺原是漢民。盧不勝驚詫,怒其假冒⋯⋯其間,演繹了一段跌宕的故事,最後,盧感念師徒情感心犀相通,為傳揚心意六合拳之廣大,決意授徒以心近者為親,不分回漢,廣植新苗,故成為打破單傳回族之舊習第一人,此徒弟後為盧之第一愛徒,乃為武術名家解興邦也。

盧在滬成家,有三子一女。據次子盧少君回憶道,父親常年習武未濟家況貧困,且常聘禮回河南看望鄉親父老,返途卻身著單衫、褲衩而歸,甚究情義。

1956年曾任某區政協委員。1961年因公益之事,外出中暑,不久歸真,享年86歲。盧之次子少君,曾任靜安區體協武術教練。至改革開放後,海外不少國際友人聞仰盧嵩高大名,絡繹拜訪尋踪⋯⋯

盧師親傳弟子名錄（截止於2017年10月不完全收錄）

李尊賢	李虎臣	馬義芳	賈祝山	王守賢
馬學廣	穆清瀾	龐士俊	馬孝海	解興邦
潘　三	王書文	陳信義	王蘭田	楊肇基
馬錫昌	李儀華	陳紅妹	唐招娣	張兆元
汪伯盛	陳維芝	楊友宣	許廣恩	趙文章
潘金章	王仲山	沙明琪	劉備慶	吳正榮
羅時望	羅時茂	黃一松	解觀亭	凌少南
陳忠誠	歐　陽	王樹根	朱久裕	凌漢卿
凌漢興	焦煥榮	紀興國	賈治國	趙文亭
宣鵬程	陸安光	劉金武	王木林	周永福
白恆祥	丁長福	等		

家里人子弟師於盧師者：

盧少君　陶子鴻　王效榮　李尊思　孫少甫
白雲飛　于化龍　侯長信　等

以拳友身份得藝於盧師者：

徐文忠　郝占如

新近錄入的盧師弟子：劉貴新

新近錄入的家里人子弟師於盧師者：

蘇訓魁　倪德生

在周口河西清真寺接受盧師授藝的子弟：

郭希聖　蘇傳文　李子君　馬貴龍　馬孝山
馬仁增　劉恆亮　李道福　劉忠元　石耀祖
袁文斌　蘇傳林　劉志甫　馬建其　李子芳

第一篇

文化傳習

物以類聚

成器

因人而異、因材施教是盧式心意

拳的傳承方法，把人分為十種類型，

分別以十種動物對應……

盧式心意拳的文化基因

一氣

二儀

三節

四梢　　肉　　筋　　骨　　血

五行　　木　　火　　土　　金　　水

六合　　左 右 前 後 上 下

十大形　虎　雞　龍　鷹　猴

　　　　馬　蛇　熊　鷂　燕

中國文化基因

心意拳	一氣	二儀	三節四梢	五行六合	七星八正
易傳	太極	兩儀	四象	八卦	六十四卦
墨經	端	直	方	厚	儇
道德經	道	生一	生二	生三	生萬物

幾何學	點	線	面	體	超立方體
空間學	零維	一維	二維	三維	多維

學習中國文化，有不同的道路，殊途同歸，都是正道。

誤會武術

「武」字，有二種解釋，一是止戈為武，二是拿起兵器去戰鬥，都有積極的意義。從字形上看，從一從戈從止。從一，或為一個人，或為一個人的嚮往，或為一個人從這走到那，或為一件武器，因為戈是武器。止，古代同趾，就是腳趾，武字的本意是說打鬥時的技術要領是要把腳跟站穩，站好了，身形就能穩定，思想才能安定。順著下來的意思就是一個人拿著武器去打仗，戰鬥時下盤要穩定，這樣才能取勝。

「術」是有針對性解決問題的方法技術。「術」字，一是從行從術，行，甲骨文中指城邑中的道路，走在路上是有方法技術；二是從「十」、從「八」、從「丶」，十八般武藝一點通，是有手段方式。

武術是拿起武器去戰鬥的方法技術，技擊是武術的內核。《中國武術教程》說：「武術源於古代狩獵和戰爭，是搏擊技術與經驗的總結。」《後跡》中說「民物相攖而為武」。

中國武術是中國先民們在與自然和社會的鬥爭過程中發展出來的一種生存能力，反過來中國武術的發展也深受自然與社會的影響。可以說它是「起於易、成於兵、附於

「武」的字形演變

「術」的字形演變

醫、揚於藝」，上下五千年不曾中斷過，以一種極其穩定的形式流傳下來。

全世界不只是我們有武術，任何一個民族都有以技擊為核心的武術，大同小異，同質異趣的嚮往，目的都是為了勝利，行為都是為了獲得更大利益，爭取到更多的好處。

武以術為法，術不同於法，術為投機取巧的竅門，以千方百計地達到目標；術也不同於道，不求過程只要結果；術為事半功倍的法門，法門和竅門都是需要學習才能得來，所以才有成語叫「不學無術」。

術是方法技術，如果一個人沒有擁有解決問題的方法、手段，亦不會擁有面對困難的勇氣、膽量和能量，老話講這叫「藝高人膽大」。所以自古以來在我們的武學體系中就沒有武法、武道這麼個說法，書法講法，日本有武道一說。我們輔以武術有武俠、武德、武功、武備、武意、武藝，等等。

學習武術不以技擊為核心的都不是真正的武術，沒有法門和竅門的都是沒有悟到精髓。時下的武術界裏亂象紛

雜，所謂的「大師」也很多，人們對武術界裏的人與事不清楚的地方有很多，誤會也很多，主要誤會有三：一是把體育武術當作武術，二是把商演比賽當作武術，三是把修仙禮佛、導引健身的操演當作武術。

誤會一：

體育武術以表演為本，好看，觀賞性為主要。把表演的武術當武術不是今天才有的事，最遠可以追溯到原始人類的武舞，是一個很古老的行當，在武術界被稱為：跑江湖的，或打把式賣藝的，在民國以前地位不高，不成氣候，不入武術的主流，老一輩武術家們稱這類武之術，叫玩意。

時過境遷，隨著中西方文化的交流，西方體育概念的輸入和興起，催化了表演類武術（或叫競技武術，或叫體院武術）的逐漸興盛，爾後一葉獨大，武術開始沒落或轉入民間，一方興一方沒，三十年河東三十年河西。

「體育」是一個外來詞，它最早見於20世紀初的清末，當時我國有大批留學生東渡去日本求學，他們將「體

育」一詞引進中國。「體育」這個詞最早見於 1904 年，在湖北幼稚園開辦章程中有關對幼兒進行全面教育時提到，「保全身體之健旺，體育發達基地。」在 1905 年《湖南蒙養院教課說略》上也提到，「體育武術，體操發達其表，樂歌發達其裏。」在中國，最早創辦的體育團體是 1906 年上海的「滬西士商體育會」。辛亥革命以後，「體育」一詞就逐漸應用開來，在武術界影響最為深遠是「精武體操會」，後改為「精武體育總會」。

新中國成立後在政府的主導下，武術順理成章地劃入了體育部門，標籤定義為：傳統體育。「發展體育運動，增強人民體質」，當下的武術成了中國最為普及的體育運動，也是全世界參與人數最多的體育運動，時下裏最為流行的、最有面子的武術事就是千人武術表演、萬人武術表演。中國武術協會主辦的全國武術錦標賽是最為專業的表演賽，表演的難度係數是越來越大，要求是越來越高。然而熱心於中國武術的愛好者們卻不再熱衷於尋找這類表演武術，而是往山溝溝裏跑，找真武術。

誤會二：

商業比賽以商業為本，以賺錢、創造商機為主要目的，把商業比賽當武術是近些年的事，技術要求是根據主辦方的意願加以規範，打這類比賽其實就是打規則，誰制訂規則誰是贏家，這類所謂的武術是被改造過的武術，或叫二刈子武術，意思是不一門心思地搞技擊。

如國外的：MMA（mixed martial arts）中文稱呼是綜合格鬥、K-1、終極格鬥大賽（UFC）……這些多是一種

1919年精武體育會合影

集觀賞性、娛樂性、競技性於一體的運動項目，自稱為國際武術搏擊比賽的主要項目，也自稱具有當今世界武壇各類先進武術比賽的主流理念。國內的武林大會、武林風、CKF中國武術爭霸賽、崑崙決……相比中外的宣傳我們要謙虛得多，說的更多的是為中華健兒提供了一個展示自己的平台和機會，為弘揚中華武術發掘民間武技提供了契機，是中國傳統武術文化和現代電視藝術的完美結合，原汁原味的中國武術。不像武術，不管環境好也罷，不好也罷，千年不絕，經得起時間的考驗，因為它是中國文化的一部分，流淌在中國人的血脈之中。

誤會三：

把修仙禮佛的當武術。修仙禮佛與武術各有不同使命

與訴求，各有相應的修煉方法與途徑。也不能簡單地把僧道分為練外家與內家拳，武術應是以技擊為核心的。當下佛道界的修煉與進益也已經是非常嚴肅專業的課題，如果非得將流派眾多的佛道修煉體係與武術技擊混為一談，難免貽笑大方。

傳統武術能不能打？是另一話題，現代人有這樣的疑惑，一是因為現在的武術很邊緣化，少有正確的宣傳與報導；二是大眾沒有時間去了解武術或練習武術。一方水土養一方人，成一方文化與一方武術，每一個流傳有序的拳種，都是那一方人的保護神，如果技擊性差，早就被歷史淘汰了，如何能流傳至今。在中國，一般老百姓見習武之人常問的一句話就是——你能打幾個人？

以技擊為核心是全世界武術的本質，但這些技擊之術要想成為武術，還需要注入一方文化，文化的差別形成了武術的千差萬別，這就是中國武術博大精深的源泉。強龍不壓地頭蛇，是在說武術的差異性，不要想著學會一種武術就可以包打天下。從整體意義上講，中國武術根植於中國文化之中，蘊涵著中國文化的哲學精神，體現著中國文化的審美。

武術是官話，民國時叫國術，民間常叫打拳的、蹦錘的、拼刀的、扎槍的……

中國武術是中國人生存文化的一部分，勇於競爭，敢於面對；勇於亮劍，敢於勝利；不畏強暴，敢於犧牲……這種武術思想，千百年來在中國人的心中不曾中斷過，我們的文化並不全是君君臣臣、父父子子的守成文化和修仙

禮佛的宗教文化，也有開疆破土的武術文化。創新，不墨
守成規是武術文化的精神。不管過去、現在，或是將來，
學習武術是學習中國文化的一條道路，是修煉中國文化的
一條途徑。武術教你如何勇敢地面對困難，教你如何為人
處世，教你如何待人接物，教你如何立世應命，教化中國
人如何實現夢想——能文能武一條龍，培養中國人威武不
能屈的民族性格與氣質，培養一個人「愛國、感恩、正
氣、大義、誠信」。在外國人的眼中，如今的中國武術是
中國文化的大符號。

能文能武一條龍

因材施教——十形應象說

學習盧式心意拳要以人為本，首先是相信人與人的不同，人過一百各式各樣：一是相信每一個都不同於他人，每一個人都有自己獨特的個性與體形；二是確信人人都能練好身體打好拳，都能成為一個勇敢的人，一位強者和一位智慧者。

拳以人為本，因人而異、因材施教是盧式心意拳的傳承方法。老一輩教拳都極其尊重這一條規定，胖子和瘦子一般不會放到一塊兒來學拳，對胖子說的，瘦子聽進去了有可能是害了他。為啥？就是因胖子和瘦子的體態不同，猴子和大象的本領不相同，慢慢地就有了法不過六耳的神秘，都以為自己學的是不傳之秘。

為師父最難的兩點是閱眾生相和有針對性地給予，因人而異地給予不同的知識道理和在不同的拐角處、岔路口給予不同的東西。誤人子弟，一是不懂裝懂，二是不識相，三是給錯東西。

有些師傅在傳承過程中，會信誓旦旦地說我這兒只教規律性的東西，只教共性、科學、有用的東西，不教花裏胡哨。其實是一個扯，心意拳的技術共性是力量、速度、距離、硬度、變化、敏感等，只有共性就成不了心意拳，

打的都一樣了就不是心意拳，而是心意操，看我們心意拳史的哪一位老師不是特點鮮明、個性突出？歷史經驗告訴我們，只有主張個性才能傳承武術，恰恰是主張了創新、有個性的師父們成就了一個拳種，才捍衛了傳統，否則這傳統早沒了。

學本領就兩點，補拙和揚長，打基礎要補拙，成事在揚長，抓住自己喜歡的一形或一個動作死摳，放大喜歡，成就自己，最後是以優勢定勝負。

盧式心意拳是以每個人身體形態上的不同為標準，把人分為十種類型，「高、矮、胖、瘦、甲、由、目、申、乾、虛」。分別以十種動物對應：雞、鷂、燕、鷹、虎、馬、熊、蛇、猴、龍。一形體態的人對應一種動物，從大數據得來的經驗告訴我們，這一形體態的人是學習模仿這一種動物武藝的最佳選擇。

由雞　由字形的人，是肩窄屁股大的車軸漢子（圖1-1，左部為盧嵩高拳照）。雞有欺鬥之勇，主要模仿昂首挺胸，一副我老大你們老二的樣子。

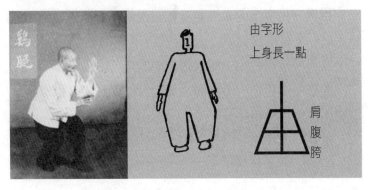

圖1-1

　　主要學習鬥雞時的閃進閃出，鬥志昂揚，不贏不罷休。雞形：溜雞腿、踩雞步搖閃把、韌勁、搓把、寒雞尋食、雞甩食等。

　　甲鷹　甲字形的人，是肩寬屁股窄的倒三角漢子（圖1-2）。鷹有捉拿之功，主要模仿鷹擊長空時的迅疾暴烈，勢若閃電，主要學習老鷹的劈打捉拿，如塌天的雷石，直落的滾木。

　　鷹形：鷹捉把、疊步大劈、鷹打膀……

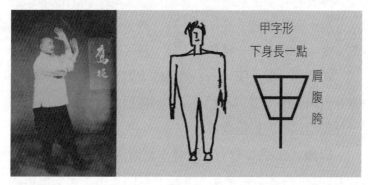

圖1-2

　　目虎　目字形的人，是身體呈長條形的門板漢子（圖1-3）。虎有撲食之功，主要模仿老虎的縱橫往來，丈二、八尺一步到位，主要學習老虎的起落縱橫。

　　虎形：虎撲把、虎抱頭、撅勁、以頭棱碑、虎澗跳、虎蹲山、虎抖毛……

　　高馬　高字形的人，是人高馬大的高個漢子（圖1-4）。馬有奔騰之功，主要模仿馬的洶湧奔騰，莫有敢擋，主要學習馬的驟然崩直，橫衝直撞。

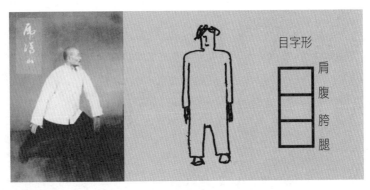

圖1-3

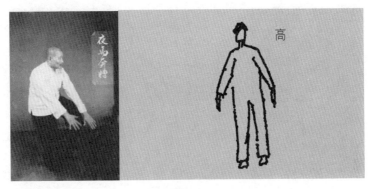

圖1-4

馬形：夜馬奔槽、夜馬闖槽、馬濺步、穿拳……

矮燕 矮字形的人，是矮短敏捷的敦壯漢子（圖1-5）。燕有抄水之妙，主要模仿燕子的驚起驚落，輕靈迅捷，主要學習燕子低進高起，順勢而為。

燕形：燕子抄水、燕子鑽天……

胖熊 胖字形的人，是膀大腰圓的圓壯漢子（圖1-6）。熊有掀鼎之力，主要模仿熊的外堅而內壯，力大無比。主要學習熊的重腳重拳，挨三拳還一拳都畫得來。

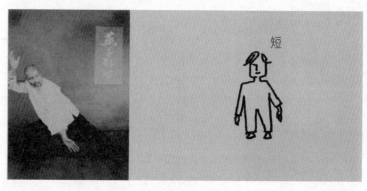

圖1-5

圖1-6

熊形：懷抱頑石十字把、單把、十字裏橫、熊出洞
……

瘦猴 瘦字形的人，是瘦小靈活的小條形漢子（圖
1-7）。猴有縱身之靈，主要模仿猴子爭鬥時的閃展騰
挪，驚靈躲閃，主要學習猴子的無常變化，如影隨形。

猴形：猴豎蹲、猴形小裏、猴掏心、猴掛印、猴縱身
……

乾蛇 乾字形的人，是下半身力量好於上半身的瘦乾

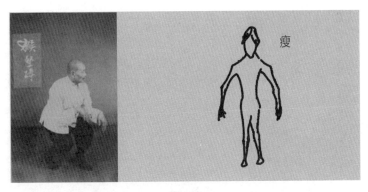

圖1-7

圖1-8

長漢子（圖1-8）。蛇有撥草之能，主要模仿蛇的盤繞分撥，出奇一咬，主要學習蛇的冷常突擊，一擊而勝。

蛇形：蛇撥草、蛇吐信、蛇分草、左右明撥……

虛龍　虛字形的人，是上半身力量好於下半身的虛大漢子（圖1-9）。龍有搜骨之法，主要模仿意想龍的擰轉翻騰，驚靈抖顫，主要學習龍行的一波三折，無時不在晃動，如大海的洶湧顛簸。

龍形：龍調膀、大龍形（肘）、龍形過峰、小龍形

圖1-9

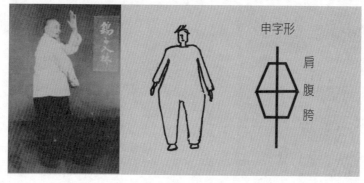

圖1-10

（小踏）、雙踏（踮把）……

　　申鷂　申字形的人，是兩頭尖屁股大的菱形漢子（圖1-10）。鷂有側展之能，主要模仿鷂子在叢林中的起落鑽翻，靈活穿梭，主要學習鷂子的以少敵多，顧左打右。

　　鷂形：鷂子入林、鷂子側翅、鷂子翻身、雙捋、雲遮月把……

　　心意拳為什麼會定位在十大形，不是八、九形或十二形呢？這是因為文化方面上的因素，說一個成語大夥就會

理解，十全十美，「十」是中國人文化心理中最美滿的詞，十大天干，意思是最會給您帶來幸福的美好之地。

十大形的學習要以一形為本，逐步學習、融會貫通。

實踐出真知，借用一些老概念來說事，如真人、真元、真理、真形、真行等等。

啥是文化道理？一群人的生存與生活智慧，有思想、方法方式、標準等等。文化道理不是為道理而道理，而是為了生活、生存用，文化要落到實地，道理要落到實處，才為真文化道理。講文化道理是為了成就一個人、成就一門拳，所以要落在人的身上，落在武術中。文化道理最怕的是耍嘴皮子、玩虛的、不著地。盧式心意拳門裏有許多的真人，是真會，真有道理，明白拳中的真元，知道拳中的真理，並言行一致。

真人：

能實踐盧式心意拳文化道理的人，言行一致。以盧師為核心，以李尊賢、解興邦、王書文、盧少君等老師為代表。河南老話講：光想，不說不練，不是把式；光說，不想不練，是假把式；光練，不想不說，是傻把式；會想、會說、會練才是真把式。

真元：

是說心意——活著與更好地活著，活著對應生命，更好地活著對應生活，依照此理構拳，是拳成因的原始積累，「生」是件不容易的事。活著是生死時刻的你死我活，關心的是自己的性命，能活著即是有道，逆天而行就是無道。更好地活著是關心自己的生活，愛護自己的身

心，順時應命，守時、守節、守規矩，天人合一了，即是有了道德。

真理：

是說六合，延伸點說是陰陽五行六合，拳依據六合構建成器，六合之外存而不論。我們的身體正看成形，側看成體，上下左右前後，陰陽五行貫之。方之裏內三合使人魂不丟，外三合使人形不散，是一個存身、立世、應命的方法。

真形：

是說拳。見其形，取其意，動其心，形神兼備後，一心一意一形，後才是無心無意無形，能在一思前，莫在一思後，回到初心得到真形。拳譜曰：豈知悟得嬰兒頑，打法天下是真形。人大了，有雜念，有了牽扯，就得繞一圈才能回來，孤獨求藝才能得來。

真行：

拳打得理直氣壯、問心無愧才是真行，方才有了勇敢之心。為了愛國、感恩、正氣、大義、公平、良心出手時，才是理直氣壯，問心無愧，英勇無畏，是真行，無知者無畏是假真行。

在眾多的中華文化形式中，推薦您從學習中國書法和中國內家拳武術入手，來學習中國的文化，因為在世界文化之林中它們是中國文化所獨有，是實踐中國文化中真元、真理、真知的最佳途徑，也是成就您為真人、得到真形的最佳方法，真會了，是會心的微笑，愛惜得不得了。

內家拳法──兩儀陰陽說

　　武術的核心是技擊，純技擊術不能成為武術，只有把技擊本能融入到本民族的文化之中才能發展成為武術。武術是文化的一部分，文化是一群人的生存智慧，有思想、有方法方式、有標準……如愛國、正氣、大義、感恩、誠信、勇敢……

　　中國武術在世界武術之林中有自己獨特的思想及形式，因為中國的文化立於陰陽，成於五行六合。說中國武術不同於其他民族的武術，得從陰陽說起。

　　先來認識陰陽，文化傳承的目的是教化，文化傳承的形式是教學，教學要有教學大綱、教學計劃、教學方式……「教學」，教什麼？學什麼？看這兩個字的不同寫法，甲骨的、金文的、隸書的、繁體的，最初的文字顯示文化的初心，文字的演變越來越會使我們忘掉最初的用心。

　　一群的爻，圍著一個小孩，就是一個「教」。

「教」的字形演變

　　一個小孩，用兩隻手在玩爻，就是「學」。

「學」的字形演變

再來看「覺悟」的「覺」，兩隻手在玩「爻」，若能玩到明白了「爻」的道理，一個人就覺悟了。

「覺」的字形演變

再來看「爽」，不知道為什麼這個字沒簡化。人，大人，最高興的事就是學爻與玩爻，並玩雙爻，什麼是雙爻，二個六合，八八六十四，懂得了的人，心中就是一字「爽」。

「爽」的字形演變

細看這些字中都有「爻」字，講「爻」就教學的初心、責任，傳道、授業、解惑以「爻」為核心。那「爻」是什麼？爻有剛爻、柔爻之分，柔爻為陰，古作「会」，意為：旋轉團聚的霧氣。剛爻為陽，古作「易」，意為「膨脹發散的氣體」，也就是陰陽。

「爻」的字形演變

玩爻辯易，孔子說朝聞夕死都覺得是一件爽快的事，因為爻是中國文化的根本。但想要弄明白了爻，要先定位

自己，河南人有句口頭語叫「中」，有其深刻的含義，中是那裏？頂天立地以人為中，日出為東，日落為西，背北朝南是以我為中，這個中心坐標是中國人的立場定位。

心中有了中才能有了我，心裏有了中這個概念後，也就看明白了陰陽關係，人在陰陽當中，我在陰陽當中，拳亦在陰陽當中，拳譜曰：「陰陽二式在其間」。「一陰一陽謂之道」，有一層意思是一切事物一時會受困於陽，一時會受困於陰。如公家機關裏有院長與書記，部隊裏有司令與政委，部門裏有張經理與王經理……做好本職工作，陰陽只能選擇其一。分清楚陰陽的目的是為了在做人做事時更加有效率，花一半的力氣得到全部的好，不願花八分、九分的力氣，去謀求八九分的功勞，這是人之常情……只有分清了陰陽，做人做事才能做到事半功倍。

明白爻是什麼？也就明白了什麼是中國武術的外家拳、內家拳。

當下，關於內家拳與外家拳，有幾種人云亦云的說法：一是關起門對自己家人傳授的拳叫內家拳，對外姓人或外面的人傳的拳叫外家拳；二是道家中的人練的拳是內家拳，佛家人練的拳是外家拳；三是外練筋骨皮的是外家拳，內練一口氣，練導引術、氣功類的是內家拳等。多是誤會。

心意拳的理論體系和訓練體系是中國武術中最早建構的內家拳體系，它的經典著作在中國武學文化中起著主導性的作用，諸多武術門派的產生、發展都受其影響而得益匪淺。如太極、形意……盧式心意拳是心意拳的重要傳承

者之一，學習盧式心意拳就是一個由外入內，內外兼修，側重於內的過程，實踐過一輪的人就能講明白內家拳與外家拳的不同。

拳譜上說心意拳成拳道理是鷹熊競志，門裏叫「鷹熊二儀陰陽說」，拳中二儀實為講陰陽，如進攻防守、虛實含野等。陰陽是兩個點，幾何學上講二點之間是一條線，二點之間的線性關係分出了陰陽，同時也分出了中國武術中的內家拳與外家拳，二點之間關係是收縮了？還是膨脹？（圖 1–11）

因為這二點之間的關係不同，所以外家拳與內家拳在運動理念與運動方式上都不同，體現在：陰為旋轉團聚，一個字越來越「緊」，越來越「收縮」。陽為膨脹發散，一個字越來越「挺」，越來越「長（ㄓㄤˇ）長（ㄔㄤˇ）」，因為陰陽特性上的這些不同造就了中國武術有內家拳與外家拳之分，這種不同主要表現在對武術的理念上、身體的使用上和運動方式上。

外家拳是收縮發力，內家拳是伸拔發力。用的身體部位不同，外家拳多練習使用身體的陰面，內家拳多練習使

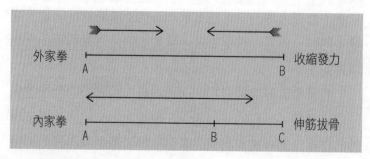

圖1-11

用身體的陽面。外家拳，收縮發力，在兩點之間內裏的運動關係，其性像一把開合的剪刀，運動在兩點之間的這根線內，永遠逃不出這兩個點間的最大值，外家拳常說的是看後打前，意思是意想照著後面打去，才可以打穿打透。

內家拳，伸拔發力，在兩點之間外撐外拔的運動關係，其性像是壓縮好的彈簧，運動在兩點之間的這根線外，多出這兩個點，像現在的氣動工具（圖1-12），靠的是中節的合力。

心意拳多講三節、四梢，因為三節、四梢是內家拳的理論概念，三節中的梢節就像是現在手持破碎錘中的鋼尖，無堅不摧；中節就像是破碎錘中的氣錘，中節發力，拳譜上說中節不明渾身是空；根節就像是破碎錘的手柄，起支撐作用，拳譜中說「消息全憑後腿蹬」（圖1-13）。內家拳常說的是看前打後，意思是看著前面直接把梢節打進去，就可以打穿打透。所以內家拳要練習「寸勁、抖擻

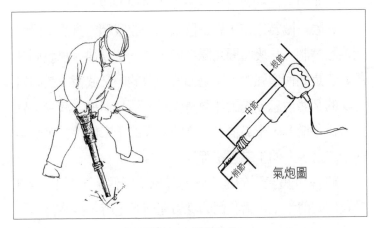

圖1-12　氣動工具

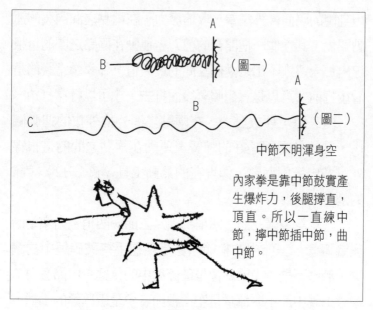

（圖一）

（圖二）

中節不明渾身空

內家拳是靠中節鼓實產生爆炸力，後腿撐直，頂直。所以一直練中節，撐中節插中節，曲中節。

圖1-13

勁、驚勁、靈勁」，可以粘實發力。

　　為什麼會有內家拳的產生，猜想一是對生命體的覺悟，二是對射箭的覺悟，三是文化發展的成熟。

　　一陰一陽為之道，就身體來說是說我們的身體一段時間為陰控制，一段時間為陽控制，是一個規律。那我們身體素質是如何增強的。又是如何衰敗的呢？武術又是如何上身的？憑消息。先說什麼是消息。消是消失、減少；息是增長、增多，十二消息，合於一天的十二個時辰，一年的十二月，人的十二經絡等等。

　　圖1-14裏表現的是「陰消陽息」四個字，圖中1至3是我們的前半生，講我們的身體在前半生時，雖然為陰所控制，但身體卻在往盛的方面趨勢發展，身體呈吸收狀

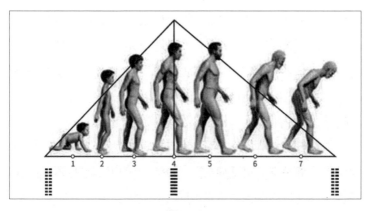

圖1-14

態，長大、長長、長滿，變得富有強壯，這一時段叫陰控陽息。圖中5至7點是我們的後半生，我們的身體在後半生，雖然為陽所控制，但身體卻在往衰毀的趨勢方面發展，身體呈發散狀態，變小、變短、彎曲，越來越衰，這一時段叫陽控陰消。

　　圖中4點就是我們全盛身體的樣子，對男人來說是24～32歲的樣子，對女人來說是21～28歲的樣子。拳怕少壯，二十來歲小伙，是外家拳運動方式的頂峰，無論肌肉的力量、筋骨的壯實、血氣的鼓盪，二十多歲是全盛時期，戰無不勝，攻無不克，不知道累是個啥。但歲月不饒人，人過40歲就力不從心了，人過七十古來稀，老了一身的傷痛，就只會哼哼了。

　　每個人都想長壽，長壽的道理在增強你的全盛之體和延長你的全盛之體，讓衰老這根線下落得慢一些。

　　方法一是選擇內家拳，就是選擇要陽息。如何做到陽息？人體中有諸多的開關，如人的五官九竅，轉過來就是

陰消，轉過去就陽息。每一個企事業單位都有收發室，每一個人的身體也是一收發室，陽息時是收得多出得少，陰消時是出得多收得少。人生活在自然之中，心中要有陰陽之分，要明白人與自然的關係，人若是捨得多就老得快，得的多就老得慢。

方法二是日消夜息，也就是休息，透過休整使身體得到增長。養生健身的秘密是「鍛鍊、休息、在興奮點時再鍛鍊」。師父的能力就體現在這一點上，若是在疲勞點上再鍛鍊，身體會越練越差。若是過了興奮點，身體又回到了原點上再鍛鍊，只是練技術，而不是長身體。（圖1-15）

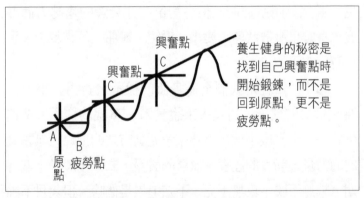

圖1-15

中國早在舊石器時代晚期就發明了弓箭，弓箭一直是人們狩獵和軍隊打仗的重要武器。（圖1-16）

據《太平御覽》三百四十七卷記載，夏朝已經有了教授射箭的專職教員，同時還有了習射機構——「序」。夏之大學稱「序」。《孟子》云：「序者，射也。」商朝沿

圖1-16

襲了夏朝的習射制度並有所發展，亦有專人從事習射的管理工作。《禮記·王制》云：「耆老皆朝於庠，元日，習射上功。」說明當時學校習射是教育的主要內容之一。

對弓的認識，對箭的理解，再昇華到對身體的認識，對射藝的深刻感受，有可能昇華成對中國陰陽文化的深刻感受，逐步形成了中國武術中的內家拳理論，如伸筋拔骨這四個字和射藝關係，如身體負五張弓理論，是整個身體聯結如一，束身如箭的最佳實踐。

五張弓的提法是一個形象的說法，是以身體結構為基礎分段整體、逐步組合束一的方法（圖1-17）。外面有一說法是：四肢為四張弓，身體為一張弓，為五張弓。我們門裏的講法是：梢節為一張弓，中節為一張弓，根節為一張弓，熊膀為一張弓，最後一張弓有兩種說法，一為整身是一張弓，二為雙眼睛一張弓，我比較認同眼睛為一張弓，因為前四張弓之間結構交錯，借位交叉，又相互支撐，已經是一個完善的身體架構，成了一張弓。五張弓的架構搭建不是一次成形，是一個逐個成形束一，逐步拼搭

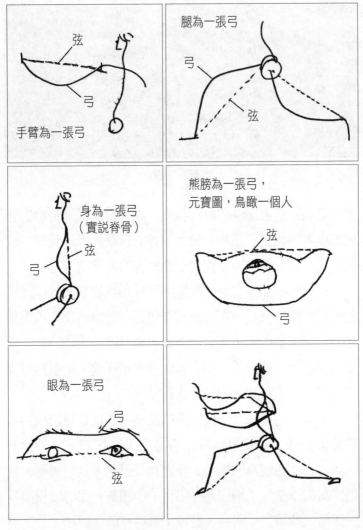

圖1-17

的過程。多是從梢節這張弓開始，接著是根節這張弓，而後是熊膀這張弓，再後是中節這張弓，最後是眼睛這張弓，出不出手全看眼睛這張弓，明眼人看到這張弓的心勁

就知道是該閃了還是該出
手。（圖1-18）

　　為什麼在中國武術發展
到一定時間後才出現內家拳
提法，而不是一開始就有？
因為外家拳的運動方式及對
身體的使用，是人的動物性
的先天本能，最容易理解和
掌握；而內家拳的運動方式
及對身體的使用不是本能，
而是對我們自身有了更深層
次認知後的後天覺悟，標誌
著中國文化發展到一定程度
時獲得的成果。

　　歷史上，心意拳中沒有
主動提出過內外家的分類
法，但心意拳理論體系的出
現是內家拳系成型的標誌，

圖1-18

中國武術中的內家拳體系在世界武術之林中，唯中國文化
所獨有。

　　盧式心意拳的諸多前輩們中有許多是帶藝投師，因為
盧式心意拳是一個由外入內，由外拳家逐步走到內家拳的
過程。總的來說，在這個過程中先學過外家拳的，由外入
內方便一點，如果先學過其他的內家拳，由內回到外，再
入內，可能更難一點。

三返九轉——三才三體九節説

中國人喜好講：事不過三。如人生有三節：生、老、死；工作也有三節：準備、開始、結束；大千世界也有三節：天、地、人。為什麼講事不過三呢？想來是三、六、九數著方便，而「三三六、轉轉九」就是拳中術數的口訣。

全身來說分為手膊為梢節，頭身為中節，腿膝為根節。三節之中又分為三節，梢三節、中三節、根三節，所以共九節，也叫「轉轉九」。頭為梢節，胸為中節，腰腹為根節，是中三節。手為梢節，肘為中節，肩為根節，是梢三節。足為梢節，膝為中節，胯為根節，是根三節。（圖1-19）

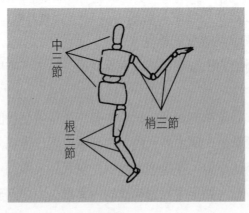

圖1-19

　　分三節是便於我們分段深入學習和逐步完善，為了能更加認真、全面、仔細地認識該事物，找到它們之間的關係，關鍵的目的是為建立整體，要有整體的把握和有全局觀念。提升自己把事物的一個個局部、個體迅速地融入到一個整體中去、一個關係鏈中去的能力。

　　打拳健身是在學習一個串連的方法，像是在串珠子，我們身體中的每一節就像是一顆珠子，逐步學會節節貫穿，逐步使身體做到整體如一。

　　轉轉九的任務之一：一個開拔關節的方法。訓練時多是依次從三節中的梢開始，再而是中節、根節，外用撐、拔、擰、拉、扯、轉……內裏多用一個「撬」字，槓桿原理，如在後面（關節陰面）支一個東西，這個東西可有可無，靠自身的重量撬開這個關節。如圓肩，就是如在腋下夾一個東西，意想如蛋、棒，靠手臂自身的重量沉肩垂肘來撬開肩關節。如圓襠，就是如在兩腿間夾一個東西，意想如蛋、棒，目的是為了撐開肱骨（圖 1-20、圖1-21）。

　　轉轉九的任務之二：九節合而為一叫束一，想要束一必須理解九節中的九竅。在練功時運動哪節，以意想竅，九節即可連之。

　　中節三竅：眉衝為上丹田是上節竅，膻中為中丹田是中節竅，氣海為下丹田是根節竅。

　　梢節三竅：肩井穴是根節竅，曲池穴為中節竅，勞宮穴為梢節竅。

　　根節三竅：環跳穴為根節竅，陽陵泉穴為中節竅，湧

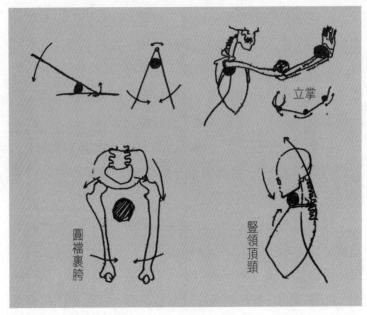

圖1-20

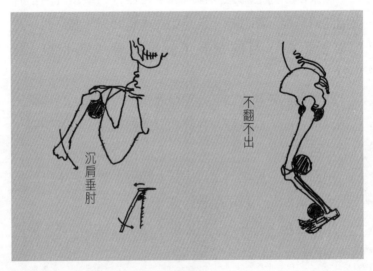

圖1-21

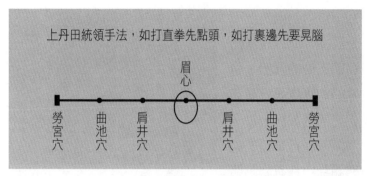

上丹田統領手法，如打直拳先點頭，如打裏邊先要晃腦

眉心

勞宮穴　曲池穴　肩井穴　肩井穴　曲池穴　勞宮穴

圖1-22

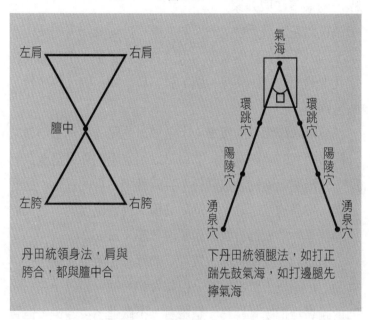

左肩　右肩

膻中

左胯　右胯

丹田統領身法，肩與
胯合，都與膻中合

氣海

環跳穴　環跳穴

陽陵穴　陽陵穴

湧泉穴　湧泉穴

下丹田統領腿法，如打正
端先鼓氣海，如打邊腿先
擰氣海

圖1-23

泉穴為梢節竅。

　　這九竅之中，中節（軀幹）三竅為主竅，是身法的三
竅。就是上丹田主手法，中丹田主身法，下丹田主步法，
一併相連貫（圖1-22、圖1-23）。

拳中三節主要不是講節，而是在講節與節之間的關節，講關節的實質是在講它們之間的關係，每一個關節在打拳時的動態關係中都有陰陽關係，內家拳法與外家

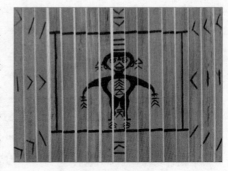

圖1-24 清華簡

拳法它們在外形上最大的不同之處在於對關節處的使用要求不同，用陽就是內家拳，用陰就是外家拳，主要體現在這九處關節的陰陽關係：腕、肘、肩，頸、胸、腹，胯、膝、踝。

分辨陰陽關係的標準：①主要以陰陽的道理為標準來分辨轉轉九的陰陽關係；②也可以用陰陽的外形符號為輔助來分辨關節處的陰陽關係，直的就陽，折的就陰；通的就陽，不通的就是陰。在陰陽的標準符號出現前，先人們用的都是外形象形符號，如圖清華簡（圖1-24）。

梢節的骨結構包括上臂骨、前臂骨和手骨三個部分。梢節的根節是上臂骨，有一根肱骨和肩關節組成，在三節的理論裏是把肱骨作為一整體看，不做進一步分析，但肩關節是可以分出陰陽關係來，肩關節主要是由肱骨的肱骨頭和肩胛骨的關節盂構成。梢節的中節是前臂骨和肘關節，是由尺骨和橈骨構成，尺骨位於內側，橈骨位於外側。在三節的理論裏是把前臂骨作為一整體看待，不做進一步分析，但肘關節是可以分出陰陽關係來。

　　梢節的梢節是手骨和腕關節，手的骨結構可由腕骨、掌骨和指骨組成。腕骨又分為上下兩列，上列由舟骨、月骨、三角骨、豌豆骨構成，下列由大多角骨、小多角骨、頭狀骨、鈎骨構成，十分複雜，在三節的理論裏是把手骨作為一整體看待，不做進一步分析，但腕關節是可以分出陰陽關係來（圖1-25）。

　　根節的骨結構包括大腿骨、小腿骨、髖骨、足骨四個部分。根節的根節是股骨和胯關節，股骨是人體中最長的骨頭，在三節理論裏是把股骨作為一整體看待，不做進一步分析，但胯關節是可以分出陰陽關係來。根節的中節是

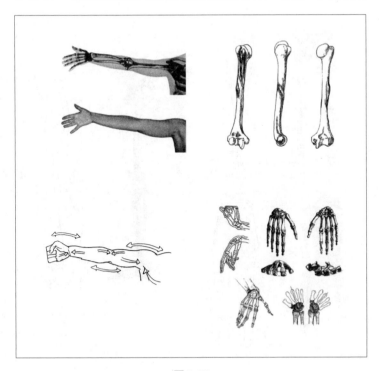

圖1-25

小腿骨和膝關節，小腿是由脛骨、腓骨、髕骨和膝關節構成。在三節的理論裏是把小腿骨作為一整體看待，不做進一步分析，但膝關節是可以分出陰陽關係來。膝關節較為複雜，由股骨下端的內側髁、外側髁、髕骨、髁間窩和脛骨上端內側髁、外側髁及髕骨構成。

根節的梢節是足骨和踝關節，足骨結構也是十分的複雜，大體上由跗骨、蹠骨、趾骨三部分組成，在三節的理論裏是把足骨作為一整體看待，不做進一步分析，但踝關節是可以分出陰陽關係來（圖1-26）。

中節的骨結構包括頭顱、胸腔和盆腔三大部分和脊柱

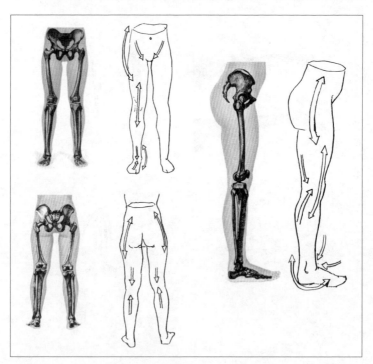

圖1-26

骨。中節的梢節是頭顱和頸部，人體頭部的骨骼總稱叫
「顱」，顱是由23塊大小不等，形狀不同的顱骨組成，
在三節的理論裏是把顱作為一整體看待，不做進一步分
析，但頸部是可以分出陰陽關係來。頸部的骨結構由七塊
椎骨、舌骨和喉軟骨結構組成，中節的中節是胸腔，由胸
廓和上肢帶構成。胸廓在人體的軀幹中，由脊骨的胸椎、
胸骨和十二對肋骨和鎖骨及肩胛骨組成，胸廓是一個上窄
下闊、截面為圓的一個整體穩定的結構，但三節的理論裏
是把胸廓作為一整體看待，不做進一步分析，但上肢帶是
可以分出陰陽關係來。

　　上肢帶的骨骼是由鎖骨和肩胛骨成對構成，鎖骨位於
胸廓的前上方，一根呈「亅」狀的骨；肩胛骨位於胸廓的
後側上面，是一倒三角的扁骨。鎖骨分為一體二端，外端
為鎖骨肩峰，鎖骨肩峰與肩胛骨肩峰構成極其靈活的肩關
節。中節的根節由盆腔和腰腹構成，俗稱「腰胯」。盆腔
是由左右兩塊髖骨同脊柱的骶骼相連構成的一個穩固、不
易活動、外形如盆的骨結構，16歲後就長成了一個極其
穩定的整體，但三節的理論是把盆腔作為一整體看待，不
做進一步分析，但腰腹是可以分出陰陽關係來。腰腹的骨
結構是只有五塊椎骨構成的腰椎，但極其靈活。

　　中節的三節都是建立在人體的脊柱上，脊柱是人體的
支柱，頭是長在脊柱頂上方的，脊柱是由三十多塊椎骨組
成，基中又可分為頸椎、胸椎、腰椎、骶椎和尾椎五個部
分，骶椎和尾椎與髖骨構成一整體，稱為「骨盆」，拳裏
多叫胯——腰和大腿之間的部分（圖1-27～圖1-29）。

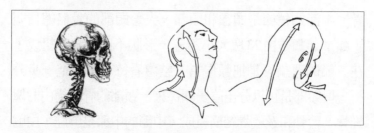

圖 1-27

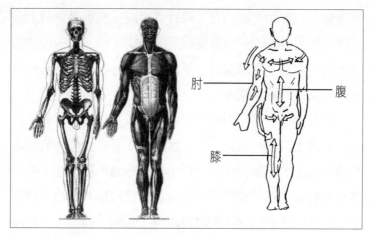

圖 1-28

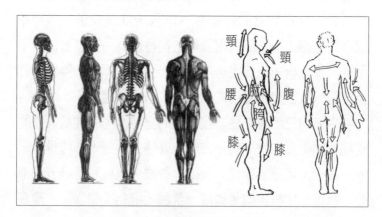

圖 1-29

　　對學習盧式心意拳來說，是從外家拳入手至內家拳入門，是一個從「九陰真經」到「九陽神功」的進步過程，在拳架上的束一和身體上的整體是一個九節逐步整體的過程，從轉轉九開始到九九歸一結束（圖1-30）。

　　在我們的拳譜裏，有許多歌訣，如虛領頂勁、沉肩垂肘、含胸拔背、尾閭中正、裹胯圓襠……這些口訣其實都是內家拳的歌訣，練習「九陽神功」用的，對練習外家拳的朋友們無任何指導意義。

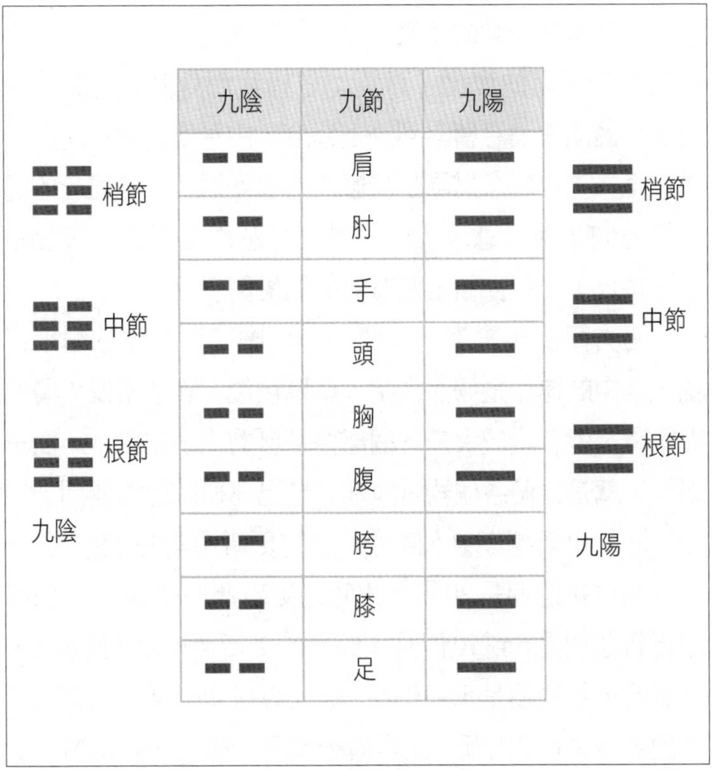

九陰	九節	九陽
梢節	肩	梢節
	肘	
中節	手	中節
	頭	
根節	胸	根節
	腹	
九陰	胯	九陽
	膝	
	足	

圖1-30

進步階梯——四象四梢説

◇●—●—●—●—●—●—●—●—●—●—●—●—●—●—●—●—●—●—◇

　　整體來說，盧式心意拳並不全是用來技擊的——養兵千日，用兵一時。活著，危急時刻你死我活，是用兵一時；更好地活著才是武術的意義，是養兵千日。武術就是時間、汗水和智慧的積累，日就月將就會使一個人的身心發生日新月異的變化。日新：是指我們身體與心智的進步；身體能量消息積累到一定程度，由量變到質變，叫月異。每一次質變可以講是身體的一次變通，是身體新的起點與方向，傳承意義上叫「易」，意思是更換了，變化了，替代了，在武術上會有新的領悟與覺悟。

　　西方科學也證實了人體是一個龐大而複雜的循環系統，其中的運作是週而復始，循環往復。除了整個人體的大循環，還有組成人體各個部件各自的「小循環」，簡單來說，就是人體各個器官大都有自己更換狀態的週期。

　　肝的更新週期是5個月，肺的更新週期是2到3週，心臟的更新週期是20年，皮膚的更新週期是28天，指甲的更新週期是6到10個月，頭髮的更新週期是3到6年，骨骼的更新週期是5～10年，所以心意拳的歷史上有天資的勤者多是6年出師，正常者十年磨一劍，多和身體的更新週期有關係。

　　學習盧式心意拳，可以使我們的身體與心智從一個程序升級到另一程序，從一個版本更新到另一版本，每一次程序的升級，版本的更新，都可以多活些年頭和得到更深層次的快樂。拳中有六個版本，供你來學習、修煉、追求（圖1-31）。

圖1-31 心意拳譜

　　憑什麼說拳中有六個版本？憑心意拳的四梢理論和養心理論。拳中的四梢理論是一個從內部和局部入手認識事物的方法，有點像現在的材料學科，研究事物本身的材料組成。四梢理論中的四是指人體中的肉、筋、骨、血，心意拳的前輩們認為這四種材料構成了身體系統。四梢中的梢是末端的意思，拳譜上說：「舌為肉梢，舌欲摧齒；牙為骨梢，牙欲斷金；甲為筋梢，甲欲透骨；髮為血梢，髮欲衝冠。」是說打拳一定要練習到末端，並且要鍛鍊到四梢齊為最好。齊是指一個物體束一、成器。四梢齊是說人體渾圓一體的狀態，上下束一，一個整體。沾著梢節亦如動中節、根節，沾著根節亦如動中節、梢節，一枝動百枝搖。拳譜曰：「四梢齊，則可變其常態，能使人生畏懼焉。」心意拳的養心理論為：「靜養靈根氣養神，養

功養道見天真，丹田養就長命寶，萬兩黃金不予人。」靈根指心的思想系統，神是指心的感應系統，功道是指心的認知系統。

學習打拳要循序漸進，按部就班，從四梢開始到見天真結束，一輪一輪地循環，週而復始。

細說這六個版本：

一是皮肉，在這一狀態中的人還是凡夫肉胎中的人，思的是技術，練的是本能。肉梢中肉指人體中的各種各樣的肉，如肌肉、內臟、皮肉、大腦等，老輩們講拿刀劃見紅的都歸肉。肉的功能在心意拳中是主管身體的擊打能力與抗打能力的養成、運動軌跡的養成和能量的儲備。肌肉是我們人體最大的材料，它的好與壞、健康與否，直接決定著我們的生活品質，生命是否停止主要看皮肉的工作狀態，原則上生命逝於肌無力。

舌欲摧齒，肉梢看舌頭，舌頭的健康、靈活、有力量，代表著一個人的健康、靈活、有力。站在肉梢上看人體其實是一個大的能量庫，一個人的冷靜，勇氣和寧靜，來自於充足的身體能量。抑鬱、孤僻、內向、自卑，一定程度都不是性格問題，而是身體能量缺乏，不能給心智系統提供能量。大腦的工作，是以心智能量作為基礎的，而心智能量，又是以身體能量作為基礎。一個人態度不好，有可能不是性格問題，而是身體問題。

現在的醫學也逐漸發現，人的大腦比身體先死亡，大腦需要的能量也是從身體能量抽取的，如果一個人身體能量缺乏，就會先把提供給大腦等的能量去掉，然後是意

識，最後是生命。試想一個人若在一個無氧氣的空間裏，人會先瘋狂，因為大腦控制不了身體，然後開始昏迷，喪失意識。因為有限的能量要先給呼吸和心跳。

肌肉的質量是有遺傳性，但力量一定是後天鍛鍊出來的，肌肉力量的鍛鍊有自己的特點：

①要經常性鍛鍊與持久性堅持，因為肌肉的力量來得快去得也快，三月一來回；

②平衡性鍛鍊，避免一部分的肌肉過大，反而成為障礙；

③內外有別的鍛鍊，根據肌肉相關性的原理，鍛鍊了左腿，右腿也會有力；加強了下肢鍛鍊，上肢也會加強；加強了四肢與腰胯的力量練習，我們的五臟六腑也會加強，變得有力，按照中國人內外有別的陰陽量比關係3：2，鍛鍊了形於外，亦鍛鍊了形於內。

這一階段鍛鍊的是一個千錘百煉、熟能生巧的過程，做一個身強力壯且內臟健康有力量的人。

盧式心意拳在肌肉階段，一是學習拳術的運動軌跡，演習預案，從腦部指揮下的對錯練習到肌肉記憶的深層練習，是一個從機械生硬到熟能生巧的過程，拳打千遍為會萬遍為熟。二是肌肉的抗擊打練習，肉厚實總是能夠抗擊打。

二是筋骨，在這一狀態中的人是鋼筋鐵骨的人。人呈固體狀態，想的是方正，練的是撐拔。韌帶、筋腱、各種管道，如血管、氣管、脈管等，老輩們講拿刀割不見血的都歸筋。筋的功能在心意拳的理論中主管身體的連接與聯

繫，把身體連結成為一個整體，束身成形，鑄身成器。
骨：有硬骨、軟骨、骨膜。也有前輩把軟骨歸為筋的，把
骨膜歸為肉的。

　　骨的功能在心意拳中主管身體的中正與頂直，直木頂
千斤。

　　甲欲透骨，牙欲斷金，筋的工作狀態是聯結，骨的工
作狀態是頂正。筋梢看指甲，骨梢看牙齒，看指甲的韌性
與牙齒硬度。這是一個長筋、正骨的過程。首先表現在外
形上是姿態的端正與拳架的規整上，身如鐘鼎，這叫束身
成形，從內形上看是銅筋鐵骨與骨正筋柔，鑄身成器，內
外束一，誠似鐵板一塊，是一個體魄堅實、中正結實的
人，像山一樣。

　　進入這一階段和身體感受，是比上一階段肌肉時更加
孔武有力，肌肉的有力叫健壯，筋骨的有力才叫堅實，皮
肉健壯的人不叫結實，因為結實體現在關節的結合部、體
內各種筋與管道上，堅實說骨頭的密度與結構。筋與骨的
相互作用，使一個人的身體結為一體，糾絞為一塊，骨頭
的剛性傳導與支撐和筋的韌性聯結，相互作用產生暗勁。
筋骨之力可以長時間地持續，能不間斷地暗示身體，這兒
需要改變，那兒需要補強，身體就會自動地改變骨密度乃
至骨結構，強化筋的韌性與彈性。

　　盧式心意拳在筋骨階段主要是練習身體的撐方，撐方
是外家拳進入到內家拳的關口，使身體從肌肉狀態逐步練
習到筋骨狀態，在打拳過程中逐步忘掉肌肉，感受到筋骨
的存在，身體的筋骨逐步增強變硬，從肉胎上升到固態，

是一個將骨質逐步練成鋼筋鐵骨、撐方身體、整體束一的過程。

三是血氣，在這一狀態中的人血氣方剛。人呈液體狀態，思的驚靈，練的驚炸抖擻。血氣不同於氣血，血氣多說血，老輩們講體內液體，紅的、白的、黃的，都歸為血。血的功能在心意拳中主管身體內血氣的鼓實與驚起驚落，產生加速度，出驚勁。這種分法不一定符合現代科學的分類法，但對於心意拳的學習鍛鍊來說是適合的，合乎心意拳的拳理。

血的工作狀態是驚起，髮欲衝冠，是練習鼓實與盪實的階段。血梢看毛髮，看毛髮順直與光亮則一定是一位精神健康的人，烏黑髮亮則一定是一位血氣方剛的人，有寶光則一定是一位有武術修養的人，能做豎髮衝冠的人必定是一位血氣驚靈的人，動作迅捷兇猛。

血一如自然中的水，有水則山清水秀，血至則潤。若一個人的心肺功能強大，可以保證血氣流動到身體的最遠處——毛髮、唇、面色等。

筋骨可以把身體束一為一塊，身體如一碗，習以為常後，則自然而然地會關注血氣的旺盛與流動，身體如一碗泓水，流動無形，隨圓就方，因碗的轉動和位差使身體內的血氣瞬間有了同向性、束一性，鼓實與晃盪使力量產生加速度。

盧式心意拳在血氣階段主要練習身體的晃盪與驚靈，晃盪與驚靈使打拳有了節奏感、出了靈動勁，在打拳過程中身體逐步忘掉肌肉、筋骨，只感受到血氣的存在，身體

從肉胎到固態，又昇華液態，使身體變得極其敏感而又極其快捷，四梢驚而起，內勁驚而出，一枝動百枝搖，如洪之瀉，龍之驚，火燒身。進入這一階段打拳時才會有如水之漫延，時而浩渺無形，時而洶湧奔騰，外形上的晃動與驚顫，內心裏的驚靈與炸翻。

四是靜養，在這一狀態中是思前想後。人呈靜止狀態，想的是形意心意，練的馬有奔騰之功，虎有撲食之勇；練的是先有殺敵之心，後有動手之意。靜養靈根，靜養是止思想念，靈根指我們的思想系統，思是用腦，想是用心，思的是對錯與考據，想的是想像與貫通。無思考後入想像，無對錯後入歡喜，心與歡喜合後入意界。腦不思為靜養，拳不走腦，事不掛腦，拳打萬萬遍後其意自生，心中生了念想，有了自然而然的消息。

忘記了一切，心無牽掛，身無障礙，體不疼不癢，無前後左右，身如夜色裏的一根木椿，心如陽光下的一塊石頭，身在零動點，心中一片光明、靈光，見機而行，眼到手到，老話講這叫手眼通天，拳譜上說：寧在一思前，莫在一思後。

打拳到靜養時無對錯，只有喜歡，外師造化，中得心源，中國的武術多是像形拳，見其形取其意，明其心得其意，無考據之思，少三心二意之亂，精於一意，定於一心，才能止於靜養。

盧式心意拳在靜養階段主要練習出心中的形意與心意，形意是有形有意，或叫形神兼備，如馬有奔騰之功，不脫馬形，在像與不像之間，在似是而非中形而上地得到

馬有奔騰之功，從而有了形意再從而有了形勢。

　　心意是無形存意，或叫大得意，如馬有奔騰之功，不求馬形的形，只在心意中形而上地得到奔騰之功，從而有了心意再從而有了氣勢。

　　五是氣養，在這一狀態中的人是氣定神閒。人呈氣體狀態，無思無想後生氣息，從而有了感覺。氣養精神，是氣韻生動的階段，主要看一個人是否神采奕奕，精神飽滿。如果你是拳中的行家裏手，只看一個人打拳時拳的神采就可以了，拳若有神采，打拳的人也必定有神采。

　　如果你是過來人，看到一個人打拳時的照片就能感受到是否是神采奕奕之人。人若到神采這個份上，一必是異於禽獸的人，是人；二必是異於常人的人，又不是人。因為回到了自我，得到了心意，生長了氣息，成為了六合中人，「六合是我底六合，那個是人，我是六合底我，那個又是我」，融入了天地間，化為一氣的流行，忘了我，無了我。

　　打拳時不加思索，出手成拳沒有對錯，忘了想像，隨著形勢，就著氣勢，隨形於形勢之中，忘懷於氣勢之裏，感受在氣韻裏。

　　養勇氣於胸，養浩然之氣於懷，合納天地不過是一囊橐，六合於一身，人不過是一皮囊而已。如一個籃球，氣足則球靈，氣衰則球疲，人氣足則外氣不入，人氣衰則外氣深入，生疾。

　　盧式心意拳在氣養階段主要是練習一氣，人衰極時能感覺到人活一口氣，靜養到極時也能感到一氣之流行，息

息相關。人如一皮囊，修皮納氣。一氣在幾何學是叫點，在墨經上叫端，易傳上叫太極，拳中叫生死間，用老百姓話講叫人活一口氣。在打拳時靜養階段是訓練一個人把身體站在「零動點」上，氣養則是訓練一個人的身體對「機」的敏感性，機是事物發生的端點，如時機、動機、生機、危機、轉機、契機、機會、機遇等。

對機的把握沒有對錯、標準，只有敏感性，「山雨欲來風滿樓」「意氣縈人」。養氣兩個方法：一是吃，米生氣；二是養，無心生息，息生氣。

六是天真，在這一狀態中的人是六合中的人。人呈流行狀態，生生不息，打拳到了天真這個份上，真道是教外別法，不立文字為好，一落文字，便是形而下，教化俗人有千章百回，怎麼說都是有理；但教化一個不是俗人的人，有心意二字就行。這一階段是無心、無法、無術，沒形式，在沒心沒肺的階段，是個孤家寡人在孤獨求藝，曲高人寡常人不能及。人寡是說修煉是一漫長的過程，紅花到老幾個成，幾人能脫得了法術，成為一個自由的人，縱任無拘的人。

特立獨行可以成為一派的大家，於有法到無法，但一任天真爛漫可以自成一家，於無法而成了系統。試想盧師當年獨自來到上海，一生一直從事武術的研習與傳授，在不斷的實踐、學習、交流中，擁有自己鮮明特點、獨特風格的盧式心意六合拳在20世紀二三十年代逐漸形成並廣為流傳，開創了中國武術一派之先河，成就了一代宗師的崇高地位。

盧式心意拳在天真階段主要是練習出風格。風：空氣流動的現象；格：畫分成的空欄和框子。風格：一個時代、一個民族、一個流派或一個人的文藝作品所表現出的主要思想特點和藝術特點。如藝術風格、民族風格。

學習盧式心意拳，有兩個入口供愛好者進入：鷹式與熊式，鷹式多講實用，熊式多講長壽，鷹式多講進攻防守，熊式多講防守進攻。

鷹式從牟杆之勢入門，如沙地立杆、碗口豎蛋，要險中求勝。次第漸進為，肉梢—筋梢—骨梢—血梢—靜養—氣養—養功養道。肌肉講軌跡，筋骨講結構，氣血講發勁，初學者必須經過這三個階段，熟悉正確的運動軌跡，撐拔出穩固堅實的結構（體整如鑄），再震盪氣血才能發得出勁，這三個階段必須循序漸進。肌肉長力量，如果運動軌跡不圓、不規矩、傷筋，筋不強動骨，骨弱則拳架不正，血氣鼓實晃盪時則一搖百搖，不塌不傷才是意外。

熊式從夾剪之勢入門，如青磚石塊，要求四平八穩。次第漸進為，骨梢—筋梢—肉梢—血梢—靜養—氣養—養功養道。從骨梢開始，先求身體的中正大方，保持兩耳的平衡、兩肩的平衡、兩胯的平衡、兩足的平衡，保持身體中節的八根垂直線要垂直，常叫四樑八柱或叫四平八穩。

注意：學生在練習肌肉這一階段時，老師不要拿筋骨的理論指導他、要求他，在講靜養時也不要提到氣養，否則就會引起混亂。

從心智方面來說，亦有幾個版本供你升級，快樂也是有等級的，學會的快樂（入形），進步的快樂（武術），

領會的快樂（形意），貫通的快樂（心意），孤獨的快樂（風格），天真的快樂（自然），與身體的快樂相符、相承、相隨。

打拳是個快樂幸福的事，快樂源於你對不快樂的釋放。上班是不快樂的事，考勤、簽到、打卡……生活在城市也不是件快樂的事，高手雲集就得事事小心提防……但打拳可以釋放這些不快樂，因為打拳要快速地回到自我，找到自我，天地間以我為中，打拳以我為本，是一個人的進步。快樂源於我日就月將的進步，今日與昨日不同，感覺到了昨日不曾有過的變化、昨日不曾知道的道理，與昨天比、前天比、上週比和與第一印象比，感覺會更踏實、快樂。

幸福源於對身心的感知，因為打拳終究要的是敏感度，要你的筋骨皮比別人敏感，你的氣血比別人敏感，你的神經比別人敏感……聽風知雨，武術越好的人越敏感，反應也越及時，感受也越是幸福，感覺也越是飢餓，一如背上的癢、心中的痕，愈抓愈癢，愈癢愈抓，因為你查得比過去細，知得比過去微，感得比過去深……心意如鈎，意氣繚人。

心安定於文化上有歸宿，精神上有家園。我們的文化以文武為核心，以教化為目的，以「能文能武」望子成龍為夢想。打拳是中國文化的學習之路，也是中國文化精神的修行之路，武術可以讓你走進中國文化精神殿堂，感知漢文化的魅力，感知勇敢中國人的精神世界，使你的心靈家園有所依靠，尋找到一批志同道合的師兄弟們，成為一

個身心兩不孤獨的人。

心安理得，得理源於你對中國文化的深刻認識，得理是一個循序漸進的過程，心得理：匹夫→匠人→高手→藝人→大家；身得理：無用→有用→好用→妙用→大用。法門都寫在拳譜上：「想要好，稍中求，方知靈山大光明」「陰陽二式在其間」。

盧式心意拳的六個階段

	一	二	三	四	五	六
	肌肉	筋骨	血氣	靜養	氣養	天真
	肉態	固態	液態	靜態	氣態	原態
	明勁	暗勁	化勁	順勢	運氣	風格
	思對錯 練本能	長伸筋 正拔骨	驚而起 炸而出	想像意 想念心	人活一氣 無氣為屍	隨波逐流
	凡夫俗子 軌跡預案	伸筋拔骨 鑄身成器	血氣方剛 驚靈炸翻	得意忘形 不思進取	神采奕奕 生生不息	孤獨求藝 體系風格
成就	匹夫	匠人	高手	名師	大師	宗師
階段	初學	入門	入室	得意	為師父	得藝
師父	教會	教會	教會	帶會	跟會	自會
徒弟	學得	練得	要得	捨得	忘得	覺得

生剋連環——五行五關説

我們常以「一把手」來形容領導、首長、管理者，用了若指掌、指掌天下、手提天下往、手握乾坤等來形容一把手能力。人人都有一把手，人人也都有做一把手的心，但做不了一把手，不全是沒有一把手的命，而是聞道有先後，耽誤了。

什麼叫一把手？手有手心手背，意為陰陽，陰陽的意思搞關係，就是要理清關係，認清你我，分清楚好與壞、上與下、先與後、左與右等。

手有五指，代表著五行，五行是對大千世界萬事萬物的一種歸納分類方法，所有的人、事、物都可以用五行來分類，並以常見的木、火、土、金、水來命名。以中指為木，食指為火，大拇指為土，小拇指為金，無名指為水（圖1-32）。五根手指有三長二短，代表著陰陽平衡的動態量比關係，意思為凡事要留有餘地，餘有轉機。

五指中唯有大拇指可以靈活自由地與其他四指組合，大拇指在五行中代表著土，中國人構建了以大

圖1-32

拇指、以土為中心的黃天厚土文化，中國人愛豎大拇指，
亦有高興的一面。土有承載受納之意，來者不拒，東南西
北，外來文化思想隨便來，來得久了，好的留下，成我
的。

　　每一個人都可以坐在家裏，翻翻手掌，分分我的你
的，扳扳手指，想想自己在五行中的位置，誰是我的貴
人，能幫我；我是誰的貴人，我要幫誰；誰是我的仇人，
哈哈，我是誰的仇人，惹不起還躲不起嗎。

　　驚於先人們的智慧，悠悠五千年中華文明始於對手的
認識，一切為了方便，易如反掌。學習盧式心意拳，要知
道拳中也有一把手，先要翻翻自己的手心手背，定位自己
是什麼樣的一個人？如主動或是被動，高的矮的，胖的瘦
的，適合學習哪一形。再扳扳手指算算自己在拳中五行裏
的定位，我是一個打得遠的人？一個有速度的人？一個有
力量的人？一個有硬度的人？或是一個善於變化的人？對
照這個表格，定位自己，誰是我的剋星？我是誰的剋星？
誰是我的貴人？我是誰的貴人？

　　五行中木，適合於人高馬大，長而高的人，可橫衝直
撞，縱橫往來。

　　外五行中眼屬木，怒目而視，瞪眼起殺心。中指代表
木，指法上求直求進取，大拇指與中指合意為進攻，直搗
黃龍。出手崩拳，崩開一缺口，長驅直入。

　　內五行中肝屬木，眼通肝，肝動急如箭。氣發於肝
經，動作急促如箭。身法上用撲勁，束身而上，整身而
去。心法上求利，什麼是利，槍尖為鋒，刺直為利，刀刃

為鋒，砍直為利。擊打時求放長擊遠，五不破中求極遠不破，我打得到你，你打不到我。多練馬形虎形，馬有奔騰之功，虎有撲食之勇，虎澗馬濺，遠支一丈，近來八尺，一步到位。

五行中火，適合於由字形的人和乾實的人，走路無聲聽風響的人。外五行中舌代表火，頂舌催恨意。食指代表火，指法上求快求上取，大拇指與食指合意為分清敵我，指著鼻子打。拳如炮龍折身，遇敵好似火燒身。出拳如炮響，驚打，要嘛急疾，要嘛冷突。內五行中心屬火，舌通心，心動如火炎。如心動於心經，表現在肢體為怒氣，如火焰之高升而不止息。身法用踩勁，如踩毒物。

心法上求快，什麼是快？攻守一體為快，槍指鼻尖刀架脖子為快。擊打時求速度，五不破求極快不破，速度快，想幹啥都行。拳五行中多練雞形蛇形，雞有欺鬥之能，蛇的撥草之能，閃進閃出，迎門一擊，一擊必殺人。

五行中土，適合於虛大胖肥的人，拳中的虛指上半身力量好於下半身的人，騎馬蹲襠，合手掛打。胖大指膀大腰粗的人，虎背熊腰，飽滿滾圓的人，有用不完的勁，使不完的力，你打我三拳我還你一拳都划算的主。

外五行中齒代表土，切齒之恨。大拇指代表土，伸拔大拇指有豎項頂直之意，追求身體的中正，大拇指為我，豎大拇誇別人，意思為我好、你好，正人先正己，誇人也先是誇自己。

內五行中脾屬土，口通脾，脾動大力攻。氣發動於脾體，則體力之攻力大，出手橫拳勢難招，雙肩一陰翻一

陽。因為有了身體的中正，才能求得身法上的絕勁，打得他絕門絕戶，不會閃傷自己。心法上求狠毒，要有野心野勁。擊打時求重拳重腿，五不破中求極重不破，一力降十會，力大者不破，誰見誰躲。拳五行中多練熊形龍形，熊有掀鼎之力，龍有撇骨之法，一而再，再而三，沒有砍不倒的樹，也沒有推不翻的牆、放不倒的人。

五行中金，適合於甲字形的人和申字形的人，如細腰乍背倒三角的人和兩頭尖的車軸漢子。

外五行中鼻代表金，聞風而動，氣發於肺經，響聲似雷鳴。以氣催聲，稍隨聲起，聲隨稍落，打拳要聲勢浩大。小拇指代表金，分筋先是要撐開大拇指與小拇指，大拇指頂天，小拇指插地，大拇指與小拇指合主後退與下落，鷹捉始於小指。劈拳一如山上滾落下的一頑石，劈頭蓋臉。

內五行中肺屬金，鼻通肺，肺動震天響。身法上用束勁，束身而起，滾身而落。心法上求短，接二連三，四五六，七八九，不扒下，不停手。擊打時求硬度，五不破中求極硬不破，硬打硬上無遮攔。

拳五行中多練習鷹形鷂形，鷹有捉拿之功，硬開硬拿不容情；鷂有側展之能，把打肘掛肩靠，如影隨形。

五行中水，適合於瘦小機靈和矮小靈活的人。

外五行中耳代表著水，聽風而起，聞風而動，氣發腎經，動作之快如疾風暴雨。無名指代表水，伸拔無名指有左旋右轉之感。大拇指與無名指合有防守進攻之意。拳打鑽翻意，出手如鑽斜裏去，抬腳走圓圈裏落。

五行	木	火	土	金	木	
十形	馬虎	雞蛇	熊龍	鷹鷂	猴燕	
十人	高目	由乾	胖虛	甲申	瘦	
五官	眼	舌	齒	鼻	耳	外五形
五指	中指	食指	大拇指	小拇指	無名指	
指法	直進	快上	中正	後退	旋轉	
拳法	崩拳	炮拳	橫拳	劈拳	鑽拳	
含義	進攻	指敵	正我	後退	防守	
五臟	肝	心	脾	肺	腎	內五行
經動	急如箭	如火炎	大力攻	震天響	快如風	
雷聲	轟	哈	噫	哼	噠	
勁法	撲	踩	絕	束	裹	
心法	利	快	狠毒	短	疾	
目的	極遠	極快	極重	極硬	極變	

圖1-33

內五行中腎屬水，耳通腎，腎動快如風。身法上用裹勁，裹物不露。心法上求疾變，拳中多打一寸為長，沾實一點。擊打時求閃輾變化，五不破中求極變不破，逆來順受，順風順水，隨形就勢，變化無窮。

拳五行中多練習猴形和燕形，猴有縱身之靈，閃輾避讓，毛都摸不著；燕有抄水之妙，輕靈善變（圖1-33）。

相生：指這一事物對另一事物有促進、助長和滋生的作用。

相剋：指這一事物對另一事物有抑制和制約的作用。

相乘：剋與被剋雙方，剋方的力量太強，打破了二者的平衡關係。如特殊情況下的一下把小孩打傷了，因為大人練過心意拳。

相侮：剋與被剋雙方，被剋方的力量太強，打破了二者的平衡關係。如特殊情況下的小孩打敗大人，因為小孩練過心意拳（圖1-34）。

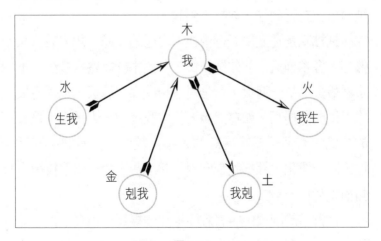

圖1-34

大千世界的生剋平衡是件再正常不過的事情，因為生剋平衡了這個世界才相安無事，所以這世界無時無刻不在進行著平衡與再平衡。

武術的長進道理也在生剋乘侮這四個字上，首先要在武術五行中找到一己之長和一己之短，可以從自己身體的形狀與姿態、性格與嚮往中尋找，可以從三節四梢中尋找，也可對照五行分類表在內外五行中查詢。如一個屬木的人，外形上是人高馬大，腳長手長，骨長筋固，利於放長擊遠，性格秉正，做事方正，心直拳直。

武術的進步，一是揚長，二是補拙。

揚長就是集中自己的優勢，最大限度地發揮自己的優勢，靠優勢獲勝，以己之長攻敵之短。如我在武術五行中屬木，人高馬大是我的身體優勢，所以在打拳時追求放長擊遠，迎打迎進，直進直出。在五不破中求極遠不破，要打得遠、準、狠是我的技術特色。打遠距離的控制是我的戰術，我打得到你，你打不到我。

補拙就是在武術五行中找到自己的短處，想方設法來彌補，像木桶盛水的效應一樣，一個木桶能盛水多少，不是看最長的那一塊板，而是看最短的那一塊板，補齊短板才可以整體提高。如在武術五行中我屬木，人長高大是我的長處，和個子矮小瘦短的人相比較，一定是缺少靈活性，缺少變化，補拙就是向個子矮小瘦短的人學習技術，彌補靈活性。

在日常的訓練中，有意識地加強揚長與補拙是武術進步的方法，打破五行的生剋平衡，打破的方法就是相乘或

相侮，加速再平衡與平衡的節奏，是武術快速進步的法門。訓練中當揚長做到極致處，遇到瓶頸時，就需要進行補拙的訓練，所以武術的進步是一段一段的，時而投身無門惶惶然，時而豁然開朗清清涼。

在中國的文化裏沒有老子天下第一的概念，盧式心意拳也沒有，想做老子天下第一的都是腦子有問題。盧式心意拳有一組兵器相傳幾百年了沒有變化過——心意槍、心意二節棍和心意雞爪劍鐮，槍是二節棍的剋星，二節棍是雞爪劍鐮的剋星，雞爪劍鐮又是槍的剋星，沒有哪一個兵器最厲害，能做到無敵於天下。

十大形中每一形的武術也一樣，不要想著學好了拳中一形就可以打遍天下無敵手。以小勝大，以弱勝強是打拳的本分，在我們的五行文化裏沒有強者，也沒有弱小，所以也不要有欺弱小的想法，只有此一時彼一時，在適合的環境中做適合自己的事。

單獨的相生相剋，如剪刀、石頭、布，可以形成一單循環，但不能生成一個共生、共榮、共依的平衡系統，五行制化是一個共生共榮的和諧系統，要學會搭建一個以我為中心、生我、我生、剋我、我剋的生態體系。寸有所長，尺有所短，不要輕視寸之短，也不要仰視尺之長，要學會在系統中找到出發點，找到自己的根據地。如我在武術五行中是屬什麼，我天生是一個有力量的人、有速度的人、靈活的人、高大威猛的人，還是一硬橋硬馬的人，在五行連環的實踐中進步，在系統中成長。（圖1-35）

以木為例。屬木的人，人高馬大，在外五行求直，內

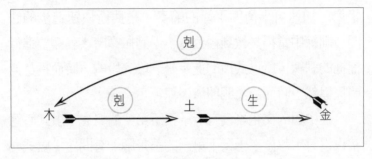

圖1-35

五行求遠，打拳時適合練習馬形或虎形，出手時多用崩拳開路，身勁上多用撲勁，俗稱親嘴勁。在五行中水生木，水是木的貴人，木生火，木又是火的貴人，木剋土，土是木的下家，金剋木，金是木的上家。

正本培元：正本就能找到自己的出發地，鞏固加強自己根據地，集中一切力量加強自己的優勢，就是正本。

五行屬木的人在武術五行中要以馬形或虎形來開拳，以其中的一形作為自己的出發點、為底子，多下工夫多練習，格物極致，千會萬熟萬萬遍為精，要來回滾幾趟。要以這一形為本建立起自己的技術特色，就是以後學了其他形的技術，也會在這些技術中找到自己本形的影子，越突出越好。

如虎添翼：木生火，屬火的人是由字形和瘦長乾實的人，和五行屬木的人在身形最為近似。在武術五行中適合練雞形和蛇形，在外五行求疾，內五行求快。出手如炮，學習雞的急疾和蛇的冷疾。

虎形和馬形練的夠多時，速度自然不慢，但若要再加強速度時要有意識地練習火行。

　　勤能補拙：水生木，屬水的人矮小瘦短，和屬木的人在身形正好互補。在武術五行適合練習猴形和燕形，外五行求靈活，內五行求變化，武術五行中水行的技術是屬木行人的短板，勤能補拙，高大的人在技術上的不靈活，正好需要補拙加強。

　　加強相乘：木剋土，屬土的人虛胖肥大，身笨而拳重腳重。在武術五行中適合熊形和龍形，外五行求中正，內五形求極重，挨三拳能打到一拳都高興。所以屬木的人在對練中，一是要控制好距離，二是要放長擊遠。發揮自己的優勢手長腳長，我打得到你，而你不能打到我。

　　加強相侮：金剋木，屬金的人是甲字形和申字形的人，硬橋硬馬，硬胳膊硬腿。在武術五形中適合練鷹形與鷂形，外五形求滾翻，內五行求極硬，出手大劈挑領，實戰中求半路截殺，截拳、截腳、截關節，出言截面，瞪眼截心，得勢不饒人。手長腳長的人如果沒有速度的話，會被限制得出不了手，抬不起腳。

　　如何來應對？五行中火剋金，所以屬木的人在武術五行中要多練習雞形或蛇形，使自己的技術打得突然又極遠，或是又疾又極遠，如果技術上能做到這樣子，在武術五行上算是有了常勝的資本。

五行生剋與反生剋

金

　　金旺得火，方成器皿；金弱遇火，必見銷熔。

　　強金得水，方挫其鋒；金弱得水，水多金沉。

金能剋木，木多金缺；木弱逢金，必為砍折。

金賴土生，土多金埋；土能生金，金多土變。

火

火旺得水，方成相濟；火弱遇水，必為熄滅。

火能生土，土多火晦；強火得土，方止其焰。

火能剋金，金多火熄；金弱遇火，必見銷熔。

火賴木生，木多火熾；木能生火，火多木焚。

水

水旺得土，方成池沼；水弱逢土，必為淤塞。

水能生木，木多水縮；強水得木，方洩其勢。

水能剋火，火多水乾；火弱遇水，必為熄滅。

水賴金生，金多水濁；金能生水，水多金沉。

土

土旺得木，方能疏通；土弱逢木，必為傾陷。

土能生金，金多土變；強土得金，方制其壅。

土能剋水，水多土流；水弱逢土，必為淤塞。

土賴火生，火多土焦；火能生土，土多火晦。

木

木旺得金，方成棟樑；木弱逢金，必為砍折。

強木得火，方化其頑；木能生火，火多木焚。

木能剋土，土多木折；土弱逢木，必為傾陷。

木賴水生，水多木漂；水能生木，木多水縮。

五行生剋制化宜忌

金賴土生，土多金埋；土賴火生，火多土焦；火賴木

生，木多火熾；木賴水生，水多木漂；水賴金生，金多水濁。

金能生水，水多金沉；水能生木，木多水縮；木能生火，火多木焚；火能生土，土多火晦；土能生金，金多土弱。

金能剋木，木堅金缺；木能剋土，土重木折；土能剋水，水多土流；水能剋火，火炎水灼；火能剋金，金多火熄。

金衰遇火，*必*見銷熔；火弱逢水，*必*為熄滅；水弱逢土，*必*為淤塞；土衰逢木，*必*遭傾陷；木弱逢金，*必*為斫折。

強金得水，方挫其鋒；強水得木，方緩其勢；強木得火，方洩其英；強火得土，方斂其焰；強土得金，方化其頑。

想方設法——六合一體説

盧式心意六合拳，那什麼是六合呢？六合最初的記載是講一個盛物之盒，其形方正，因其是方正的盒子，所以必是六面的立方體，上下與四方，上下、左右，前後，為六合，六合為方（圖1-36）。

在中國人的日常生活中，方無處不在，安身立命講方策，待人接物講方法，為人處世講方式，國家政策叫方針，中醫藥叫開處方，風水叫修方，兵家打仗排方陣，玩麻將叫築方……做人要大器，做事要大方，為人方正了叫大氣。

說六合也叫陰陽六合，說陰陽得先說以我為中，先要找到我在哪，這個地點就是我們的出發地，我們的立場，講話要有立場，做事要有出發點，無立場的言說可以不用去關注，無出發點的事可以不去做，做了也白做。

中國人有中國人的立場，有中國人的出發點，我們現在知道我們居住在

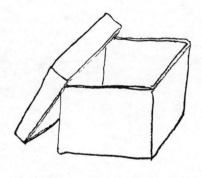

圖1-36

地球的北半球，但中國的先人並不知道，但他們知道遵循
「向明而居」這個道理，所以就有了「背北朝南」這個原
點，這個原點是所有中國人的立場，也是中國人文化的出
發點（圖1-37）。

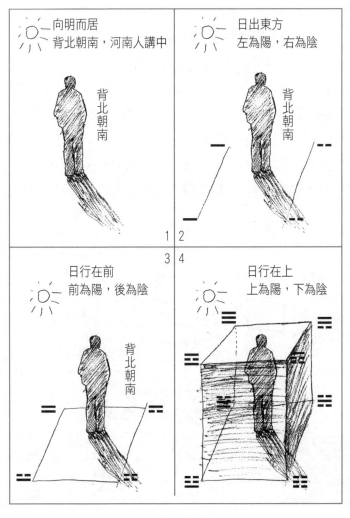

圖1-37

常聽人講，這個事我不懂，怕做不好，沒有方法；那個人我不認識，沒有交際，做不好，沒有辦法……搞得自己好像不是中國人似的。對中國人來說，知道了方法二字後，就有了應對萬事萬物的方法，亦有了一個以不變應萬變的操作方法——找關係，方便之門。

六合中人思考問題，解決問題，要以六合為架構，六合之中以天時、地利、人和為貫穿線，在六合中分別對應上下、前後、左右（圖1-38）。日行在上，上邊為陽，下邊為陰，上下對應天時，是講時間關係——上下五千年。但中國人的時間關係不是講純粹時間，幾分幾秒，而是講事與事之間的關係，事有過去的、現在的、將來的，是我們的感覺綿延，屬意識之流，是我們的各種感覺與思

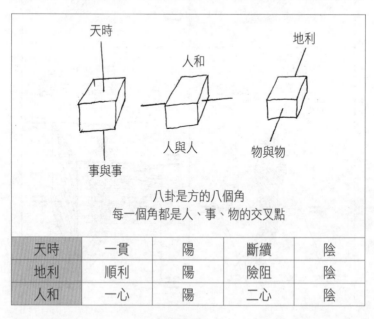

八卦是方的八個角
每一個角都是人、事、物的交叉點

天時	一貫	陽	斷續	陰
地利	順利	陽	險阻	陰
人和	一心	陽	二心	陰

圖1-38

考的聯繫，成語有上躥下跳、七上八下、欺上罔下、敬上
愛下等。日行在前，前邊為陽，後邊為陰。前後對應的是
地利──前進後退，也不是講純粹的地勢地貌，而是在講
物與物之間的關係，物有老的、新的、想要的，是我們的
感覺對比，屬意識之流，是我們的各種感覺與思考的對
比，成語有前因後果、瞻前顧後、懲前毖後、跋前躓後、
狼前虎後。日出東方，左手邊為陽，右手邊為陰，對應的
是人和──左膀右臂，也不是講人情世故，而是在講人與
人之間的關係，人分親的、近的、遠的，你的、我的、他
的，是我們的各種感覺與思考的關聯，也屬於意識之流，
成語有左右兩難、左思右想、左右調和等。

　　中國人若遇到問題，要心平氣和地想想天時、地利、
人和，想想人、事、物，想想其中的關係，畫畫爻，玩玩
六合，摸摸方，就能找到解決的方法。

　　打拳也要站在個原點上，無論是在室外，還是在室
內，有自主性的話要先擇「背北朝南」的站位。一日之機
在於晨，在五行中這一時段叫「旦」，本意為旭日東昇，
陰陽交合之際，沐浴著陽光，欣欣向榮。

　　練習盧式心意拳也得站在方中的這個原點上考慮上
下、左右、前後的六合對應關係，如氣沉丹田與虛領頂
勁，就是講上下關係，能否做到氣沉丹田。我們的做法不
是一味地氣沉丹田，一味地鼓實、吸實或蹲實，如果一門
心思地氣沉丹田，腹突是幾週的事。那我們用什麼辦法
呢？虛領頂勁，向上用心，向下無心，能頂多高，就能沉
多下。如能頂到百會，就能沉到會陰；如能頂到眉心，就

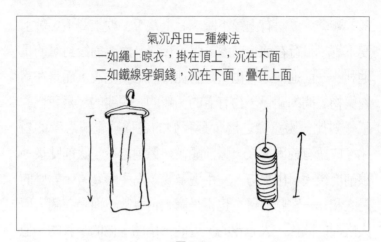

氣沉丹田二種練法
一如繩上晾衣，掛在頂上，沉在下面
二如鐵線穿銅錢，沉在下面，疊在上面

圖1-39

能沉到丹田；頂髮際就能沉到毛際。六合出整體，整體出
整勁，整勁分有靈活與僵硬，原因在整體也是有陰陽之
分，或執著於陰或執著於陽，事半功倍的做法，若要問自
己是執著於陰或陽，就請
各自問自己的師父吧。最
怕的是不分上下前後左
右，一塊兒練了就僵硬
了，就像是加著油門踩著
剎車。（圖1-39）

　　想學好盧式心意拳，
得先入六合門，成為六合
中人。六合中人心中得有
方的概念，有此觀念入心
後，才能算是入門（圖
1-40）。六合是拳中入內

圖1-40　蠟刻版心意六合拳譜

家拳之法門，身體撐方，出手畫方。居於六合中人，其身不再是單純意義上的自然軀體，其心也不再是道德中行為規範，而是在天地萬物為構架中的人，「人合天地以為人，心合四肢百感為心」，想要有一氣流行天人合一的狀態，得要有以我為中心的六合空間觀念，沒有六合觀念就別想著天人合一。六合不僅與人的百感性命攸關，更與人的層次境界相關，「六合是我底六合，那個是人，我是六合底我，那個又是我」。

「正在心中，萬物得度」，正是方中的四平八穩，有方在心，人的心靈就會得到自由和敏感，能冥合天地之道，亦可賦予混沌以清明秩序。

從人體的形態來看，舉一身之像形似方，體似立方。遠處看頭是方的而頸是圓的，胸是方的而腰是圓的，胯是方的而大腿是圓的，膝是方的而小腿是圓……練習盧式心意六合拳是一個撐方的過程，六合言身，內裏撐出上下、左右、前後，鑄身成器，身如鐘鼎，這是心意拳門人的大智慧。

方以成形。圓以成勢，去圓成方。盧式心意拳身成六勢，雞腿、龍腰、熊膀、鷹爪、虎豹頭、雷聲。雞腿講胯以下的部位，龍腰講腹前腰後，熊膀講肘以上的胸前背後，鷹爪講肘以下部位，虎豹頭講頸項，雷聲講內腑的共振齊鳴。除勢去圓後成方，想想身體還剩下些什麼？一個頭顱、一個胸腔、一個盆腔。

頭顱：眼觀六路，耳聽八方（圖1-41）。六合的六個面，前後、左右、上下。有人會問，人的眼睛朝前，視

力無法後視，如何做到眼觀六路呢？一是盧式心意拳是軍事用拳的延續，是衝鋒時的戰鬥技術，你的身邊、身後有你的戰友，你的敵人只在你的眼前，前有三條路，向前、向左、向右。二是陰陽法，看陰守陽或看陽守陰。

盧式心意拳眼有三法，觀天不看天，察地不看地，虎口看人法。三法總的要求是不拿正眼看人，陰陽道理。看天不觀天

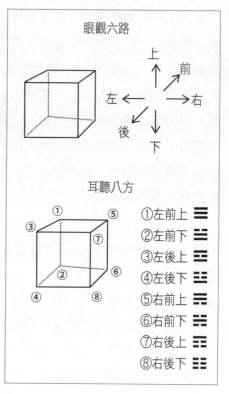

圖1-41

是熊勢觀法，主觀意識是守陰，眼睛內視後觀，意守後下，而眼觀左右、前、下。

察地不觀地是鷹勢觀法，主觀意識是守陽，突目盯人前視，意守後上，而眼觀左右、前、上。虎口瞄人法是槍勢觀法，主觀意識是守陽，分心觀於右，意守左邊，而眼觀上下、前、右（圖1-42）。

耳聽八方，六合的八個角，左前上、左前下，右前上、右前下、左後上、左後下、右後上、右後下。耳聽八

方簡單，臨危不亂，選擇背對安全之地，就有靜心，五行安定了。

心與耳合多一靈，就能做到耳聽八方，用心聽就有了，怕是怕亂了方寸，看見來刀就慌，還有就是紅了眼，或是一心想逃命，或是一心想拼命，就啥也聽不到了。

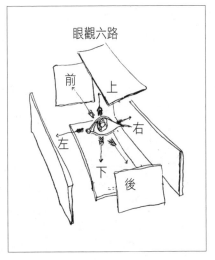

圖1-42

掐頭去尾講方位，掐頭是去掉頭部和頸部，去尾是去掉兩條腿，剩下的俗稱叫身，在心意拳中指中節的胸腔、盆腔及腰腹，身從整體上看是一立方體（圖1-43）。

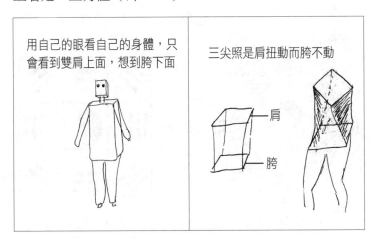

圖1-43

鳥瞰自身，左顧右盼，就得到先天八卦圖。先天八卦是思的產物，後天八卦是想的產物（圖1-44）。

1. 頭顱高高在上，用自己的眼觀察自己的身體，是一個從上到下的鳥瞰圖。

2. 盧式心意拳基本要求，三尖照，鼻尖、肩尖、腳尖朝一個方向。看正似斜，看斜似正，胯是正的，肩是斜的，從上向下看就看到了六合的八個角。

3. 把六合的八個角用線連起來，標明卦象。

4. 去掉內六合的結構線，就是先天八卦圖。

六合言身，八卦是身體的坐標點，左前上、左前下、左後

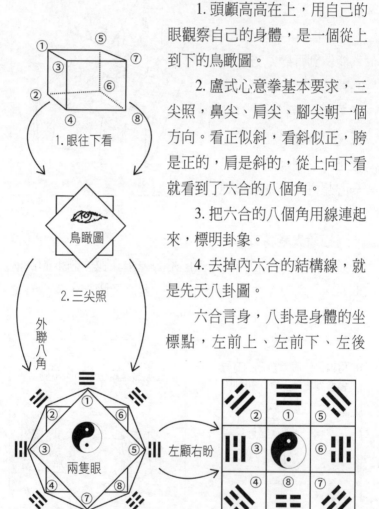

1. 眼往下看

鳥瞰圖

2. 三尖照

外聯八角

兩隻眼

3. 先天八卦立體圖

左顧右盼

4. 先天八卦平面圖

圖1-44

圖1-45

上、左後下、右前上、右前下、右後上、右後下，分別對
應的是左前肩、左前胯，左後肩、左後胯、右前肩、右前
胯、右後肩、右後胯（圖1-45）。

　　八卦是盧式心意拳在打拳時身成三尖照與三尖齊之後
的基本架形，先天八卦用來說事講理用，所以心意拳有八
個大雜拳之說，有前六式與後六式之說等等。

　　六十四卦的推演是從八八六十四由來的，胸腔一個
方，有八個角，左前肩、左前肋、左後肩、左後背、右前
肩、右前肋、右後肩、右後背。盆腔一個方有八個角，左
前上、左前下，左後上、左後下，右前上、右前下、右後
上、右後下，打拳時肩與胯合，用一個方上的一個角做支
點，可對應到另外一個方上的八個角，相互對應就是八乘
八，八八六十四，身體的六十四卦中每一點都有不同的姿
態與勁道。

　　拳譜上說中節不明渾身是空，武術，一輩子的學問，

須慢慢修來，越細微越敏感，越好玩。

　　不管是八卦也好還是六十四卦也好，都是我們日常的身法，因為要做不同的事，所以要用不同的身法，才會產生不同的力量，只是這些我們日用不知，常用不想，老八拳也好，八八六十四拳也好，是要在覺悟中練習出勁來（圖1-46、圖1-47）。

圖1-46

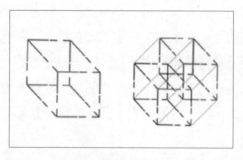

圖1-47

內三合外三合

拳中的內三合與外三合，本不是六合之合，但誤會得久了，門裏面清楚這個道理的人也就不願意說，算是六合了，我也按俗理來，單列一章。

外三合，內三合，其實是在講三節的道理，外三合是在講一個人在打拳的過程中如何做到形不散，內三合是講如何做到神不斷。

外三合中的手與足合，是在講三節中的梢節的梢節與根節的梢節要相合，又言手腳齊到方為真，是說在打拳的過程中手與腳要同時做一件事，手腳不能有先後，手腳齊到才是盧式心意拳技擊的最主要特點。如何做到手腳齊到呢？拳譜裏又說，梢隨聲起，聲隨梢落。一個很簡單的方法，手與腳同時與雷聲合，而不是手找腳或腳找手，而是手與腳的起落與口中發出的聲音相合成一體，就像部隊喊口令。這樣做的好處是攻防一體，體現了盧式心意拳特點。如果在攻防過程中手到而腳不到，就怕遇到擒拿術；如果是腳到而手不到，就怕遇到摔跤術。

肘與膝合，是在講三節中梢節中的中節與根節中的中節是如何相合的；是說身體外形上在攻防過程中的整體方法。梢之中節是肘，與根之中節是膝，它們的位置要上下

對應，垂直對應在一條垂線上，如能做到身體也就中正，也就沒有了身形上前傾後仰、左歪右斜的毛病，在攻防往來的過程中就不用擔心重心的問題。無論何時何地都要保持自己的一個肘尖，要垂直對應在兩個膝中的一個膝的正上面（圖1-48）。

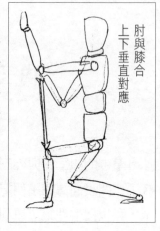

肘與膝合
上下垂直對應

圖1-48

肩與胯合是在講三節中梢節的根節與根節中的根節是如何相合的。這樣做有什麼好處？肩與胯合，是說整身的整勁，因為梢之根節和根之根節亦是長在中節上，中節不明渾身是空是在講整勁，三節中的「三三六」就是說肩與胯合的六個發力方法，通俗叫法有插中節、擰中節、折中節等，產生三個勁：直勁、橫勁、起落勁，又叫親嘴勁或叫吃奶勁，走路勁或叫十字勁，拔草勁或叫恨天恨地勁。中節發力的好處是短疾、快利、狠毒，有驚炸勁、爆炸勁。拳譜中又說勁在梢節是肩催肘，肘催手，手中打抖擻。勁在根節上是消息全憑後腿蹬，出撐勁，打人打支撐勁（圖1-49）。

內三合，心與意合，意與氣合，氣與力合，是在講三節中的中三節的分工，如果按現在科學對腦的研究成果來講可能是不科學的，但心意拳流傳了幾百年，一直是這麼說的。

拳譜上說，心意拳中的心是指大腦（頭顱），大腦是

	離九		三三六：二九四　四九二
巽四		坤二	九五一　一五九
			二五八　四五六
震三	中五	兌七	親嘴勁：以九為中心的開合 走路勁：以一為中心的一陰返一陽 拔草勁：以五為中心的一陰返一陽
艮八	坎一	乾六	插中節：二五八　四五六 折中節：二七六　四三八 擰中節：二九四　四九二

圖1-49

我們的精思機關，思其理，考其據，糾對錯，大腦是乾這個活的。拳打到靜養靈根的這一階段時，就是要練習關閉大腦，不思。

意是指我們的心肺（胸腔），心肺是我們的想像機關，如我們常說的「傷心、痛心、心花怒放」，想像力是我們中國人強大之處。拳打入形意、心意，有下意識的動作，傳統意義上指這一塊。

氣是指我們本能反應的地方（盆腔），腹前胯下，消息的聚集之地，看到美女帥哥不經過大腦就有反應，是我們的感應機關，生發之處。寧在一思前，莫在一思後，對時機的把控不是思考得來，也不是靠想像得來，而是消息的聚集成形後的本能。拳打到氣養這一階段時就練習這一塊技術。

力指我們的腰胯大腿，是我們的力量機關，力量有兩

種，一是氣與力合，叫氣力，產生的是爆炸勁、驚靈勁，出的是腰胯勁；二是力與氣合，叫力氣，產生的支撐力，負重力，出的是腿力、膀力。力厚而勁快，力是勁的基礎，勁是力的昇華。

內三合中的心、意、氣，分別對應武術中的術、意、藝三界，術對應的是心，心即頭顱，術是有對錯的，科學不科學，學習的過程中要用腦思其理，考其據。意對應的胸腔，意是沒有對錯，只有喜歡與不喜歡，象形取意叫形意，大象無形叫心意。藝對應的是盆腔，藝，一是沒有對錯，二也不會在乎你喜歡或是不喜歡，只要我歡喜就行，孤獨求藝，無法無天。

術就是技術，人人都可以學習領會，全世界的術都是一回事。在盧式心意拳中技術的標準化是相對來說，看你是從哪一形開始學習的拳，以哪一個形為本。我是從熊形開始學習的拳，在別的形的動作裏也會有熊形的影子。所以在學習技術這一塊時要多看看，多與同門中人學習交流，先要認識自己、定位自己。學技術要相信科學，要懂得力學、運動科學、運動生理學等方面的知識。

盧式心意拳，俗稱十大形，象形十種動物，以象形取意構建了心意六合拳，為什麼呢？因為在中國文化中想像思維的基因特別強大，我們用的是象形字，打的是象形拳，中國武術基本上都是象形拳，看圖的本領、想像的武術超一流。老一輩師傅們說武術時多是從武意開始講的，有了武意，才知道武術的好壞高下，是否能進入武意這一境界，從形象思維開始，沒有想像力是練不好中國武術

的，老外學習中國文化多是卡殼於此。我們常說一個人有思想，但很少人來追究這兩個字的含意，一是思二是想，思是思考，想是想象，思考的是道理，想像的是像相。

一個人孤獨求藝，日積月累就會有自己的理解，產生鮮明的風格和形成獨特的辨識度，到這個份上大夥都會記住他，就會有武藝上身，會流芳百世，因有了藝。

術、象、理、數，是有次序的，打拳先要有術，而後有形，再者有像，再後得理，最後成數。理循環回來再指導形與象，數再回來規矩術，拳術入形，拳意入象，拳藝入心，心是猿猴意是馬，心是說嚮往，意就是尋找，心中裝有真理，有理走遍天下，有理才能深入人心，打起拳來才會理直氣壯。

武術到後來歸結於一個人的內心，內心的力量是行動力，大腦只是負責構思和策劃，內心若不去啟動，一切都是白搭，沒有勇氣去面對困難也是白搭。內心有了衝動，不經過大腦的勇敢就魯莽，經過大腦的勇敢就是有勇有謀。

打拳就是教你成為一個有勇有謀的人，一個文武雙全的人，常勝、長得利、長壽命。

建立神經鏈——武術與大腦的科學

打拳，首先我們模擬老師的運動軌跡。這個階段，我們主要是建立初步的神經鏈。大腦的基本組成單位叫神經元（由細胞核和突觸組成），突觸受刺激後生長，和其他神經元產生新的鏈接，從而形成一個新的神經迴路，用以記憶訊息。一般要經過多次重複（三次以上）刺激後，才

能形成新的神經鏈。養成一個新的習慣，需要多久呢？麥斯威爾認為是21天，這是根據對斷肢者的觀察發現的。新的情緒性神經鏈，3到6天就可以形成。而三次，是最少的要求。

在模擬老師動作的同時，我們要逐漸把意識加進去。如思考和專心。我們的行為分為神經鏈控制和意識參與。如開車，普通的路段，基本都是神經鏈發揮，遇到特殊路段了，如泥濘了，下雪了，意識就參與進來。在經過思考以後，我們的大腦和心裏就會認可我們的這種行為。打拳，寧在一思前，也是因為這個原因。普通人，沒有經過鍛鍊，大腦也沒有梳理過這樣的內容，在遇到陌生事物時，就需要分析，因為大腦裏面沒有這樣的電路。經過鍛鍊的人，大腦裏面已經有了這樣的電路，就可以做到，靠的是平時把這些電路都建立起來。意識參與，需要告訴大腦和身體，這樣做是對的，合理的，就會逐漸做到不假思索。

在意識配合的過程中，不僅模擬，還要逐漸實戰。實戰一是檢驗自己的錯誤，另外一個就是鍛鍊自己的前扣帶皮層。如果把大腦分為內、中、外三層，中層有一個專門的部分，叫做前扣帶皮層，負責衝突監控和錯誤檢測，它協調意願和讓意願達不到的力量。雖說它的能量很少，但是它就像一個皮袋子，可以增強。偉大的胸懷都是委屈撐大的，大難不死必有後福等。我們打拳多模擬，還有互相切磋，都是告訴我們，這個事情沒有那麼恐懼，我可以應付得來。這樣就不至於在真實碰到的時候如無頭蒼蠅。

反覆加強後，包含著記憶訊息的神經元突觸和神經鏈

條就持久性地形成了，並且會在前額葉皮層留下一道特殊的痕跡，被永久保留下來。因為新生的突觸和神經鍊是暫時而脆弱，隨時都會有被分解並用於其他突觸生長材料的可能。我們在生活中，最好的機制是預防，而不是反應力。這個也是我們區別於其他技擊運動的一個特點。

我們做的是預判，是一看到這個人，就知道要怎麼做最有利於自己的判斷，而不僅僅是拳頭到了面前才開始反應。判斷靠的不僅僅是意識，還有感受。意識獲取的訊息，不及感受到的訊息的二分之一。大腦可以接受的訊息比人們預想的要多，意識只是注意到了其中一部分。大腦後半部分的某處，專門負責協調環境，無須經過意識過濾，就能持續吸取周圍環境的訊息。

前額皮質額頭覆蓋的那層大腦，又可細分為三部分：左半邊、右半邊和眉心周邊的一塊。右半邊掌控最近的未來，以分鐘和小時為計量單位；左半邊控制著以天和周為計量單位；眉心控制長遠目標，以年、月為計量單位。我們心意把眉心的這塊稱之為上丹田，在打拳的時候要充分發揮上丹田的作用。上丹田，配合我們不同的拳法、不同的身法，有不同的鍛鍊方式和作用。

我們鍛鍊的東西從神經鏈開始，到前額葉皮層（前額皮層負責掌控預見力、短期和深層記憶力、行動力等），也就算是被深層次地記住了，隨著年齡的增長，還會逐漸向後移動到額頂端。一般認為，深層記憶的暫時場所是大腦的海馬區。

深層記憶不會記憶全部訊息。大腦會對不完整的、零

碎的片段進行壓縮、打包和儲存，這一個好處就是我們會把相類似的東西整理到一起，從而簡化我們大腦的工作量。用現代一點的話來說，就是同構性，美好的事物都是相似的。

大腦的工作，是以心智能量作為基礎的；而心智能量，又是以身體能量作為基礎。一個人態度不好，有可能不是性格問題，而是身體問題。現在的醫學也逐漸發現，人的大腦比身體先死亡。大腦需要的能量也是從身體能量抽取的。一個人身體能量缺乏，就會先把提供給大腦等的能量去掉，完後是意識，最後是生命。如氧氣減少，人會先瘋狂，大腦控制不了了身體。然後開始昏迷，喪失意識。因為有限的能量要先給呼吸和心跳。身體能量的源泉，在臍下三指處，老祖宗叫丹田。

所以，一個人的冷靜、勇氣和寧靜，來自於充足的身體能量。抑鬱、孤僻、內向、自卑，一定程度都不是性格問題，而是身體能量缺乏，不能給心智系統提供能量。

身體能量的鍛鍊，是心意拳法裏面一個核心的東西。靜養靈根氣養神，養功養道見天真，修得丹田長命寶，黃金萬兩不予人。身體能量的鍛鍊，各家都有自己的方法。

綜上所述，我們需要的不僅僅是提高自己的身體能量，來給心智能量提供基礎，還要合理地支配心智能量。透過有意識的從神經鏈鍛鍊開始，形成深層記憶，也就是習慣。所以，牛人都是留著意志力去培養習慣去了。好的習慣，會培養好的心態，逐步形成更好的人格。這是一個圈，我們可以從圈中最容易開始的一個點介入。

第二篇

拳術傳習

常設訓練

基礎

好用者得勤練一年，知皮肉之力；妙

用者需勤練三年，知筋骨之力；有大用者

至少得需勤練六年，知血氣之力……

學拳須知

學拳儀禮

師門相見，行抱拳禮。見師長含胸抱拳，左掌抱右拳，禮在頸上，問「師父、師兄、前輩……好」，或行注目禮。師長回禮，挺胸抱拳，禮在頸下，回「您好」或行注目禮。

兵器訓練場上相見行抱械禮，一律左手執械，右手掌抱左手，槍尖朝上，刀尖、劍尖朝後，見師長含胸執禮，師長挺胸回禮，聽到「預備」二字後才能換械到右手，聽到「開始」二字後才能執械進攻。

特殊情況下行鞠躬禮，如拜師、參加活動。

盧式心意拳師門裏不叩頭，因為從盧師起就不興叩頭。

學拳節點

時間節點：技術上三月會用，一年好用，三年有妙用，六年有大用，十年有一來回。新兵訓練三個月，就可以上戰場，盧式心意拳也一樣，會用者需勤練三個月，「十年太極不出門，三個月心意打壞人」，三月足矣。

好用者得勤練一年，知皮肉之力，熟能生巧，得意於拳中某三五個動作，不怕千招會，只怕一招精，用得好誰都會讓你三分。

妙用者需勤練三年，知筋骨之力，掌握拳中的技術要求，懂得盧式心意的技術奧妙，心明身行，入得了形、相，知變化。有大用者至少得需勤練六年，知血氣之力。通曉盧式心意，說得清、道得明，有形有意，就可以出師了，農耕社會，可以聞名方圓百裏，算得上名家明師了。馬學禮學藝六年，李洛能好像也是學藝六年，他們皆是比我們專心用功。

功夫、名聲，是要靠幾個來回滾出來的。

學拳方法

盧式心意拳在學拳上以「千遍會，萬遍熟，千萬遍精，萬萬遍神」為方法，拳打千遍以上能記住拳的動作軌跡，拳打萬遍以上才可以熟能生巧，拳打千萬遍以上才做到精準和精益求精，拳打萬萬遍以上才能做到出神入化，做到一思前。

學拳是一個過程訓練，拳譜曰：「想要好，梢中求，方知靈山大光明」；盧式心意拳的「三節四梢一體說」是以身體的更換週期為基礎，講一個身體進步的過程，換肉一年，換筋三年，換骨六到八年，其實身體不練也在更換，只是越換越差，老話講這叫易肌、易筋、易骨、易髓，盧式心意拳六至十年一個來回，從「身體、心智、品格」上讓你發生改變，「強身體，啟心智，養勇氣，長智

「慧」是一個水到渠成的過程。

動作名稱

老話講盧式心意拳的動作有八個大雜拳、七十二小手。八個大雜拳是「起落、縱橫、輾轉、反側」，七十二小手（估計數），是說有七十二個動作。但現在門裏在劃分動作時，不再按八個大雜拳來劃分，而是以十大形來劃分。

雞形：溜雞腿、搖閃把、韌勁、搓把、寒雞尋食、雞甩食……

鷂形：鷂子入林、鷂子側翅、鷂子翻身、雙捋……

燕形：燕子抄水、燕子鑽天……

鷹形：大劈挑領、鷹捉把、疊步大劈、鷹打膀……

虎形：虎撲把、虎抱頭、撅勁、以頭梭碑、虎澗跳、虎抖毛……

馬形：夜馬奔槽、夜馬闖槽、夜馬翻槽、馬濺步……

熊形：懷抱頑石把、單把、十字裏橫、熊出洞、穿拳……

蛇形：蛇撥草、蛇吐信、蛇分草、左右明撥……

猴形：猴豎蹲、猴形小裏、猴掏心、猴掛印、猴縱身……

龍形：龍調膀、大龍形、龍形過峰、龍形調步、小龍形、雙踏……

器械：杜金十三槍、大二節棍、雞爪劍鐮、心意刀……

學拳長歌

盧式心意拳長歌

心意六合不亂傳，多少奧妙在其間；
若教枉徒無義漢，招災惹禍保身難；
君子學了護終生，小人學了胡亂傳。
背後莫談旁人短，遇事莫要強出頭。
路上人多君子少，山上石多金子稀。
寧可失傳，不可亂傳，傳要真傳。

雞腿搖閃勢難當，龍形裹橫緊相連；
遊蝶穿花蛇撥草，拱手含額猴豎蹲；
鷂子入林斜展翅，燕子取水又鑽天；
餓鷹撲食來勢猛，夜馬奔槽渴難禁；
太公料敵熊出洞，霸王觀陣虎蹲山；
順步小裹十字裹，單把虎撲加串拳；
以頭梭碑塌天勢，迎門貼鼻地翻天；
塌意輕若鴻毛落，大劈重如泰山壓；
黃龍擺尾三斜式，左右相顧裹邊炮；
雲遮月把天地暗，丹鳳朝陽把翅展；
猴形小裹斜裹落，縱橫十字回身攀；
狸貓上樹蛇捆身，猛虎擺尾中節斷；
開弓放箭無阻擋，寶劍出鞘莫遮攔；
慢若郎當龍掉膀，追風趕月不放鬆；
勒馬聽風三盤落，騰天拔地恨無環；

虎澗馬濺談何易，龍蛇纏身式更難；

武藝都道是真經，任意變化藝無窮；

勁練踩撲裹束絕，沾攢展翻當記牢；

意在虛實與含野；心在狠疾快利間；

噫是打來吼為令，霹靂一聲起丹田；

豈知悟得嬰兒頑，打法天下是真形。

內名守洞塵技藝，外呼心意六合拳；

追源本尊岳武穆，姬師又將新譜傳；

戴李二師傳河北，馬師回族落河南；

十二大形河北派，十大真形河南邦；

人比花開滿樹紅，到老能有幾個成；

可嘆先輩相傳苦，今承衣缽那幾人？

武藝得來難難難，萬勿輕易撒人間；

如果尊公有師道，真意自會對吾言。

啟式練習（熊出洞）

熊出洞

拳術目標

學會兩個正確站立在敵人面前的姿勢——熊勢和鷹勢，模仿熊在洞中受到驚嚇、發現敵人、鎖定敵人、出洞臨敵時的動作模樣。

拳術內容

下式有好幾把，熊出洞是最常用的下式，盤時熊出洞，用時輕步站，熊出洞是輕步站的基礎，否則輕步站無意。輕步站意要藏得更深、形要藏得更真。

熊舔把：開弓放箭式、㧰桿之式、三尖照。雙把合二為一，把有前後之分，同時出把，前把（左把）翻而上抬，把心朝上，端而上，把動而肘不動，肘不離脅，豎把而止，中指朝上，把心朝裏，把與頭合，有舔掌之意；後把按而下壓，折腕，把心朝下，止於襠上，食指罩敵。

熊舔把

身有前意，頂而上，有觀天不看

天之形，有蔑而視之之意──眼前無
人。

熊出洞：雙把合二為一，同時出
把，用意不用力，前把內塌而落，鵬
肘，過心過臍，止於襠前，曲肘（大
於150°，小於180°），中指朝下，把
刃或背朝敵；後把上抬，止於乳下，
腕護心，肘護脅，五指垂而下。

熊出洞

牮杆或夾剪之式，三尖照，含胸拔背，沉膀垂肘，身
有下意，把隨身落，有察地不看地之形，盯而吃之之意
──虎之恨意。（熊出洞坐意已成）

牮杆或夾剪之式，身落實而止，舔胸而前，把隨身
動，翻而大拇指朝前，小指或無名指垂直於地面，一如手
中有槍在。三尖齊，身有前意，有聞風而動之意。（熊出
洞前意）

學拳體悟

熊出洞分為三個部分，熊舔把、熊守洞、熊出洞。熊
舔把，講究一驚一乍的感覺，受到驚嚇，迅速地聚精會
神。熊守洞，縮身而立，尋找對方，守住自己。熊出洞，
發現對手，鎖定目標，制定預案，準備出手。

──學員林中笑

1側　　　　1正

2側　　　　2正

熊舔把

側　　　　　　　　　　正

熊守洞

1　　　　　　　　　　2

熊出洞

熊出洞拳架示範

用法　兩個常用拳勢中熊勢之熊舔把　　用法　兩個常用拳勢中熊勢之熊守洞

用法　兩個常用拳勢中鷹勢之熊出洞

學員陸海峰熊出洞

學員楊青峰熊出洞

收式練習（鷹捉虎撲把） 鷹捉虎撲把

拳術目標

收式是終結對手的拳法，拳中收式有好幾把，鷹捉虎撲把是最常用的一把。

拳術內容

拳中講「式式不離虎撲，把把不離鷹捉」，是講把的往來，出手如搓，回手如鈎，在這把拳中最為體現，所以，每一把拳結束時，都要用鷹捉虎撲把收式。鷹捉時發雷聲「噫」，吐盡胸中惡氣，以聲驚靈。

剪刀把：寶劍出鞘式、三尖照、夾剪之式。

龍折身：雙膀一陰翻一陽。

把隨膀走，三尖照，膀有前後之分，雙把合二為一，同時出把，中指貫勁，方能一插到底。前把後插，一如插劍入鞘，後把前插，插極而止，食指罩敵。兩肘尖相疊印於臍上。雙把以肘為軸成形似剪刀。

含胸——前如瓦攏，拔背——背如鍋。

反背把：開弓放箭式、牮杆之式。（虎擺尾）

前腳腳掌發力——蹬，以後腳跟至頭頂為軸——轉

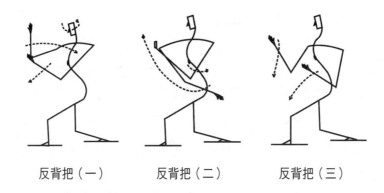

反背把（一）　　　反背把（二）　　　反背把（三）

身，身體做180°的轉動，前腳變後腳。

龍折身：雙膀一陰翻一陽，雙膀隨身而轉大於180°、小於270°。

膀隨身走，把隨膀走，雙把合二為一，同時出把，右把以右膀為圓心，以中指尖為半徑，向右後上方擺去，大於180°、小於270°。左把下塌，有按埋之意，置於右把肘下或襠上，雙把有爭意。

開胸發力，沾實於把背，有甩打、格擋之意，迎後。

塌把：開弓放箭式、夾剪或牟杆之式、三尖照或三尖齊。

身有坐意，沉而下。雙把合二為一下塌，沉膀垂肘，兩虎口暗扣下壓，塌極而止，前把小臂約與地面平行。

沾實把根，有按埋、拍砸、分開之意。

鵬意：牟杆之式。前腳跟與後腳跟合，雙腳腳跟碰而起，腳尖撐地，或起而騰空，腳五趾出勁。

身隨腳起，身有上衝之形，有衝天之意，人微前傾。

把隨身起，以把領身。雙把塌極而合、合而捧，雙把

把刃合而為一，大臂垂直於地面，小臂平行於地而，把背朝下。雙把捧而上，上而衝，由把成拳，大臂平行於地面，小臂垂直於地面，以拳帶身，拳的上下主次分明，右拳上，左拳置於右拳腕處，拳背朝敵，拳止於鼻高。

沾實於拳面。

鷹捉(一)：衝極而落，右腳落而實，左腳出前——寸步。

身同腳落，落而成形，龍折身、寶劍出鞘式、三尖照，身有前意，有前捉之意。

把隨身落，落時垂肘於脅，由拳變把；雙把合二為一，外頂外裹，把有前後、上下之分，右把前而上，左把下而後，前把止於鼻高，左把扶於右把腕處，突目——眼角灑人，眼光要從前把的虎口處透出。

鷹捉(二)：恨天無把。開弓放箭式、牮杆之式、三尖照。

身的落意，身沉尾垂，**龍折身**：一頭碎碑——頭不動，胯往後移，翻而上，成其形，用其意。含胸拔背。

寸步或寸步加墊步。

雙把合二為一，右把捉而下，左把扶上下壓，至腹前時右把後抽，有屈斷之意；左把下按，按埋之意。

虎撲把：開弓放箭式、牮杆之式、三尖照。

雙把合二為一，以兩把食指為軸外翻，前搓，前把與前腳齊，置於膝上；後把置於襠上，把心朝下。

身有前意、垂意。意如豎碑。

寸步或原地不動完成動作。

回到站立。前腳後移或找到腳前移。

學習難點

反臂這個動作很容易打老，要打成正好三尖照的樣子就能合住，接鵬意時才不容易斷勁。

學拳體悟

鷹捉虎撲把為收勢中最常用的一把，盧式心意拳講：式式不離虎撲，把把不離鷹捉。是講把的往來，出手如搓，回手如鈎，鷹捉時發雷聲，吐盡胸中惡氣，以聲驚靈。

鷹捉把的「往」與虎撲把的「來」我單獨練習過，掌握要領練習好不難，而鷹捉虎撲把的「往來」就很難學習與掌握，剛開始很長一段時間這個「往來」總是不流暢，常常鈎過了搓不出去，又或是雷聲一吐，人就往回縮了，也搓不出去。

後來時間久了才領悟到這個「往來」靠的就是雷聲，捉時雷聲響，面目猙獰，發狠勁，到底時雷聲帶動中節翻轉，順勢撲，「往來」便順暢了。

——學員陳家樂

1正　　　　　　　1側

2正　　　　　　　2側

收勢

3正　　3側

4正　　4側

收勢

5正　　5側

6正　　6側

收勢

7正

7側

8

收勢

1

2

3

用法

收勢是最後的意思，拳中的意思是用這一把拳來結束戰鬥，來最終解決問題。鷹捉是拉動對手立足不穩，虎撲是致命一擊。

7

學員劉崗收勢

學員龍慶波收勢

學員呂飛豔收勢

學員沈書閱收勢

學員楊青峰收勢

入門六式

　　拳中老三篇「搖閃把、龍調膀、韌勁」是盧式心意拳的母拳，意思是在講三種身法和上法，拳中所有的動作都可以化在這三把拳裏，用老三拳的身法和上法去進攻或防守，配以三種椿法加以深刻和深化。椿功練習俗稱「咬杆子」，貴在接觸的一瞬間。拳術名稱是：搖閃把、龍調膀、韌勁、過地風、鯉魚打挺、狸貓上樹。

　　搖閃把是從定步搖閃把開始學習的，龍調膀、韌勁的練習方式有赤手或執兵器多種。椿功的練習從空踢開始，十字踢、四面八方踢、固定椿、活動椿等。

定步搖閃把

定步搖閃把

拳術目標

　　模仿雞在爭鬥時閃進閃出時的動作。這一把拳中含有五把藝：轉把防頭、塌把護胸、擰把守襠、閃把進身、攢把打人。初以肩為圓心，畫圓而行，圓中求直，圓中套圓，圓是守，直是攻。發力的方法方式一如往紅酒杯中註酒，轉把、塌把、擰把，沿前胸貫落，「閃把」，沿後胸

貫起，攢把，後腿蹬，貫出中節，到沾實一點。學會雙手束一，同操一勢。

拳術內容

下式：雙把暗合，前把小臂約垂直於地面，大臂撐拔約平行於地面，大拇指應敵；後把虎口頂扶於前把的肘尖，小臂約平行於地面。

下式

轉把：前把由大拇指應敵，旋轉為把心應敵，以肘尖至中指尖為軸。（罩意），梢之中節（肘）、根節（膀）不動，只動梢之梢節（把），前把根沾實，翻轉有砸拍之意。身有前意。

轉把

塌把：雙把暗合，兩虎口暗扣，一齊豎把折腕，把與肘內折約為90°角，垂肘，沉膀下塌，把塌極而止，前把小臂約與地面平行。

把根沾實，有按埋拍砸之意。身有坐意。

塌把

擰把：前把由豎把，把心應敵旋轉為大拇指朝下，以肘尖至把根部中心為軸。後把由豎把，把心應敵旋轉不大，拇指朝上，以肘尖至中指尖為軸。

前把把根沾實，有按、頂、擰之意。身有前意，

擰把

閃把

攢把

閃把：後把驚而後扯，暗折小指肘後頂，以肘尖為鋒。前把後畫弧而起，腕過臍、把過膀，止於腮旁，後把虎口頂扶於前把肘尖處。

後把肘尖沾實，有頂、砸之意。身有坐意。

攢把：前把平直而前攢，一如矢行，大拇指應敵，大臂撐拔向前以肘為鋒，大臂約平行於地面，小臂約垂直於地面；後把虎口扶於前把肘尖處催頂而前。

前把肘尖沾實，有頂、砸之意。身有前意。

1正

1側

定步搖閃把

2正　　　2側

3正　　　3側

定步搖閃把

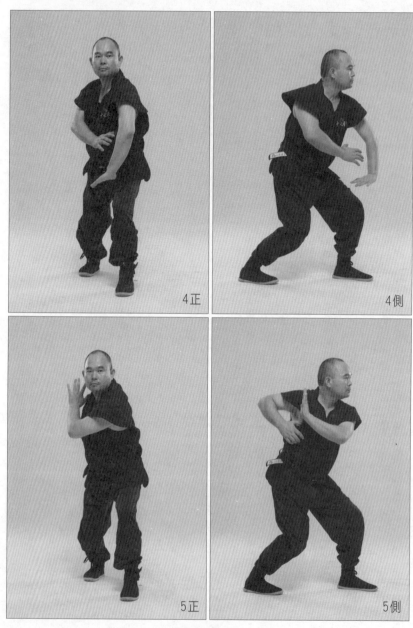

4正　　　　4側

5正　　　　5側

定步搖閃把

定步搖閃把

用法1　轉把防頭

用法2　塌把防胸

用法3　閃把進身

用法4　攢把進攻

學拳體悟

剛開始師父教我定步搖閃把時是分解開的，所以我那時候認為定步搖閃把就是轉把、塌把、撐把、閃把、攢把，一直練了很長一段時間都是這個想法，畢竟沒有參透裏面的奧妙，總感覺練是要練，但沒有一個明確的目的去練，所以後面這個動作在家也就沒有那麼積極地訓練了。

其後隨著學習新動作的增多，和對每個動作的深入領悟程度不同，在過程中某些動作裏總感覺有搖閃把裏某些動作的影子，所以就對搖閃把有了更進一步的認識。

舉例「轉把」來說，它就是一個單臂開門關門的動作，我們在很多招式中都要用到這個動作，是心意拳裏的一個基本要素，以前轉把總認識是一個機械轉動手臂的動作，現在練習多了轉把就知道怎麼轉，力從何來，發往何處，轉動的尺度和起到的效果等。同理，把是要把身體化零為整，整個身體下壓帶動胳膊和手下壓，這個威力比單純靠胳膊的力量下壓大很多。

塌把在格鬥中又分成前手塌把和後手塌把，但萬變不離其宗，身體的整體下壓是根本；撐把護襠原來以為只是胳膊練習中轉動在襠前很小的一片位置，原來使用起來它又分成了插劍式和拔劍式，每次的插劍拔劍都配合著腿腳發力、胯部轉動、肩膀轉動、頂肘撐臂、插劍裏轉拔劍外翻，這時才發現一個胳膊的力量原來這樣力大無窮。

閃把以前練習時認為只是把從胸前向後畫個半圓，但使用起來你的每一次前進後退，它都隨時出現，讓你活靈

活現神乎其神，一個快速的閃把也許就決定了迎擊敵人一剎那的勝敗。閃把又分閃進閃出，不論是閃進閃出，發出閃動的信號都來自於後肘，後肘畫半圓時力向後發，自然帶動身體向後閃出格鬥距離；後肘畫半圓時力向前發，自然帶動身體向前閃進格鬥距離。閃的力發自於肘瞬間帶動身體的一個慣性動作，閃在一瞬間，閃出時肘只畫一個半圓，肘到肋骨後一點點即可帶動身體後撤，閃進好像比閃出的半圓多了一個向上旋轉的力，帶動身體向前閃進。每次的閃動，都配合著腳、腿、胯的發力。

——學員楊青峰

學員楊青峰定步搖閃把　　　學員陸海峰定步搖閃把

溜雞腿

溜雞腿

拳術目標

模仿雞在行進時的動作模樣，悄無聲息而又疾如風。運動過程中，要用翻胯之力，以胯拎大腿、提膝、翻腳而前。兩大腿內側、兩膝、兩腳踝骨有相合之意，磨脛而出。

拳術內容

開弓放箭式、夾剪之式、三尖照。雙把合二為一，鵬肘，兩小臂約垂直於地面，五指乍開，三心要圓，一如農人挑擔之相。

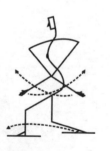

剪刀把

剪刀把：寶劍出鞘式，夾剪之式、三尖照，寸步。

三尖照，膀有前後之分，雙把合二為一，中指貫勁，方能一插到底，同時出把。前把後插，一如插劍入鞘；後把前插，插極而止，食指罩敵。兩肘尖相疊印於臍上。雙把以肘為軸成形似剪刀。

撕把：開弓放箭式，夾剪之式、三尖齊、過步。

撕把

雙把插極而止，雙把對撕而分，一
如撕布。以肘為鋒，開胸出勁，沾實於
把刃，雙把肘尖對稱外頂，肘尖至中指
約垂直於地面，大拇指朝裏，三圓要
圓。

溜把

溜把：身體的上半身不動，只動下
半身，過步而前。雞腿有二，一為溜雞
腿，二為踩雞步。溜雞腿貴在一個
「溜」字，要以胯抬腿，頂膝出腳，腳出要翻，步順滑。
身要平穩，無起伏。

生時慢些用力出腳，純熟時用勁出腳，如風之過草。

溜雞腿另一個盤演方法就是中平執槍，身成六式，目
視前方，挺胸實腹，三尖照，前把端槍，後把壓槍於胯
旁，夾剪之式，磨脛而出，身無高低起伏之形，槍頂而前
行，勇者無畏。

學拳體悟

起初跟隨老師學拳就學了雞步，但是不僅踩錯了，而
且踩傷了。如何得來？是我後腳跟著力前腳掌放空，就這
麼踩了老長一段時間，不僅力量上不了身，還把膝蓋給震
傷了。說來唏噓，為此我足足修養了將近一年。

那麼腳上應該是怎樣呢？說來簡單，無論什麼部位先
著地，都要前腳掌著力，然後靠著腳踝的力量穩住腿部。
可以觀察下動物，無論是貓還是狗，都是用肉墊子著地，
而他們腳上的肉墊都長在前腳掌上，而不會長在小腿根

溜雞腿

上。而如果只用腳跟著力，既會導致重心不穩，還會傷及膝蓋。望初學者切記！

說完了腳掌，咱們再來說說腿。老話說腿上是張弓，如何成弓，那就既要有彈性又不能太柔軟，保持強度與架構。這個簡單，如同抬重物一般，兩邊膝蓋稍微有點內夾的意思，讓大小腿穩固就行了。

持槍式，固定拳架，練習
攻防時的腿形和腰腿力量

走雞步的時候是動的，怎麼在動的過程中保持住上面的要求，需要花很長的時間去完善，這就是功夫，要靠「長」的。

踩雞步我會另外注意兩個點：

1.抬腿不抬腳，是提膝蓋甩腳掌，這樣就快了、穩了。

2.支撐腿不「撐」，

學員程立駿溜雞腿

就只是「支住」。有點抽象，但表達能力有限，找不到更
好的詞了。

——學員朱本家

踩雞步搖閃

拳術目標

踩雞步搖閃把

又名踩雞步，是模仿雞在爭鬥中踩打時的動作模樣，
不同的是雞的踩打是在空中完成，人是在落實的過程中完
成。

雞有欺鬥之勇，兩軍對壘勇者勝。

拳術內容

搖閃把是對上半身的要求，踩雞步講的是下半身，搖
閃把在定步時多有要求。踩雞步貴在一個「踩」字。在盧
式心意拳中勁有五型：「踩、撲、裹、束、絕」，雞腿有
「溜與踩」二勁，溜時用力，踩時用勁；腳出要翻，折腕
翻腳，落時腳跟先著地，而後前掌，再者五趾。踩，一踩
二不踩，只能踩一下，寧要不是莫要停，如踩毒物，踩死
不放鬆，豎膝貫勁，全身的重量落於此。

初學時，單盤時先不要用力用勁，先要保證拳架的工
整，動作的和順，手腳齊到之後再嘗試著發勁。拳譜曰：
「站如鐝，走如瘸」。站如鐝——形象說牮杆之式的身

形。走如瘸——多形容用勁踩時的身形。

單盤時先要在一較長的場地練功，純熟之後臥牛之地即可，三步一調頭，練靈活。

溜把：身成六式、開弓放箭式、三尖照、夾剪之式，手不離腮，肘不離脅。

溜把（一）

熊出洞下式，雙把合二為一，同時出把，前把（左）把心朝裏、貼身而上，止於鼻高，轉把，大拇指應敵，把在口出，向前；後把扶於前把虎口處前催，成形於轉把。

溜把（二）

雙把畫圓而行，圓之中有轉把、塌把、撐把、閃把，始於轉把，止於閃把，停於腮旁，後把扶前把虎口處，蓄而待出。

身有坐意，沉而前。

過步——溜雞步。

溜把（三）

踩把：身成六式、開弓放箭式、三尖照、夾剪之式，手不離腮，肘不離脅。

雙把合二為一，沿直前攢而出，如矢之射，成其攢把。身也要攢而出。

過步——後腳翻，出而攢、落而

踩把（四）

踩。

週而復始：溜把、踩把，圓中求直。

轉身：

1. 前腳腳掌發力——蹬，以腳跟至頭頂為軸——轉身，身體做180°的轉動，前腳變後腳，身有坐意，沉而下。

復始（五）

2. 雙把合二為一，肘不動、把動。原前把變化為後把，原上把下塌，把心朝下，虎口扶於原後把肘尖處，在外；原後把上翻，在裏；胸前交叉換位。

3. 轉身有格擋之意，迎後。

1正　　　　　1側

踩雞步搖閃把

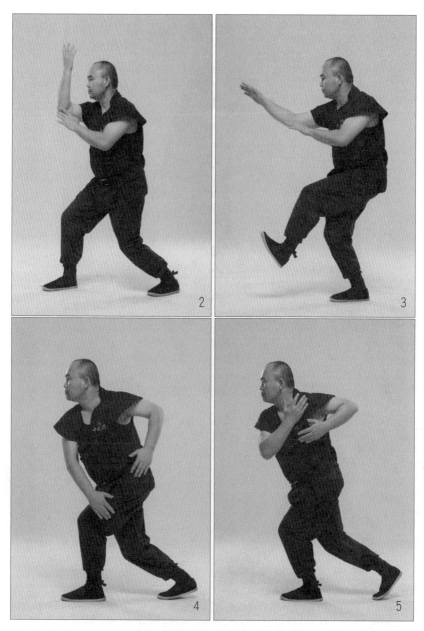

踩雞步搖閃把

6

7側　　　　　7正

踩雞步搖閃把

用法　學習一個前後搖閃進身打人的方法。

學員楊青峰踩雞步搖閃把

學員呂飛豔踩雞步搖閃把

學員龍慶波踩雞步搖閃把

學員蔡崇昱踩雞步搖閃把

龍調膀

龍調膀

拳術目標

　　慢若郎當龍調膀，不緊不慢，雙膀一陰翻一陽，隨時隨地有調頭換向之意。在意想龍的身上尋找含意與抖擻意，龍蛇纏身，一如懷中抱嬰，緊不得，鬆不得；又一如口中含玉，咬不得，吞不得。龍行一波三折，一如風中曬衣，有掛，有抖，有擻；又一如鐵絲穿銅錢，有拎、有上下、有晃盪。

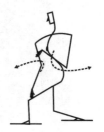

龍調膀（一）

拳術內容

　　下式：熊出洞，雙把合二為一，兩肘鵬肘、對爭、外頂，前把肘尖至中指尖約垂直於地面，大拇指朝裏；後把下塌後拉，肘內折約150°左右，大拇指扶於膀上（打針處）。把隨肘意，對爭外頂。

龍調膀（二）

　　調膀把：腰有轉軸之能，以腰帶膀，龍折身：雙膀一陰翻一陽，以膀帶把，把隨腰動，前把以肘尖至中指

龍調膀（三）

龍調膀

用法　學習一個上下晃動進身打人的方法。

學員龍慶波龍調膀

學員呂飛豔龍調膀

學員蔡崇昱龍調膀

學員楊青峰龍調膀

尖為軸外掛內裏，原前把變後把；後把以肘尖至中指尖為軸內掛外裏，原後把變前把。

身有坐意，沉而下。

墊步──寸步──過步。三步一把，微有踏意（暗合一波三折，有水之浪意）。

轉身：前腳腳掌發力──蹬，以腳跟至頭頂為軸──轉身，身體做180°的轉動，前腳變後腳，身有坐意，沉而下。膀不動，把不動，前膀變後膀。

轉身有格擋之形，迎後之意。

週而復始。

韌　勁

韌勁

拳術目標

模仿雞在爭鬥過程中追打對手時的動作。敵退我進，他敢讓，就敢追，所以這一把拳又名：追風趕月不放鬆。貴在一個字──要快、快、快……連續不斷的快、快、快……打倒他還嫌慢，望眉撩陰的名稱是用法的形象說。

拳術內容

熊出洞：身有坐意，沉而下。

龍折身：雙膀一陰翻一陽，以腰帶膀。含胸拔背。

把隨身膀走，前膀變後膀，後膀變前膀。雙把合二為一，中指貫勁，方能一插到底，同時出把。前把後插，一

如插劍入鞘；後把前插，插極而止，食指罩敵。兩肘尖相疊印於臍上。雙把以肘為軸成形似剪刀。

寸步。

撕把：開弓放箭式、牟杆之式、三尖齊。

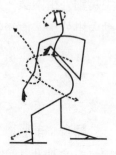

韌勁（一）

開胸出把，以兩肘為鋒，鵬肘、對爭、外頂；兩把在腹前撕而分，分而開、開而出，前把肘尖至中指尖約垂直於地面，大拇指朝裏；後把下塌後拉，肘內折約150°左右，大拇指扶於胯上（打針處）。把隨肘意，對爭外打，前把把打，後把肘頂。

身要向前，有坐意，沉而下。

過步——疾步。二步一把，一氣呵成。

韌勁（二）

週而復始：剪刀把——撕把。

轉身：前腳腳掌發力——蹬，以腳跟至頭頂為軸——轉身，身體做180°的轉動，前腳變後腳，身有坐意，沉而下。膀不動，把不動，前膀變後膀。

轉身有格擋之形，迎後之意。

韌勁（三）

韌勁

5

6

7

韌勁

用法．學習一個左右晃動進身打人的方法。

學員陸海峰韌勁

學員呂飛豔韌勁

過地風樁功

過地風

拳術目標

學習模仿雞在欺鬥過程中出腳時的動作。一是養成在進步時抬腳傷人的習慣性，二是訓練腳頭的抗擊打能力。

後腿蹬前腿起，起若疾風掃地，貼地而前，磋而上。有樁打拳時也分單樁單腿，雙樁雙腿。單樁單腿打拳在腋下夾一穀物或紙片，單重，磋腳。雙樁雙腿打拳時手腳如係一線，同起同落，轉身，磋腳。

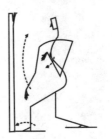

過地風（一）

拳術內容

熊舔把：開弓放箭式、夾剪之式、三尖照。

雙把合二為一，把有前後之分，同時出把，前把（左把）翻而上抬，把心朝上，端而上，把動而肘不動，肘不離脅，豎把而止，中指朝上，把心朝裏，把與頭合，有舔掌之意；後把折腕下塌，把心朝下，止於襠上，食指罩敵。

身有坐意，沉而下。

過地風（二）

過地風（三）

用法 學習一個出腳打人的方法。樁功，練習硬度。

寸步。

過地風：拳為沖天炮，腳為過地風。

龍折身：雙膀一陰翻一陽。把隨身走，前把內塌而落，鵬肘，過心過臍，止於襠前，曲肘（大於90°角，小於150°角），把心朝下，有按埋之意，下把內翻、成拳，沖天而上，止於鼻高，拳背朝外。

過步——過地風。過地風沾實有二：一為沾實腳前掌。腳起要翻，翻有上意，折腕、曲膝，前腳掌沾實。二為大腳趾沾實。腳起平磋而去。如趟地上之露水，曲膝，平腳，大腳趾沾實。

原路返回，週而復始。

鯉魚打挺椿功

鯉魚打挺

拳術目標

盧式心意拳有十個大形，若干個小形，這一把拳是模仿魚在水裏游的過程中打挺換向時的動作，突然、無徵兆。以前腳為圓心，轉胯，側身，沾實於身體一側的肩、脅、胯，瞬間實俯、拔骨、騰膜、伸筋。選擇椿時要當心，以平直、粗壯為宜。

拳術內容

1. 開弓放箭式、牮杆之式；虎抱頭式、貓洗臉式、扶劍把式與劍入鞘式（手形），都可與配合使用。

用法 椿功，練習硬度。

| 鯉魚打挺（一） | 鯉魚打挺（二） | 鯉魚打挺（三） |

2. 龍折身，雙膀一陰翻一陽，身有起落，旋轉（身法）。

3. 同時沾實於身體同側的膀、肋、胯三個部位，練習內臟抗擊打能力，整體撞擊力。

4. 過步。

熊出洞下式：

1. 寸步，張身而前，雙把合而為一，前把抬而前掛，後把抬而上護。

2. 過步，龍折身，雙膀一陰翻一陽，把隨膀翻，雙把裹實而不露，沾實於雙膀一陰翻一陽的過程中。

原路返回，調邊，週而復始。

狸貓上樹椿功

狸貓上樹

拳術目標

盧式心意拳有十個大形，若干個小形，這一把拳是模

仿貓由地面上樹的過程中瞬間身形變換時的動作，突然、無徵兆。

張身而起，雙把搓而上，沾實於身體正面的腹、身體一側的膝和腳。瞬間實俯、拔骨、騰膜、伸筋。選擇椿時要當心，以平直、粗壯為宜。

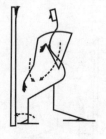

狸貓上樹（一）

拳術內容

1. 開弓放箭式、牟杆之式；雙虎抱頭式。

2. 龍折身，意如豎碑，身有起落（身法）。

3. 同時沾實於腹、身體一側的膝、腳三個部位。練習內臟抗擊打能力，鼓實之力。

4. 過步。

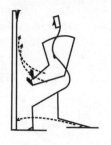

狸貓上樹（二）

熊出洞下式：

1. 寸步，張身而前，雙把合而為一上挫，虎口暗合，止於鼻高。

2. 過步，龍折身，意如豎碑，雙把分而外掛，掛而裹，雙把裹實而不露，沾實於龍折身，意如豎碑的過程中。

3. 原路返回，週而復始。

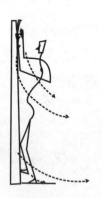

狸貓上樹（三）

用法 樁功,練習硬度。

四 炮

炮拳的盤法即是用法，盧式心意拳稱拳，不叫盧式心意掌或腿，顧名思義就是多用拳來解決問題，出手講一記三拳，打打打，訓練時要一步三拳、五拳、八拳、十多拳地組合起來。

所謂炮拳，講打拳時出拳的速度、力量要像出膛的砲彈一樣，快疾、準狠。拳術的動作名稱：當頭炮、裹邊炮、沖天炮、臥地炮。訓練時一炮變二炮，後手當頭炮、前手當頭炮，虎抱頭裹邊炮、貓洗臉裹邊炮，前手沖天炮、後手沖天炮，虎抱頭臥地炮、貓洗臉臥地炮。

臥地炮

臥地炮

拳術目標

什麼是炮拳，像出膛的砲彈一樣打拳，拳如炮子一樣的快疾、準狠。砲彈的速度、力量來自彈殼中火藥，炮拳和速度、力量同樣來自中節氣血的貫實。臥地炮就是拳如炮子天上來，從上往下打，沾實一點時拳眼朝下，肘尖朝上。或由把變拳，或由拳變把。

拳術內容

前把用虎抱頭式或貓洗臉式（手形），開弓放箭式或寶劍出鞘式（身形）；牟桿之式或夾剪之式（腿形），都可與配合使用。臥地炮的動作是，單手雙邊搖，轉把中化。

轉把：前把由大拇指應敵變化為拳眼朝裏，轉把為拳，有內掛外裏之意。

臥把：拳眼朝裏內旋為拳眼朝下，平擊或下砸。後把由扶於虎口處上掛，止於鼻高。

週而復始：

1. 龍折身，雙膀一陰翻一陽，以身帶拳，由拳變把。後把變前把，原前把變後把，虎口扶於前把的肘尖處，搖閃把，止於轉把。

2. 過步。

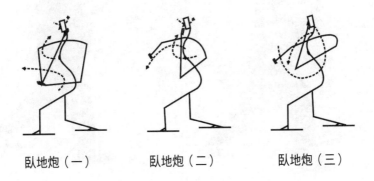

臥地炮（一）　　　臥地炮（二）　　　臥地炮（三）

虎抱頭臥地炮

虎抱頭拳架示範

虎抱頭臥地炮用法

貓洗臉臥地炮

貓洗臉臥地炮

1

2

貓洗臉臥地炮用法

3

4

貓洗臉臥地炮用法

學員沈書閱臥地炮

學員龍慶波臥地炮

學員楊青峰臥地炮

學員呂飛豔臥地炮

學員朱海墨臥地炮

當頭炮

當頭炮

拳術目標

　　拳如炮，打拳像炮子出膛的瞬間一樣，驚炸之靈。拳如炮子當頭來，是四炮中最快的一把拳，直來直去，一字當頭。另一把延伸於搖閃把中的擰把，或插劍式或拔劍式。

拳術內容

　　直炮：單手雙邊。

　　擰把：

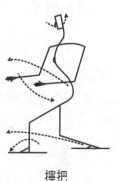

擰把

　　1. 雙把合二為一，雙把塌極而止，前把前擰，有按埋之勢；後把後擰，折疊成拳，拳背朝下，拳面應敵，有爭意。

　　2. 身有前意。

　　3. 寸步、墊步。

　　直炮：

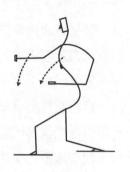

當頭炮

　　1. 以身帶把，前把後搓內裹，成其劍入鞘式，後拳擰而直出，由拳背朝下翻為拳背朝上或拳眼朝上。

　　2. 龍折身，雙膀一陰翻一陽

（身法）。

3.寸步、過步、三角步。

週而復始：

1.龍折身，雙膀一陰翻一陽，以身帶拳，由拳變把，前把變後把，把有前後上下之分，雙把合二為一下塌，止於撐把。

2.過步。

學拳體悟

學習心意拳已逾六年，四炮的練習從未間斷，四炮中以當頭炮最為難練。前幾個月，基本沒任何感覺，只覺得累，打出的拳軟綿綿的，既沒速度，又沒力量，覺得不太實用。直到半年以後，忽然右手一記當頭炮如利劍出鞘，力自腰背發出，肩推肘，肘推手，將全身之力集中於一點，並伴隨體內的氣血激盪，終於打出了真正的炮拳。

右手打出當頭砲後，左手卻怎麼也打不出同樣的感覺。一年後，左手才忽然找到感覺。

在雙砲連續擊打時，沿著一條小河或者山路前行，體內感覺力量如決堤的洪水，連綿翻滾，絲毫不覺疲乏，回頭一望，已過千米。

自己感覺心意拳的當頭炮，有點類似於詠春的寸拳，必須有電閃雷鳴的意境，在剎那間將人體的力量發揮到極致，快中求勝，是短距離的必殺技。

—— 學員劉崗

1側

1正

2

當頭炮

3側

3正

4

5

當頭炮

當頭炮

學員龍慶波當頭炮

學員林中笑當頭炮

學員楊青峰當頭炮

學員呂飛豔當頭炮

學員朱海墨當頭炮

學員沈書閱當頭炮

裏邊炮

裏邊炮

拳術目標

拳如炮，打拳像炮子出膛的瞬間一樣，驚炸之靈。拳如炮子側旁來，從斜裏打出一拳，延伸於搖閃把中的轉把，以脊骨為軸，要周正。

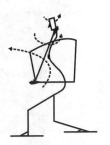

裏邊炮（一）

拳術內容

前把用虎抱頭或貓洗臉，另一把用臂要抱圓、端平，拳眼朝上，沾實一點時中節發力。裏邊炮的動作有單手雙邊、攢把中化。

攢把：

1. 雙把合二為一，把有前後上下之分，前把大拇指應敵，手不離腮，肘不離肋，小臂約垂直於地面；後把虎口頂扶於前把的肘尖處。

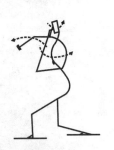

裏邊炮（二）

2. 身有前意。

3. 寸步、墊步

裏邊：

1. 龍折身，雙膀一陰翻一陽，腰有轉軸之能。

裏邊炮（三）

1正

1側

2正

2側

虎把頭裹邊炮

2. 以身帶把，前把裏邊可成其虎抱頭式、貓洗臉式、扶劍把式與劍入鞘式，裏而成拳；後把炮拳，後把外掛成拳、鵬肘，拳眼朝上，拳、肘、膀在一個水平面上（有穗子把之意，甩把是上肢運動，把或拳沿直線或弧線甩出，沾實一點），以身帶把。

3. 寸步、過步、三角步

週而復始：

1. 由拳變把，雙把合而為一，把有前後上下之分，塌把，搖閃，止於攢把。

2. 過步。

虎把頭裏邊炮拳架示範

虎把頭裹邊炮用法

虎把頭裹邊炮用法

學員林中笑裹邊炮

學員龍慶波裏邊炮　　　　　　學員楊青峰裏邊炮

學員呂飛豔裏邊炮　　　　　　學員朱海墨裏邊炮

貓洗臉裏邊炮

3側　　　3正

4側　　　4正

貓洗臉裹邊炮

貓洗臉裏邊炮

沖天炮

沖天炮

拳術目標

拳如炮，打拳像炮子出膛的瞬間一樣，驚炸之靈。拳如炮子地上來，由低往上打。延伸於搖閃把中的塌把，雙手塌把，整身而下，欲上先下。腳踩、身起、手上，手腳齊到，踩打合一，雙把沖天炮，拳背朝外，拳心朝裏。另一隻手依在主打手的腕下處，拳背也朝外，拳心朝裏。

塌把

拳術內容

沖天炮的動作包括單手雙邊、塌把中化。

塌把：

1. 雙把合二為一、豎把、折腕下塌，把有前後之分。

2. 龍折身：一頭碎碑，身有坐意。

3. 寸步或墊步。

沖天炮（一）

沖天：

1. 把塌到極處，前把由把變拳，以肘尖至中指拳為軸內旋，上沖，止於鼻

沖天炮（二）

高，由豎把變化為拳背朝敵、拳面朝天，以拳為鋒；後把仍豎把下按，雙把有爭意。

　　2. 龍折身：意如豎碑，身有沖天意。

　　3. 寸步或墊步，腳起而翻，腳落而踩。

沖天炮動作示範

週而復始：

　1. 龍折身，雙膀一陰翻一陽，以身帶拳，由拳變把，由前把變後把，把有前後之分，雙把合二為一下塌，塌極而止。

　2. 過步。

沖天炮動作示範

前手沖天炮

沖天炮用法

學拳體悟

心意拳，又名六合心意拳，起源於冷兵器時代的軍事用拳，是中國最早成體系的武術。中華歷史悠久，疆域遼闊，朝代更迭，內憂外患，所以兵禍戰亂自然不在少數。而勞動人民則在這長時間的歷史積累中，自然而然地總結出了極致簡練高效的戰場格殺與訓練方法，再慢慢與傳統國學、中醫結合，最終形成了一套獨特而完整的武道文化體系。

心意拳的修習過程十分講究次第，初學以「四梢」中的「肉梢」（即肌肉或基礎力量）為切入點，要求先打好堅實的生理基礎，才能一步一台階，向筋骨、氣血、精神等層次晉級，最終達到「長生久視，天人合一」的哲學追求。

學生初學未深，單從入門四炮的訓練來談談個人的體會與心得。

「四炮」意指四種常用的出拳方法。學習順序因人而異，本人由「臥地炮」開拳，繼而又學習了「裹邊炮」「當頭炮」和「沖天炮」。四炮之中「臥地炮」最遠，「裹邊炮」最重，「當頭炮」最快，「沖天炮」最奇。另外，這四炮的每一式都有兩個基本變化，分別針對不同的應用場合，故實際一共有八個動作。下面分別展開。

臥地炮

臥地炮的基本動作為，由後手握拳從腮側起始，經過面部朝前，由下往上，再由上往下，成拋物線，螺旋出

拳。最後肩關節充分展開，拳眼朝下，身體成牟杆之式，弓步支撐發力。在這一過程中，前手可以分別做虎抱頭或貓洗臉兩種防守動作時，就構成了臥地炮的兩種變化。

初學動作時，先求動作軌跡正確，模仿師父的姿勢和神態。待熟練後，則每一拳都要發力，才能達到鍛鍊的效果。

無論是虎抱頭臥地炮，還是貓洗臉臥地炮，在完成動作時，都需一氣呵成，一瞬間達成防守加進攻的兩種效果，而不能有明顯的先後之分，不能門戶大開。

既然名為「炮拳」，發力時就要追求一種爆發的感覺。配合「拳從口出」的口訣，一蹴而就，才能達到使對手一屁股坐到地上的打擊效果。

裏邊炮

裏邊炮的姿勢類似拳擊中的平鈎拳。與臥地炮一樣，也分為虎抱頭和貓洗臉兩種形式。在四炮之中，以虎抱頭裏邊炮的威力最大。這是因為虎抱頭裏邊炮，充分利用人體腰部旋轉帶動整個上身與手臂運動，在水平方向畫圓弧發力。再加上起始時，前手肩膀相應地向後甩去，前肩換後肩，又增加了這一過程中的轉動慣量，故勢大力沉。俗語「掄圓了」最適合用來形容這一動作。

值得注意的是，在後手平鈎的過程中，手肘要始終保持水平，才能在發力時保持力量能垂直有效地打擊目標，並獲得良好的支撐性。同時，在發力側身體肋部要有向下、向後退去的感覺，才有助於上下身體協調配合，使發力更加順暢。

當頭炮

當頭炮不同於前兩炮，沒有虎抱頭和貓洗臉之分，而是分為前手當頭炮和後手當頭炮。前手當頭炮類似拳擊中的刺拳，動作幅度小，故速度快。後手當頭炮類似馬步衝拳，但把馬步換成弓步，增加了實用性。

兩種當頭炮都關注短程發力的訓練，即便是後手當頭炮，在後手出拳過程中，也是後手在體前與前手交叉之後才加速發力，所以也是短程發力。

沖天炮

沖天炮與當頭炮類似，也分為前手沖天炮和後手沖天炮。前手沖天炮，為雙手共同下按到底後，一起反彈，同時雙拳內旋，向上向前出拳，意指對手下顎。後手沖天炮，成交叉步姿勢，前手下按為防守，帶按到底後，後手螺旋上鈎出拳。

沖天炮因為有先向下、後向上的反彈過程，初學不易掌握節奏。所以，可以試想下按摸到滾燙的油，後驚乍地反彈而起，以幫助尋找發勁的感覺。

總結四炮的練習，其動作各有不同要領，但是共同點是發力過程中，要同時保持眉心頂、手頂、膝蓋頂，這「三頂」就能使發力過程獲得更好的支撐效果，出拳也就更有穿透力。

最後，四炮作為心意拳的基礎發力訓練，是十分重要且有效地入門功夫。初學者應加以足夠的重視，勤加練習，才能最終從量的積累，到獲得質的變化。老輩云：「千遍會，萬遍熟，千萬遍為精，萬萬遍為神。」也是這

個道理。與讀者共勉。

——學員陸海峰

學員陸海峰沖天炮

學員沈書閱沖天炮

學員呂飛豔沖天炮

學員楊青峰沖天炮

學員劉崗沖天炮

六合大撞

練習抗擊打能力，傳統武術講想學打人先學挨打，挨打先從自我開始，從人跟人抗不受傷開始，透過自我主動和循序漸進的方式，提高自身的身體素質。學肘用肘，學肩用拳，練習順手肘和順手靠，學習肩、肘、手協同的打擊技術。

拳術的動作包括磕肘、鬥肩、排身。

訓練時一分為四，磕肘有虎抱頭磕肘、貓洗臉磕肘、插劍式磕肘、拔劍式磕肘。鬥肩有鬥前肩、鬥側肩、鬥後肩、游走鬥肩。排身有前胸排身、側胸排身、橫胸排身、拳肘排身。

磕 肘

磕肘

拳術目標

磕肘是練習小臂的抗擊打承受能力。沾實於腕下小臂前半部分兩側的皮包骨處（尺骨、橈骨），而不是兩側的肉厚處。兩臂撐拔曲折成形，肘處內折170°，腕亦內折，如一把彎刀，大拇指側如是刀背，刀走背多是用挑、掛二

藝。小拇指側如是刀刃，刀走刃多是用劈、削二藝。善用
刀者多用刀下一把處（刀尖後移），肘也是。

拳術內容

可一人對椿練習，但最好是二人對磕練習。有活步、
定步二藝。兩臂曲折、伸拔與身體形成90°夾角，以脊骨
為軸心，左轉右旋，輔以熊膀的開合，完成挑、掛、劈、
削，但內裏都有一個搓藝。

插劍式

以把護腹，襠內裏、內掛或內挑、內磕，約與胯高。
把走乾六、坎一、艮八，肘走兌七、中五、震三。

拔劍式

以把護腹，襠外裏、外劈或外削、外磕，約與胯高。
把走艮八、坎一、乾六，肘走震三、中五、兌七。

虎抱頭式

以把護腮，胸外裏、外劈或外削、外磕，約與鼻高。
把走巽四、離九、坤二，肘走震三、中五、兌七。

貓洗臉式

以把護腮，胸內裏、內掛或內挑、內磕，約與胯高。
把走坤二、離九、巽四，肘走兌七、中五、震三。

插劍式

插劍式

拔劍式

3

4

拔劍式

虎抱頭式

3

4

虎抱頭式

貓洗臉式

貓洗臉式

鬥肩

鬥肩

拳術目標

又稱抗膀子，或叫擠油。擠油是一個形象的說法，說的是過去作坊裏榨油時，掄大錘砸木楔咚咚作響；又像現在打樁機打樁時現場的咚響，震撼有力。

鬥肩要的就是撞擊時的結實有力，盤的是熊膀的開合貫通如一和腰馬的合順與驚鴻。

拳術內容

可一人對樁練習，但最好是二人鬥肩。有活步、定步二藝。

鬥肩沾實有三：前肩、正肩（側肩）、後肩。

鬥肩二人遊戲：遊戲時，兩個人只可沾實肩與膀，手與臂不能用。左手握右手腕或右手握左手腕，置於腹前或放於背後。方寸之地畫一個圓，約二個平方，過去是在石碾之上或八仙桌上。就這麼一個地方，誰出圈或掉下來誰輸。鬥時可虛可實，可領可讓，可引而空，也可引而實。學會了鬥肩，也就學會了中節出勁。

鬥前肩

主要沾實肩膀的正面部分，練習塌中節。肩與膀合，合而塌。力走坤二、中五、艮八。

鬥前肩

鬥前肩

5

6

鬥前肩

鬥正肩

主要沾實肩膀的側面部分，練習折中節。肩與胯合，合而折。力走坤二、兌七、乾六。

鬥正肩

3

4

鬥正肩

5

6

鬥前肩

鬥後肩

　　主要沾實肩膀的後面部分，練習甩中節。肩與胯合，開而甩。力走巽四、離九、坤二。

鬥後肩

鬥後肩

排　身

排身

拳術目標

一人對樁練習是鯉魚打挺和狸貓上樹二藝，兩人排身有定步和活步之分。定步多用寸步，活步可疾步，也可蛇形調步。主要是練習內腑的抗擊打承受能力。初時要慢、輕，逐步加力。沾實一點時要發聲：噫、嘿、哈、噪……在呼氣一半時沾實；有一定承受能力後，可嘗試著在吸氣一半時沾實。瞬間的鼓實與吸實，可使體內的氣壓增大，血氣充實，護住內腑。但不可以長時間地鼓實與吸實，因為缺氧。排身有二藝：直排身和側排身。

拳術內容

以身體的中心線來分割，人體可以分有兩部分，左側和右側。左側含左臉、左胸、腹部左側、胯的左半部分、左手和左腿；右亦然。排身只沾實側的胸、腹、胯三個部分。

正排身

開弓放箭式、夾剪之式，三尖照，抬左手，進左腿，二人兩把掌心相貼，上舉過肩過頭，寸步進中門，沾實於左胸、左腹、左胯，碰撞有聲；右亦然。

側排身

寶劍出鞘式、夾剪之式，三尖照，抬右手，進左腿，

龍折身，雙肩一陰返一陽，雙把上舉過肩過頭，側身，寸
步側插，沾實於肩，肩下正側面肋部、肋下腰，腰下胯，
碰撞有聲；右亦然。

正排身

正排身

側排身

3

4

側排身

常設預案

　　人以群分，物以類聚，出手打拳，與人交流，要以五行為切入點，因為你總會遇到比你打得遠的、比你打得快的、比你打得重的、比你打得靈活的、比你打得硬的，怎麼辦？首先要了解對手：一望，觀察對手的五行歸類；二聞，聽聲聽出對手的五行歸類；三問，交流問出對手的五行歸類；四切，接觸切出對手的五行歸類。還要運用五行相剋的原理迅速採取應對的方法——木剋土、土剋水、水剋火、火剋金、金剋木，應對得當是取勝的關鍵。

　　拓展開來在以後的生活中也要以中國文化中的五行來認識這個世界，就可以迅速找到應對的方法和策略。

拳術動作五行歸類表

木	火	土	金	水
虎	雞	龍	鷹	猴
馬	蛇	熊	鷂	燕

　　選擇的五個常設預案是：木行中的馬形，動作為夜馬奔槽；火行中的雞形，動作為搓把；土行中的熊形，動作為單把；金行中的鷹形，動作為大劈挑領；水行中的猴形，動作為猴形小裹。

木行・馬形・夜馬奔槽

夜馬奔槽

拳術目標

　　馬有奔騰之功，練習橫衝直的撞勁，一往無前的形。起落順直勁。力走離九、中五、坎一。塌而落，奔而出，踩而起，運動中要有節奏感。

塌把（一）

拳術內容

　　馬形下式：開弓放箭式、夾剪之式、三尖照。把有前後之分，雙把中指朝前，把心朝下，前把約與肩高，後把扶在前把的肘關節內側。

塌把（二）

　　塌把：寸步，雙把搓而前，抖勁，一如策馬抖韁，欲下先上。過步提膝，單腿支撐，膝內折小於 90°，曲折成形。龍折身，雙肩一陰返一陽，束身下塌，雙把下捉，置於前腿的兩側，肘與膝合，把與足合。

沖天（一）

　　沖天炮：後腿撐，前膝頂，身奔而出，如洪之瀉。腳落而踩，雙把翻而

沖天（二）

上，力拔，如蹬靴。既而上沖，由把成拳，前把拳背朝外，約與鼻高，後把抵在前把的腕下內側。

週而復始：寸步腳內轉90°，同時轉身90°，塌把、沖天炮。

重點：以腳跟為鋒下戳。

難點：馬奔時的節奏。

夜馬奔槽

夜馬奔槽

用法　雙把下塌出腳，馬形下截腿，腳落出拳，拳用沖天炮或當頭炮，沾實於對手的頭、胸、腹。

學拳體悟

夜馬奔槽的練法是走之字形，練習時盡可能蹲低，支撐腿單腳著地，另一隻腳曲折成形，腳跟盡量往外撐，腳尖盡量往回鉤，發力以翻胯帶動，雙手曲折成形後，幾乎是不動的，所有的動作都是以胯帶動身體完成。

另外，一開始的塌把要能含得住，筋骨撐住不鬆開，能含才能蓄，如鉛汞之重，並不是軟趴趴的，馬形的接手起手式是塌把，如果軟趴趴的就壓不住對手的攻擊，所以，塌把的練習很重要。

馬形的打法重點在馬形腿和馬濺步，塌把配合馬形腿就能把自己的正面封住，再配合由馬形腿帶動的馬濺步，就能很安全地撞向對手，落腳之後沖天炮，再接塌把、馬形腿及馬濺步，再上沖天炮，如鐵騎衝陣，不可停頓，只要對手還在面前，就不能停頓，因為這個時候雙方已經貼身，任何一點的停頓或是遲疑，就會讓對手有隙可乘，一直要到穿過對手後，轉身虎擺尾，確保對手沒有反擊或是追擊，才算完成一輪的打擊。

易錯的幾個點：

馬形腿的發力是「戳」而不是「蹬」，這很容易搞錯，蹬腿的發力是直線往前，蹬完後不管是收腿還是落腿，攻勢是斷的，而用戳的方式，很自然地會和馬濺步配上。馬形在攻擊對手時是以步法接近對手，而不是靠伸手伸腳，手和腳曲折成形後幾乎是不動的，這也是為什麼腿的發力是「戳」，靠戳的力量才能帶出馬濺步，才能一下

子接近對手，整個人往前衝，連踢帶踩加膝打一氣呵成，落步後還接著有沖天而起的兩拳頭，不但攻擊對手，還把正面護得嚴實，一整套攻擊是連續不斷，所以馬形腿發力的正確與否，將影響夜馬奔槽練得正不正確。

——學員蔡崇昱

最早看師父演示以為要打上鉤拳，同時震腳發力。後來師父教了才知道不是震腳而是踩腳，不是上鉤而是噴意，中間還隱含一把馬闖槽之意的正蹬腿。難點在於不震腳而令手足合的節奏把握，以及力自動通達於手梢。肩膀位置找準了才能做得更好，肘膝腋胯的角度也要注意調整。夜馬奔槽腳的姿勢和戳腳更是絕妙。

——學員程立駿

以前我也以為就是一個向上的鉤拳，現在就理解為反向擰毛巾，背部向兩邊對撐，兩手一擰，肘向前向裏一撐。

——學員楊青峰

說起來我以前一直有個習慣，向前打要用腳向斜上蹬。現在不了，向前就是向前，沒有向上。這麼簡單的問題，我居然繞了好些年。

——學員朱本家

學員陸海峰夜馬奔槽

學員呂飛豔夜馬奔槽

學員蔡崇昱夜馬奔槽

學員劉崗夜馬奔槽

學員楊青峰夜馬奔槽

火行・雞形・搓把

搓把

拳術目標

雞有欺鬥之勇，模仿雞在磋地刨食時的動作。不同是雞磋地刨食平面，而打拳時是垂直向前。練習一個打打打、叩叩叩的，連續不停止的打拳方法。

拳術內容

搓把有二把藝，兩個字：一是脫藝，逃脫的脫。力走坎一、中五、離九。二是抓藝，抓住的抓。力走離九、中五、坎一。起落順直勁。

雞形下式：開弓放箭式、夾剪之式、三尖照。肩有前後之分，把亦有上下前後之分，前把在上，大拇指朝外，中指朝上，小臂約垂直於地面，大臂約平行於地面。後把在下，虎口抵在前把的肘尖外。

雞形下式

搓把：後把沿前把的手臂外側上搓，把心朝裏，虎口朝上，止於鼻高。後把變前把上把，原前把以肘尖為鋒下爭，抵在現前把的腕下內側。

脫藝：爭脫逃掉之意。寸步起，後把繞過前把成前把，沿原前把的手臂外側上搓，把心朝裏，虎口朝上，止於鼻高。後把以肘尖為鋒下爭，抵在現前把的腕下內側。

脫藝

托藝：託物不許下落之意。寸步落。

抓把：雙把暗合，後把內翻而出，變為前把，中指朝前，把心朝下，止於鼻高。原前把內翻而下，壓在前把的腕上，過步而起，單腿支撐。後把壓前把，前把抓而下，止於臍高。過步而落，落要踩，

抓藝

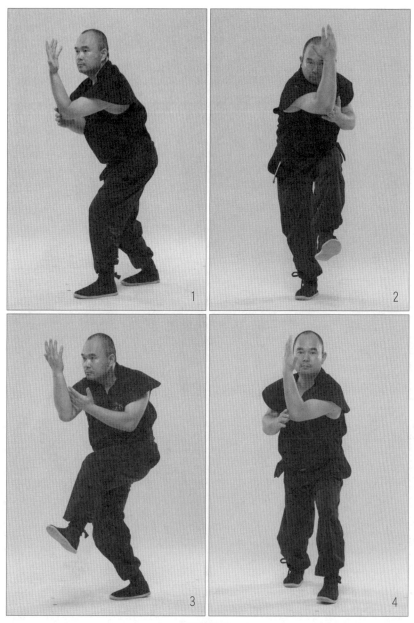

雞形搓把

雞形搓把

束身下就，墊步。

　　週而復始：搓把和抓把合二為一，以前把肩為圓心，
過後肩，過腮，成於雞形下式。

9

雞形搓把

用法

• 一手上差，搓掉中路來拳，後手隨勢上沖，拳是沖天炮，沾實於對手的腹、胸、下巴，肘亦可。

• 連續兩手上搓，掃清中路來拳，後手翻上崩，用拳背上擊，起手打襠，抬手打臉，繼而下抓對手的面門。

4

5

學拳體悟

主要是面對對方的正面進攻或者抓手腕等擒拿反關節動作。首先，是熟悉這個動作的攻防體系。

在合適的佔位後，對方的進攻手不是在自己的左邊，就是在右邊。需要清楚自己的安全面和進攻面。當這些尋清楚了後，才有底氣做這個動作。

在做動作的時候，剛開始我們可能只會模仿老師的動作，知道作用，但是用的力氣不是肩膀的力，是手的力或者胳膊的力，會出現對方抓住搓不開的現象。

這個不著急，可以慢慢多體會，逐漸去找中節的力。從肘尖搓起，用師父的話說，手臂上有灰，搓掉。肘尖有外撐的力，可以意想手肘是不動的，靠的是肩膀或者中節的運動。無論對方抓或者出拳，都把他格擋在自己的安全面。

搓，我只能用中節來說了，力從中節發，中節的結構，扭一下。手肘基本固定。

搓的時候的意是把肘上的灰搓掉，那就要擦著走。一隻手搓的時候同時被搓的手有轉的動作，那就容易把對方的手搓掉。

搓一把還是兩把，自己根據實際隨意打。

在搓完後，一隻手要壓在另一隻手的肘關節處，這個時候後手是蓄力壓上的，手腕一錯位就彈出去，位置是對方的鼻子面門，完後再順勢壓下，完成一次進攻。

我一般的步驟都是先思考和體會這樣動作的合理性，

只有思考和體會後，才會心無顧忌；之後就是熟悉動作。心意的動作，更像是一次子彈出槍口的過程，合適的位置和時機，扣動扳機，點火，發射。每一步都相扣，都為下一步的位置和發力做好準備。如搓完後，或者彈，或者結合四炮。

打拳，是個快樂的過程，是個自我逐漸完善的過程。從一輛普通的汽車，逐漸改裝底盤、發動機等到賽車的過程。

──學員呂飛艷

最早看師父演示雞形搓把，是在一震之間完成兩把連搓，然後再接提手、單把，感覺此預案出人意料又很實用。

練的過程中發現難點是要能夠搓得掉對方粘、阻擋、握持、緊固住我小臂的手，以便接後手。譬如提手上步進門單把。

為了能搓掉阻礙，要求注意搓的特點（貼近表面，搓時要有意識將對方的手連根搓），自身雙手因為是反向運動，要注意作拳時協調與全身同動，改善局部用力帶來的無力感。

對於本力小的同學：對方握持手力氣大實在搓不動的情況下，要檢視自身是否達到了整體要求，是否還有斷點需要完善。

對於本力大的同學：如果遇到對方的粘搭手無力自

整，用搓用力過猛一定會變成自己開門引狼入室，所以搓的要求應該是落點靈動，整身束一。

　　總之，要透過反反覆覆的對練來尋找最好的搓的身體感覺。

　　　　　　　　　　　　　　　　——學員程立駿

　　搓把靠整勁，沒有搓不掉的。關鍵在這麼短的時間內搓掉後反擊才是要反覆練的，這把練的是短時間蓄勁攻擊。後一記個人認為裹邊炮蓄力最足，可以打出全力。

　　　　　　　　　　　　　　　　——學員劉崗

學員呂飛艷搓把

土行‧熊形‧單把

單把

拳術目標

熊有掀鼎之力。

雙把扣合如一，兩膀開合貫通如一。肩催肘，肘催手，手中打抖擻，實為膀的開合抖擻。起落順直勁。力走乾六、兌七、坤二。

拳術內容

撩陰把：熊出洞。寸步，寶劍出鞘式、牮杆之式、三尖齊。把打頭落起手襠，起手撩陰，前把甩而出，把背朝外，後把扶在前把後。

熊形下式

提手把：過步提膝，單腿支撐，膝內折小於90°，曲折成形。雙把合而為

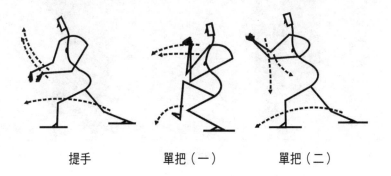

提手　　　　單把（一）　　　　單把（二）

一，以前把為主，後把抵在前把下，提而上磕，止於鼻高。開弓放箭式，三尖照。

單把：後腿撐，前膝頂，身奔而出，如洪之洩。腳落而踩，雙把扣合如一，肩催肘，肘催手，手中打抖擻，雙把扣合，後把虎口頂在前把的大拇指後，折腕豎把（蝴蝶把），雙臂曲折成形約170°，向前進，單把沾實。

週而復始：過步，雙把內翻而落，成熊形下式（輕步站）。

熊形單把

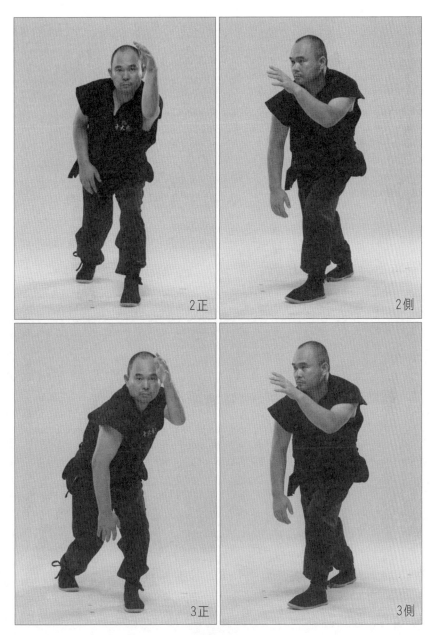

熊形單把

4正　　　　4側

5正　　　　5側

熊形單把

用法 起手打襠，抬手打臉，翻手打胸，一順勢。

學拳體悟

熊形單把，熊有掀鼎之力，單把分為兩個部分，一是掀提；二是塌頂。全在於肩膀的開合，打得是一個整勁，一個順勢，是一個硬打硬進無遮攔的架子。

第一動，提掀，好像手提千斤重物，配合步子和身體的姿勢，提手進攻對手下部或頭的鼻子下巴。師父教這個動作時曾經說過，叫迎門貼鼻。在破壞對方的重心後順勢對一個頂勁打擊面部或者胸部，以膀子的開合打一個整勁，也就是師父講的開合抖擻。

學員林中笑單把

我對單把的理解：把身體練得像一輛坦克一樣，不論對方如何招架格擋，以自身的勁道直接摧枯拉朽地打擊對方，正所謂「拳打千遍，其意自現。千招會不如一招精。」寧肯打一個正確的拳，不打十遍錯誤的拳。要把動作練成本能，這樣就能在需要時做出下意識的反應。

——學員林中笑

學員林中笑單把

金行・鷹形・大劈挑領

大劈挑領

拳術目標

鷹有捉拿之功，鷹的狠毒決絕如板斧闊刀，挑而上、劈而下。盧師曰：「前面是座山也要給我劈開半拉來，前面是座嶺也要給我挑翻它。」

拳術內容

起落勁。劈力走離九、中五、坎一；挑力走坎一、中五、離九。

劈把：熊出洞下式。開弓放箭式、夾剪之式，三尖照。前把以肩為圓心，以把為鋒，逆時針畫圓而上，過肩過耳，劈而下，前落，約與臍高。後把亦以肩膀為圓心，沿弧線逆

熊出洞

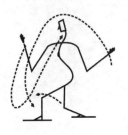

劈把

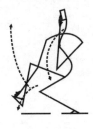

挑把（一）

挑把（二）

時針而上，過肩過耳，寸步。雙肩一陽返一陰，上把劈而下，束身下落，就成一團，過步提膝，肘貼膝，把貼足，單腿支撐，膝內折小於90°。原下把翻而上，止在耳旁，把不離腮，肘不離肋，把心朝裏，在異側。

挑把：開弓放箭式、牟杆之式、三尖照。前腳落而踩，前把挑而上，約止於肩高，中指朝前，大拇指朝上。後把翻而下，約止於襠前，把心朝下，中指朝前。

前把翻而下，後把抬而上，墊步，呈熊出洞下式，週而復始。

大劈挑領

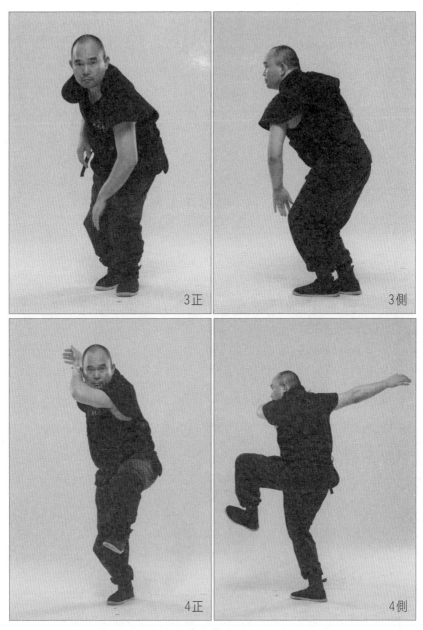

3正

3側

4正

4側

大劈挑領

5正　　5側

大劈挑領

大劈挑領

10

大劈挑領

用法　鷹啖式接手大劈挑領

4

5

學拳體悟

鷹形，身形走起落。接手動作有三個，一是鷹嘴，用前手肘防護自己的臉，接對方的拳頭攻擊；或者用磕肘的方式；或者用後手鷹捉的方式；身形從下走上為圓的時候為防守姿勢，身體拔到最高處，在接手後從最高處圓下來，配合身形。熊膀為防守合，接手開，順到最低處為合。同時，龍折身。

在最後挑領的時候，龍折身打開，熊膀變開。在龍折身打開的時候，前手和後手順勢調整高度。這個時候在身體的一側會有氣息湧動的感覺。鷹捉的位置始終要保持在自己的範圍內，總的位置靠身體來調節。

——學員呂飛艷

學員陸海峰大劈挑領

學員龍慶波大劈挑領

學員楊青峰大劈挑領

學員程立駿大劈挑領

學員陸海峰大劈挑領

水行・猴形・小裹

猴形小裹

拳術目標

猴有縱身之靈。張身而起，縱身而前，縮身而落。裹物不露成其裹，圓中套圓，圈裏圈外，圓中見橫。

拳術內容

起落縱橫勁，力走巽四、中五、乾六和坤二、中五、艮八。

猴形下式（猴豎蹲）：開弓放箭式、三尖照、夾剪之式。雙把暗合，把有上下前後之分，兩把前臂約與地面平行，前把在上約與臍高，後把在下稍低。曲膝下蹲，前腿大腿約與地面平行，小腿約與地面垂直，後腿曲折成形，膝內折小於90°，兩腿併一腿，距前腿約一拳。

猴形下式

轉身把：寸步，前把翻而上掛，大拇指朝上，止於鼻高。後把沿前把的肘外抄而上而搓，把心朝裏，食指朝上，張身而起。過步，後腿過前腿時90°角轉身，左腿在後左轉，右腿在後右轉，雙肩一陰返一陽。開弓放箭式，三尖

轉身把（一）

轉身把（二）

齊。

縱身把：過步提膝，單腿支撐，膝內折小於 90°，曲折成形，墊步。寶劍出鞘式，三尖照。雙把暗合，翻而捉，捉而塌，有捉物迎膝之實。

縱身把

週而復始：過步提膝後而落，束身，就成一團，寸步，腳外轉 90°，左腳前左轉，右腳前右轉，墊步，成猴形下式。

猴形小裹

猴形小裹

猴形小裹

用法 過步提膝，膝打密處人不知。

學拳體悟

練法方面，猴豎蹲和猴抹眉是基本功，必須練紮實，猴豎蹲練腿，猴抹眉練手及攻擊的方位變化。

小裹的練法，重要在兩個字：「裹」和「縱」。

裹而不漏成其裹，裹住了，身體就藏住了，要害就保護住了；裹不住，到處是縫隙和漏洞，那就是找揍。裹的方式，就想像你的背、雙肩和雙手組合起來是一塊包巾，左翻右折地把東西包起來，這個東西就是你的身體，裹得越嚴實，自己就越安全。

縱是一個身法，張身而起，縱身而前，縮身而落，是一個動作過程，這裏面包含了敵我相對關係、過地風、顧法、近身，束展、出膛，等等，這一整個動作流程必須練到想都不想。

待這些都練習純熟後，就需要往內裏要求，束一、一氣和變化是這個階段要訓練的東西，在這個階段，每一動作盡量往慢裏做，慢慢地感覺身體上每一個位置的變化，例如，在上一個階段，從猴豎蹲到轉身把，前手佔位，佔哪個位，對手攻擊的方向有上下左右中五個方位（對手來勢的方向），我的佔位要怎麼才能削減對手能發起進攻的方位，甚至是做到卡著對手讓他根本發動不了攻勢，這些在上一階段已經訓練過（破勢不破招），那在這一個階段，就要感覺什麼時候要佔這個位，什麼時機要發動，發動前那個將發不發的瞬間點是不是能一直掌控住，胯的調整如何帶動動作的順暢與否，這些屬於內裏感覺的部分必

須往慢裏找，一點一滴地掰開揉碎了去的感覺，動作會越拆越細，感覺會越來越敏銳，拆開了還得組合回來，想像自己是一隻在樹枝間躍動的猿猴，怎麼把這種意象在縱身的一瞬間表達出來。這個過程是漫長而永無止境的，而這也是好玩的地方。

小裹的打法，最重要的是貼身，這也是為什麼「裹」的動作要做紮實嚴謹，因為在貼身的情況下，眼睛是沒有用的，看不到對手的全身，你自然不知道對手有沒有發動攻擊和如何發動攻擊，這時候只能先把自己保護得嚴嚴實實，對手不管怎麼攻擊都打不了你，然後靠著縮成一團很安全的姿勢一下子沿著該走的路徑和方位躥到該到的位置，就自然地近身了，到了對的位置，把練習的動作流程在對手身上一絲不苟地演練一遍，該外刮腳的，該抹眉的，該肘膝相合的，該兩手扒拉的，一樣也不少地在對手身上完成一個回合的動作。

所以，裹的動作嚴謹與否，牽涉到能不能安全地貼身，裹得不嚴謹，還沒貼上去就會挨揍，嚴重一點的甚至會被打死；因為越貼身，能用的武器就越多，頭肩肘手胯膝足，距離越短的威力越大，挨一拳可能沒事，挨一肘甚至一肩就很可能內傷或是骨折，後果嚴重多了。所以，貼身短打類的功夫都講究動作的嚴謹規矩，差之毫釐，謬以千里，在這裏是完全正確的。

在練習過程中，務必想像前面站一個人，把動作一動一動地拆解，看看每一動和對手的相對位置，計算對手會有哪些反應，前手如何占位能讓對手的動作選擇變少；身

體佔在何處能讓對手處於劣勢；外刮腳是打腳趾、打脛骨還是打膝蓋，各會為對手帶來什麼反應；我的膝蓋打的是對手的大腿外側還是肋骨；縱身而起的時候我的雙手要放在什麼位置才能封住對手的雙手；穿身而過之後回身扒拉的兩下要怎麼動作、在什麼位置動作才可能封住對手的反擊，等等，往細裏分析和練習，想得越透徹，功夫就越深。

易錯的幾個點：

縱和跳的區別：

「跳」是起始就由腿部發力，肘的配合是被動地，也因此上下半身很難整合成一股力。「縱」則是肘與膝合，翻胯帶動腿部和肘部同時發力往內合，就像是一個夾子，壓緊尾端然後鬆開，兩個前端一瞬間合在一起，夾子的兩個前端就是肘與膝，彈簧就是胯。

三節變兩節：

猴豎蹲要盡量蹲到前腳大腿與地板平行，把中節藏起來，能有效地縮短打擊面。

兩腿併一腿：

轉身把可參考薛顛的猴形拳照，兩腿併一腿的重點在於胯的調整能隱蔽起來，讓對手不知道我會起哪條腿及往什麼路徑走，所以胯的控制很重要。

——學員蔡崇昱

學員龍慶波小裏

學員沈書閱小裏

學員楊青峰小裏

學員董亮小裏

　　猴形走邊路，不需要後發，錯開後，要能掛住對方，一掛就抹眉，然後搭著肩就往中路縱，看猴子打架，飛縱，就是個全身的提縱，是個靈動。

——學員費宇

學員蔡崇昱小裏

學員程立駿小裏

第三篇

人物流傳

師有三責：傳道授業之教，串聯

接洽之介，扶杆立門之建。

徒有三任：繼承發展之任，維護

師門之利，幫扶師父之困。

文規武禮

在電視中看到過一部講述契約精神的紀錄片，說中國人沒有契約精神。什麼是契約精神？用白話講，叫口說無憑，立字為證，並嚴格落實。只是在過去（特指 1949 年以前），中國人講契約精神是分人群的，不和商人講契約，不和官人講契約，不和不需要契約的人講契約精神。前兩類人中不可抗拒的因素太多，多半的情況是一手交錢一手交貨，一手辦事一手給錢，兩不相欠。

傳統的契約精神在文化人中講，在文化傳承人中流行，無心的人又說這叫封建迷信殘餘。拜師就是契約精神的集中體現，有拜師儀式，有甲、乙雙方，有拜師帖與有回帖，似合同，有引薦人、有見證人……拜師帖中明明白白地規定了雙方的責任、義務、權利。進門的道理是你情我願，舉辦儀式的行為是為了昭告天下。

怎樣保證這份合同能夠長時、有效地執行呢？一是以武德來約束人；二是以身作則，看我是怎麼對待你們師爺的，也請您們以後也這麼對待我；我是這麼對待您們的，也請您們今後也這樣對待您們的徒弟。所以在中國的武術門派中，每一位能流傳三代以上的師父們都是有武德，否則自己就弄斷掉了。

現今，盧式心意拳門裏流行的做法是以文化傳承為主的言師父與弟子，以體育精神為主的，稱教練與學生。師父與徒弟以文規武禮來約束，教練與學生以花多少錢，教多少東西為本，花錢學本領，雙方認為值與不值，這裏不多言。

合同裏的權利與義務，門裏老法解釋叫：文規武禮。

學藝有三方：初學、拜師、為師父。

是講學習的過程，分為三個部分，拜師前都叫初學，主要是基礎性傳習，沒有專門的研究，但在拳裏越是基礎越是重要，主要是老師教學生學，相互觀察。拜師就是分門別類地研習，一門心思地研究好一門學問，現代教育中這叫導師制，先期以教學為主，後期以師父的教導為主，弟子起主導性，有鑽研才會有方向，術業有專攻。為師父是學藝中最為關鍵的一環，用現代話來講叫教學相長，識眾生相，博學百家長，是大成就的門檻。

文武講八法：手、眼、身法、步，精、神、氣力、功。

這是講學藝的方法：學習時要手到、眼到、心到，勤快，要聚精、會神，捨得下力氣，捨得花時間，堅持了這八法學藝才會成功。

師徒之規：師負全盤之藝，徒有心意之尊，有三節二壽之宜。

老來說法，入了流，才有傳承，才能長遠，跟在大師身邊才有可能成為大師，跟在高人身邊才有可能成為高人，這才有師徒一說。做師父的人，須是這一行業或門裏

的導師、專家、精英，在這一行業裏要業務精通，並有心於傳教。做徒弟的要從內心裏尊敬師父，聽得進去話才能得藝，入心了才能成事，心繫師門才知道什麼叫傳承。

在形式上每個月要給師父交束脩和敬意，多少隨心意，但不能無。並記著在一年之中有三個節日要去看望自己的師父，仲秋、重陽、春節，記著師父和師娘的生日，做一些力所能及的敬意。這是古來的形式，你做了，師父就沒得理可挑。

師有三責：傳道授業之教，串聯接洽之介，扶杆立門之建。

徒有三任：繼承發展之任，維護師門之利，幫扶師父之困。

傳道、授業、解惑是三樣不同的學業，百度搜索能解決的東西是解惑，不是傳道授業。三責三任是相輔相成的，做師父的傳不了道，授不了業，做弟子的如何來繼承發展？做師父沒有名望，沒有行業內的人脈關係，或有但沒有讓弟子們去串聯、接洽，做徒弟們何來維護師門？做師父的沒有幫助徒弟在行業裏建功立業，成家立名，做弟子又如何來幫助師父？

如何來選擇傳承人呢？盧式心意拳有三傳三不傳。三不傳：無意之人不教，愚魯之人不教，賤盜之人不教。無意之人是不喜歡的人，就是自己的兒子不喜歡也不強求。愚和魯、賤和盜，這五種人不教他們盧式心意拳。有三種人要嘗試著引導他們學習盧式心意拳，一是有情有義的人，二是守信中正的人，三是機靈通變的人。這三種人會

給師門帶來意想不到的榮譽。

選擇傳承人第一講的不是你身體素質多好、多聰明、多有錢、功夫多好，等等，先要講的是有情有義有德行，功夫可以慢慢地練，文化可以慢慢地學，人情道義可以慢慢地磨。無意的人教了也無益，無益於人，無益於師門，無益於社會，何益呢？

拜了師，收了徒，也不是就了事了，任何一方沒盡到義務，都可以透過引薦人或見證人解除師徒關係。多數情況下，師徒間若長時間沒有來往，一方有意願即可透過第三方退還拜師帖或回帖，解除師徒關係，所以拜師時要有引薦人和見證人。

記著，後人不能替師父做主，要相信師父的智慧，但師娘可以，師兄們之間及師父的後人都不可以替師父做主，相互開除。

老理的做法，現在僅供參考。

拜師儀式背景圖

現場佈置莊重儀式

來賓簽名留念

儀式程序合理合規

引薦人、見證人現場簽名

拜師儀式後合影留念

人物流傳

◇●◇

　　盧式心意拳自2013入選上海市普陀區非物質文化遺產和2015年入選上海市非物質文化遺產第五批名錄以來，在全國範圍開展了對盧式心意拳基本情況的調查工作和流傳技藝的整理工作，目的是為了文化傳習有序與傳承流傳有序，截止於2017年10月1日，一共整理出傳承支系26支，傳承人1290餘名。

李尊賢老師支系

整理人：李傳恆

關係：李尊賢之子

懷念盧師大弟子——我的父親李尊賢

反欺侮、抗強暴、幼年拜師練武

父親 1907 年 9 月 16 日出生於河南省沈丘縣槐店鎮東寨門，家有祖母、父母、姐妹四人共八人，家父為獨生子，無人扶助，生存主要靠賣米麵饃為生，每天下午五時後滿街叫賣，生活艱難；我二姑母因病無錢醫治病逝。

1914 年父親開始讀書兼務農。由於家境困難，私塾 8 年輟學。家父性格剛毅，自尊心極強，兒時受惡少欺負，奮起自衛，因勢單力薄，難以應付。為了自衛，不被欺侮、歧視，父親 7 歲進清真寺練查拳，由於練功勤勉刻苦，持之以恆，尊崇師長，數年後榮幸成為二老師（馬忠啟先生）的徒弟，自此開始系統地習練查拳。不論刮風下雨、三九寒暑，田埂地頭、勞作之餘、課餘早晚，都會認真練拳，習練

李尊賢

查拳十年有餘，碗口粗的樹推折、撞斷許多。

1925年11月，由於生活所迫，父親為謀生機赴上海大餅店當學徒，認識盧嵩高老師（以下簡稱盧師）。盧師常光顧該店，看見新來的學徒揉麵、拉麵時練寸勁（內行人一看便知），隨向店主悄悄打聽，得知在老家清真寺向二老師（馬忠啟）學練查拳十年有餘，練推勁，碗口粗的樹推折許多之經歷。過段時間，盧師對家父說（那天特別開心）：「孩子，來，咱伸伸手，玩玩。」經由較技，家父深感盧師武藝精湛、深奧，備感敬佩。

盧師言：「我已觀察你有些時日了，你，我也了解了！心意拳，想學嗎？」在周口練武的回民都知道，想學習心意拳不是件容易之事，平時在清真寺裏跟著練的都是些基本功，今天「周口三傑」之一盧嵩高老師親自開口問，真是榮幸之至，哪有不學之理，家父堅定地說「學！」自此開始向盧師學練心意拳。

1926年4月，父親透過考核進入捕房工作，按捕房規定錄取後一個月內要學習西洋拳術科目。經過與盧師切磋、研究，受盧師指點，以綜合體能格鬥第一的優秀成績，分配在匯司捕房（海寧路捕房）做巡捕（警察）。

他品性剛毅，善待民眾，路遇不平，勇於挺身，評理驅惡，維護民族尊嚴，得盧師賞識。

教訓狂妄囂張的英籍巡長

1927年3月，匯司捕房英籍巡長以莫須有之罪名欺辱一位做生意的回民兄弟。家父了解情況後，向英籍巡長闡述回民生活習慣及人格尊嚴。其不但不收斂，還放肆狂妄

叫囂中國人不能教育英國人、捕員不能教育巡長，因此，家父用教門拳把膽敢蔑視中國教門之人狠狠收拾了巡長。此事鬧大，捕房不得不放了回民兄弟，家父要求其向回民兄弟賠罪，未果；家父憤怒之下辭職不幹了。

回家後向盧師敘述詳細經過，盧師言：「好樣的！爺們！純爺們！」不久，盧師請了阿訇和數位教門拳師喝茶作證，舉行了莊重而簡樸的拜師儀式，盧師向眾人敘述、介紹家父：性格剛毅、寧折不彎、路見不平好打抱不平、尊敬師長、善待朋友之為人品德和近期發生的保護回民兄弟辭去捕房職務及一年來對家父練功之評價，並宣布：「今天我高興，開門收徒弟！請各位作證。」

1929 年 5 月，家父經馬學勤介紹進入戈登路捕房工作，以正直、廉潔、公平、公正而聞名，遇不平事愛打抱不平，後升任巡長，主抓警風警紀。1935 年左右，調普陀路捕房任巡長。在這期間曾發生幾件事件。

1. 痛打欺負百姓的「紅頭阿三」

1935 年左右，在戈登路捕房任巡長期間，印度巡捕（俗稱紅頭阿三，以下簡稱「阿三」）集體欺負回民兄弟，家父得訊後趕回捕房，找「阿三」巡長論理、交涉。「阿三」巡長百般抵賴欺負回民兄弟之事實，且仗著人多勢眾、人高馬大之優勢，在光天化日之下蠻橫挑釁，家父為維護民族尊嚴，以一己之身將眾「阿三」打倒在地，揍得他們顏面盡失。「阿三」巡長在不得已情況下，承認錯誤並立即放了回民兄弟，但懷恨在心，伺機報復。戈登路捕房是在滬「阿三」們做禮拜之寺廟場所，鑑於戈登路捕

房情況特殊，避免矛盾升級，捕房方面將家父調往普陀路捕房擔任巡長。經過此事，「阿三」們知道了上海的回民不是好欺負的，也了解了什麼是「心意門」之含義。家父常說：是盧老師把在滬的回民兄弟團結了起來。

2. 反欺侮抗強暴

1935 年前，我家在常德路西、長壽路南開大餅店，某天家父下班回家，得知白天來了一夥人，為首者外號「刀疤臉」（以下簡稱「刀」），索要「保安費」，來者排場較大，語氣尚客氣，家母婉轉告知其店主不在，請明天來。「刀」臨走時撂下話：未經許可，不得營業。據周圍人介紹，此人與人械鬥前，先拔刀扎大腿，以示恐嚇，對方如也模仿，其會扎膀，然後扎臉，是個不要命的青幫地痞，外號是因臉側自己用刀劃的長疤痕而得名，在曹家渡地區有名。

第二天，店正常營業，家父在家，「刀」來，二人對坐，家父亮明觀點：「行在道上，站在理上。」「刀」：「未經允許，為何營業？」一語不合，「刀」又要故伎重演其玩命把戲（踩凳－拔刀－扎大腿），當其拔刀瞬間，家父一近身，其肚子上受力（家母表述：近身一「扒拉」），見其捂著肚無抵抗，家父一氣呵成將其剛坐之條凳一掌為二。此時局面尷尬，家母即端了碗豆漿：「刀老師，喝碗豆漿再走。」「刀」喝了口，一語不發，帶著手下走了。家父性格耿直，眼裏容不了沙子，怪罪家母給了豆漿，因這是每天的頭層豆漿，涼著給盧師及師弟們練完功補身體的。

事後，家母向盧師敘述詳細經過，盧師分析後說了一句話：「留面子！還是媳婦有能耐。」家母在得到盧師肯定後（能得到盧師肯定、表揚，是件不容易的事），經常會沾沾自喜地講述此事並教導後輩：為人不可懦弱，凡事不能過分逞強，適可而止；給人留面子，給己行方便。事實證明，盧師判斷正確，此後「刀」在長壽路上遇見家父，即便在路對面也會主動向家父打招呼。

3. 為保護群眾利益不畏兇暴

1935年左右，蘇州河上一些閘北船民，結幫成夥，用極其殘忍、兇惡、下作的手段，橫行於蘇州河兩岸，對窮苦勞動大眾實施敲詐勒索，當時被稱之為「河霸」。他們經常四五十人從常德路藥水弄處上岸，欺辱百姓，調戲婦女。在遭到回民兄弟抵抗後，「河霸」們糾集了百餘人之眾上岸尋釁，手拿魚叉、砍刀、板鑔、鐵棍等凶器，揚言要對抵抗者實施砸爛店鋪、家等報復行為。

回民兄弟到我家報信，那天家父剛到家，操起一杆條凳便出門。此時，這幫人就快走到長壽路了，相遇時經過幾分鐘較量，家父用查拳中的凳子拳將對方打得潰散逃遁（老人們描述：站在陽台上看，凳子掃過去，一掃一片倒）。事後「河霸」發來戰書，相約某日某時在蘇州河邊（今莫干山路近長壽路橋處）再戰，家父與盧師商議後答應應戰。有消息稱「河霸」們在幫派械鬥中使用過槍械，當時制定兩套方案，第一，正常較量；第二，當對方使用槍械時，捕房實施抓捕。到達約定時間，「河霸」們沒有來赴約（此事後，為保護自己，心意門開始擁有了槍支；

盧師、家父、王守賢、解興邦等都是使槍好手）。過了段時間，才有了黃金榮邀請盧師喝茶之鴻門宴，黃金榮當著盧師面告誡其門生：在滬西不得與心意門作對。確有此事，因家父及師弟們陪同盧師赴約。

對黨赤膽忠心克難排阻獻身革命

由於國民黨政府昏庸腐敗，家父參加警察特支共產黨外圍組織。入黨前經過考驗和洗禮，在上海地下黨經歷白色恐怖、局勢加劇惡化的最危難時刻，於1943年初經馬益三、馬學勤同志介紹，毅然加入了中國共產黨，隸屬於警察特支黨組領導，做公開工作。

為擴大黨在群眾中之影響力，培養了一批群眾積極分子，把優秀的群眾領袖變成黨員。（1943年5月，捕房有中共黨員40多名，由江蘇省委王堯山直接負責領導。1940年3月，汪精衛偽國民政府在南京正式成立，汪任行政院長兼國民政府主席。汪逆登台以後，租界局勢有了很大變化，總的環境更趨惡化；同時英美與日本的關係即將破裂，租界當局更向日敵妥協）

1943年6月，家父接黨組織通知離滬，赴淮南新四軍根據地。由於參加革命工作，家父已被國民黨當局注意，當時叫「臉紅了」。革命工作十分辛苦，再加日本人、汪偽政府要強行接管公共租界，家父怒火中燒，導致背上長了一大瘡。組織上考慮到根據地醫療條件差，無法醫治；回民生活上不方便，最後，黨組織決定家父對外以「不做亡國奴」名義回槐店老家，實施長期隱蔽。家父賣掉房產，辭去捕房工作，帶著全家回老家。（抗戰開始時，中

央就告訴上海黨組織：必須艱苦奮鬥並保存力量。所以上
海黨組織在抗戰時期的總方針是：深入發展，隱蔽精幹；
積蓄力量，以待時機。1942 年末，根據江蘇省委指示
——「更深入精幹隱蔽」，撤退大批同志到解放區，等白
色恐怖高潮過去再回來）

　　1943 年 9 月，接上海黨組織指令回滬參加鋤奸行動。
回滬時家父背瘡尚未痊癒，家母不放心，陪著家父一起赴
上海，住在師弟海肇襄開的旅館內，家母在浙江大戲院門
口賣大餅，以維持生計（幹革命工作是沒有生活費的），
我們都待在老家。回滬後，家父和盧師商議，以盧師為首
帶領心意門回民弟子，以跑單幫形式行走兩條線（上海—
南通天生港、上海—嘉興）（當時此兩條線已被日偽封
鎖），秘密剷除危害我黨的敵、特、偽、頑分子。

　　家父講：執行任務時不能帶槍，因帶槍有缺陷、易暴
露，對方如發現你有槍，還沒靠近目標就可能被幹掉了，
並且行動失敗會連累無辜兄弟。行動方針：果斷迅速，乾
淨俐落，不留痕跡。

　　1943 年 11 月至 1946 年 5 月，受黨組織派遣，家父以
不同職業做掩護為黨工作——做司法警察、姜公美憲兵隊
教拳、周英才公館（國民黨市黨部、中統局）保鏢、做生
意。

　　1945 年 9 月，孫以藏請家父去姜公美憲兵隊教拳，開
始家父沒同意（遵守組織原則，因在做司法警察），立即
向黨組織匯報，上級認為這是掌握憲兵隊情況的絕佳機會
（姜公美憲兵隊是從外面調來上海的，不了解且難滲

透）。其後孫以薌親自上門來請，家父遂帶了15人去姜公美憲兵隊教拳。家父每天教拳結束第一時間趕去膠州花園練拳，藉此將憲兵隊內具體情況向警委委員馬益三等同志匯報（警委聯絡員會來盧師教拳場子練拳，很多警察都是盧師的馬路學生）。去了一個月，姜公美被抓，憲兵隊調離，工資未拿到。隨後進周英才公館（國民黨市黨部、中統局）做保鏢。

1945年8月至1946年6月間，在中共上海市委領導下，滬西區各行業採取經常性的罷工鬥爭，以組織積蓄力量。同濟印染廠在朱品芳同志領導下，舉行過二次罷工鬥爭。由於該廠幫派勢力嚴重（有江蘇幫、浙江幫、安徽幫等），人員混亂、複雜，在鬥爭過程中，各派勢力為利益互不相讓，無法達成共同點；最終，廠方利用各派勢力矛盾，用金錢收買各派勢力頭目，導致罷工鬥爭功虧一簣。由於拉幫結派，所以無法成立工會。

1946年6月，經中共上海市委研究決定，派家父到滬西區同濟印染廠搞工運（當時家父在十六鋪碼頭工作），工作任務：①發動群眾，統一思想；②成立工會；③培養工人領袖。組織關係保持原狀，由孫振樂聯繫，地方由滬西雜紡委員會書記安中堅同志單線聯繫、領導，啟用「敬臣」之名，以便中共中央領導能及時掌握鬥爭情況。同月，家父進同濟印染廠做漂白工人，兩個月內平定了廠內各幫派勢力，成立了工會；廠方感覺受到威脅（過去，廠方利用工人之間的矛盾，從中漁利，克扣工人福利），遂於1946年9月，以廠裏設備需維修更新為由，將家父及

13名工會積極分子及工友回家待工。當時資、工雙方簽訂《復工條約》。

1947年2月，工廠設備維修完畢，並增添了二台新機器，廠方通知家父次日回廠復工。第二天，家父與13名工友一起赴廠上班，待到廠後，資方代理人廠長何裕棠（以下簡稱何）表示須經挑選手續方准復工，且只挑8人，其他人不作安排。工友們與之理論，何態度傲慢且不承認以前與工人簽訂的《復工條約》。

當時經偽三區（滬西區）染織工會付、徐二人出面調解，由於廠方的堅持，無結果，拖了三個多月。期間，何寧願花錢，多次請客送禮賄賂三區染織工會。此時適逢上海工人運動、學生運動蓬勃發展，黨組織指示要求進行復工鬥爭，以喚起各界人民支援。

為開展反飢餓、反內戰、反迫害鬥爭，配合「五二零」學生運動，1947年5月23日，家父帶領工友們在廠門口等廠長出廠後與他理論，告知他工友們九個多月無經濟收入，靠打零工艱難維持生計，已無法生活。

何裕棠傲慢無禮，視工友疾苦於不顧，工友們憤怒了，提出大家與廠長一起跳河同歸於盡，何裕棠也不示弱，待一起走到蘇州河邊時（工廠到蘇州河邊距離50公尺左右），何有些膽怯了，工友們將何捆綁住。家父率先跳入河中，此時的何已嚇破了膽（拿河南話說：「孬了」），苦苦哀求。

工友們與普陀路警局警員協同船民將家父救起，送紅十字醫院急救（家父不會游泳）。同濟印染廠復工鬥爭達

到高潮。次日，上海各報刊登報導，上海各廠工人聲援同濟印染廠工人復工鬥爭，同時，家父帶領工友們赴普陀路警察局絕食一天，無果。

第三天，到同濟印染廠進行絕食鬥爭三天，偽三區（滬西區）代表出面要求去上海市社會局解決，這期間，三區調員徐志剛暗中透過熟人聯繫家父，並告知家父廠方願出三千萬元，目的是要求家父個人放棄復工意願。家父約他們在膠州花園見面談判，談判時廠方代表願出更高價收買家父。

家父表示：我是工人代表，代表的是工人最切身利益，不答覆工人要求，決不罷休。談判無果，後經社會局調解，未達成協議；又到上海市總工會。其間，資方代表張椿葆、何廣棠（何裕棠兄弟）一起來我家，用金條收買家父，目的是要家父不擔任工人代表，被家父毅然拒絕（前二次罷工鬥爭失敗是因為工人代表被廠方收買）。在此情況下，廠方被迫答應工人全部復工要求。同濟印染廠工人復工鬥爭暫告結束。

因為以上情況，資方代理人廠長何裕棠認為栽了面子，在外兩個多月時間不肯進廠工作，想盡辦法找人托關係來威脅家父，先是找了黃埔分局王科長，由王科長介紹偽福利會范才駿、陸京士、桂殿秋等人，再請客賄賂普陀區警局局長戚靜之等，由桂殿秋（以下簡稱桂）出面來廠對家父進行威脅、恐嚇，經過針鋒相對的言語鬥爭、肢體較量，透過擺事實、講道理，使桂殿秋等人自知理虧，無言以對。經過兩次談判、鬥爭、較量後，他們的態度遂轉

變為溫和；第三次談判，桂殿秋以為了工廠的正常運轉和
管理，工廠不能沒有廠長為理由，請工人們待廠長來廠時
在廠門口歡迎廠長，工人代表蔡慶生表示同意。

　　廠方決定由桂殿秋擔任同濟印染廠整理委員會指導
員，桂殿秋提出請家父負責領導護工隊，家父不同意，向
桂推薦蔡慶生，桂不同意，桂是要利用家父在工人中的威
望。經黨組織決定，讓家父參加護工隊，利用護工隊做掩
護與資方做鬥爭，爭取工人福利，及時掌握了解滬西區護
工隊人員情況。

　　1948年9月起，根據黨組織指示，家父利用教拳做掩
護，以練武之人為基礎，開展瓦解和動搖滬西區反動勢力
和武裝力量的工作，了解各廠護工隊人員配置情況，甄別
人員性質和管理方式，瓦解護工隊，使之演變成為護廠
隊、糾察隊、消防隊等，為解放上海的戰鬥做裏應外合的
武裝隊伍組建準備工作，為上海不遭受戰爭的破壞，做接
受和管理的具體準備工作。

　　當時的直接單線領導人是安中堅同志（新中國成立
後，滬西區組織部長），他經常到我家來，與家父在三層
閣樓上研究工作。我們家有兩樣東西不能碰，一是吊在二
樓南面窗戶左窗上、屋簷下特殊形狀的鳥籠，只要籠在即
代表安全；二是右窗戶開啟鉤上吊在戶外的竹籃，竹籃
在，代表家父在家。

　　1949年元宵節（2月12日）那天，不斷有人來我家
（茂德里），站在樓下喊：「李老師」「李師傅」「李師
兄」「大師兄」等，各種方言都有，但大多數是老家口

音。因家父出門時交代：有人找，就說「去膠州花園了」。那天盧老師也來了，站在弄堂口喊道：「尊賢在家嗎？」那嗓門可大了，當時，家母即下樓告知家父去向。回家後，老人們說笑話形容盧老師內功：「盧老師在前弄堂講話，後弄堂都能聽見。」

1949年初，家父發展工協會員15人，在工協會員中培養黨員5人，任黨支部書記。那段時間，根據黨組織要求，家父秘密地組建滬西區人民保安隊，向敵特分子發警告信。在我的記憶中，人民保安隊之骨幹都是練武之人。我認為練武之人有血性，認準一個理，不會退縮，勇往直前。

上海解放後，家父帶領滬西區人民保安隊執行穩定社會秩序，防止地方勢力、地痞流氓乘機搗亂；保護進步群眾組織，保護群眾利益，保護工廠、學校、商店，把反動武裝的人力、物力、火力轉化成為人民服務的力量；監視戰爭罪犯、特務、工賊，抓捕現行犯罪特務分子，瓦解敵軍，收繳武器等；並每天定時巡視各工廠，查看情況。

1949年5月底，人民保安隊解散；6月初，家父即擔任滬西染織工會工作組副組長兼糾察大隊大隊長，負責接管工作和整個滬西區的安保工作（由於滬西區治安情況特殊、複雜，所以成立糾察隊）；10月，完成接管工作即赴市委黨校學習。

1950年3月，家父市委黨校學習結束，任上海市染織工會糾察部部長；1950年10月，任上海市紡織工會糾察部副部長。

　　1952 年 6 月至 1956 年 12 月，父親任上海市第一、二、三屆人民代表大會代表、上海市人民政府民族事務委員會委員、上海市人民法院政策研究組成員。

　　1956 年 12 月至 1965 年 11 月，家父在上海市人民政府民族事務委員會工作，任上海回民文化協進會秘書長。

　　父親的一生，有好多優秀品格和作風，值得後輩學習：在艱辛中謀生；不畏困難、強暴和歧視；與邪惡勢力做鬥爭；為人剛強，豪放爽直，尊重師父，善待朋友、民眾；遇不平事愛打抱不平，秉持正義，等等。

　　自從父親加入中國共產黨，一心一意、赤膽忠心為黨工作，不怕犧牲，不怕艱難，服從黨的領導，獻身革命；在錯綜複雜的鬥爭中，始終牢記黨的教導，念念不忘共產黨的綱領。在受到「四人幫」迫害、誣陷，造反派批鬥中，他不畏不屈，據理反駁，體現了大無畏的革命者精神；在生命的最後時段，和以往一樣諄諄教誨子女、親屬：熱愛黨、熱愛人民、擁護社會主義，要在各自的崗位中努力工作，不斷進步。

　　在他的教育、督促和鼓勵下，子女、親戚踴躍進步，實現了父親的教導和心願。在意識到生命受到危害的最後時刻，臨終前一晚，他誠懇、詳細地向黨中央書寫了平生忠誠於黨、

李尊賢

忠實於人民之經歷和當前遭受誣陷、迫害之實際情況，並強烈要求恢復中國共產黨黨籍之申請報告。此報告，我交給上海市民族事務委員會劉斌同志。

1978年12月15日，在龍華殯儀館舉行的李敬臣沉冤昭雪追悼會上，市委組織部代表主持會議，市民委劉斌主任代表上海市委宣讀了恢復李敬臣中國共產黨黨籍的決定批文，對以往李敬臣在各次路線鬥爭中堅持對黨講真話、講實話，忠誠於黨、對人民負責任的高風亮節精神予以高度評價，對受到的不公平、不公正待遇予以嚴肅糾正，並代表上海市委、市人民政府對家屬致以慰問。出席人員有上海市委組織部代表、上海市民族事務委員會代表馬人斌等、各區少數民族代表、上海市人民法院代表及李敬臣工作過的各單位、各系統代表。

家父常說盧老師為人，對蠻橫無理者絕不留情，對知書達理者以禮相待。盧老師把在滬的回民兄弟團結了起來，幫助回民兄弟排憂解難（例如擺場子練拳、籌款、幫助突發困難者等）。

【傳承譜系】

創始人：盧嵩高（1875—1961）盧式心意拳鼻祖

第一代：李尊賢

第二代：袁武杰

解興邦老師支系

整理人：譚全勝、梁海華、樊永平

關係：解興邦老師的再傳弟子

撐旗人——解興邦老師

盧嵩高老師歸真前曾有言：「讓解興邦把心意拳的旗幟撐起來。」

解興邦（1900—1979），生於 1900 年冬至，祖籍河北。中共地下黨員，新中國成立前曾任楊樹浦地區警察局探長。自幼喜愛武術，身高 190 公分，且力大無窮。在 1930 年初，因仰慕心意拳之名，冒充回族人拜在一代宗師盧嵩高老師門下學習盧式心意六合拳。他為人厚道，團結同門，頗具俠義心腸，對盧師十分的尊重，長期在生活上關心備至，感動了盧師和眾師門。又因善於學習、勇於實踐，很快就成為了盧式心意拳的大師。

其傳人中最著名者為解觀亭、解和平等。解觀亭老師是解興邦老師的兒子，1940 年代拜師盧嵩高。在盧師的弟子中，解觀亭老師的拳架最接近盧師，幾十年練功不輟，功力深厚。解和平老師是解興

解興邦

邦之孫，從小受其祖父薰陶，幾十年如一日，長期的沉浸錘煉，拳技藝爐火純青，功力深厚，為當代武林的奇才。

葛宗楊和其兄葛宗白二位老師在1965年拜解興邦師父門下，跟隨前輩學心意六合拳。1979年師父去世後，繼續跟隨解觀亭老師學習至1985年。

解興邦（二排居中）與眾多弟子合影，拍攝於20世紀70年代

解興邦　　　　　　　　　葛宗楊收徒儀式

大龍形

雞腿

蛇出洞

野馬奔槽

解興邦老師拳照

【傳承譜系】

創始人：盧嵩高（1875—1961）盧式心意拳鼻祖

第一代：解興邦

第二代：解觀亭（長子）　解和平（長孫）

宋長英	秦長全	秦世海	黃文海	王多鳳
高敖其	劉勝芳	顧忠發	吳爛潮	談才德
王月星	張以毅	朱錫江	穆善義	秦海根
董金海	殷伯倫	徐啟明	王金林	趙章仁
仲齊剛	殷惠民	沈青筑	張金鎔	陳迎興
欒兆懷	任順富	張道福	章阿根	劉強國
魚文俊	虞寶寶	張飛鵬	蔣孟嘉	劉廣榮
鄧家杰	王明德	吳善斌	李克敏	劉必功
胥守祿	相丁山	周賢康	張桃興	陳　沖
俞榮明	劉長貴	姚漢青	房鳳全	馬仁瑞
王立剛	趙鴻志	陳樹人	王仲山	江貴生
趙春華	周伯丞	殷發青	蔣志范	宋再生
葛宗楊	葛宗白	葉志群	周佳照	余永增
蔣才通	孫家訓	景樹堂	周一福	陳永貴
張黃根	周炳良	常國寶	朱官青	羅青炎
胡元進	張在生	劉茂林	于龍仁	徐惠民
江連洪	邵圭生	王榮生	陳炎祥	嚴國祥
王麒麟	田建逢	曹金林	張新華	曹昇岳
孫學通	車愛榮	程廣川	吳永平	潘守光
陳寶發	張　琪	錢仲清	邵子榮	李桂寶

葛廣寒	祝茂華	陳如生	王廣正	何國強
方臣武	俞跌勇	陳顯金	李毛根	姚克華
潘金大	馮介和	王祥雲	張順和	吳寶泉
江虎洪	孫國寶	任玉明	劉長生	張雨龍
滑金大	郭清彬	葉家健	邵華榮	周煥根
印龍根	等			

第三代：

張在生老師門下弟子：

張永銘	樊永平	章 平	陳根富	張華國
姚森林	朱玉海	王萬良	錢仁昌	朱培根
樊永儉				

葛宗楊老師門下弟子：

梁海華	王鵬劉	龍梁俊	朱大兵
雷 震	于江勇	張勝利	王中亮	王 建

張道福老師門下弟子：

周立寶	張紅霞	徐濟華	梁恩來	湯必勝
劉和文	童家忠	沈國明	譚全勝	

（為了保證本支的傳承有序，部分名單經張宏旗師兄確認）

印龍根老師門下弟子：

錢愛生	張國順	許根才	林立峰	朱佳華
謝 坤				

藝花如今

張在生老師

張在生，1930年出生，1949年4月參加中國人民解放軍公安部隊，1954年轉業到上海第十六棉紡織廠工作。

1968年4月，經李福仁介紹拜師解興邦，在上海市惠民公園、解興邦老師家中學拳。平時一起練拳的師兄弟有解觀亭、解和平、宋長英、李福仁、張道福、王麒麟、王多鳳（女）等。張在生勤學苦練，技藝出眾，但非常低調不顯露，深得同門師兄弟的好評。

張在生於1971年開始授徒，先後在上海平涼公園、

張在生老師拳照

滬東文化宮和幾所學校教拳。授徒中特別注重基本功的訓
練和實戰對練，徒弟樊永平獲得2013年上海精武「盛政
杯」第十一屆太極傳統武術比賽中年E組心意六合拳第一
名、2014年上海「精武杯」第十二屆太極傳統武術比賽
男子中年組心意拳四把捶三等獎；徒弟陳根富獲得2014
年上海「精武杯」第十二屆太極傳統武術比賽男子中年組
心意拳一等獎、2014年上海「精武杯」第十二屆太極傳
統武術比賽男子中年組心意拳四把捶一等獎。

吳秋亭老師

吳秋亭老師擔任盧式心意六合拳副秘書長、總教練，
上海人。1985年大學畢業始學習武術，拜解興邦親傳弟
子周煥根為師，專習心意六合拳。

吳先生體格矮小，常戴眼鏡，貌甚斯文，然練拳極刻
苦，每一單式輒至萬遍；且待師長甚恭謹，謙虛好學，常
得各位前輩指點拳藝奧妙。三十年如一日，不避寒暑，上

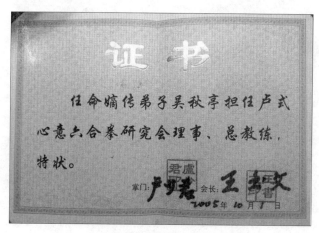

吳秋亭老師照片資料

吳秋亭老師拳照

吳秋亭老師照片資料

下求索，遂武功大進。

其拳理、實作，皆有可觀者。與人較技，身法如龍如蛇，出手狠絕，攖其鋒者無不披靡；然口中留德、心存善念，未嘗恃技凌人，故雖常與人交手切磋而知交滿天下；故雖為人低調而從學者日眾，遠至八閩、蜀中亦有慕名而來者，正所謂桃李不言，下自成蹊。

譚全勝老師

譚全勝老師擔任盧式心意六合拳副會長，安徽合肥人。自幼習武，曾與少林、心意、太極等諸多拳派的老師學習。轉益多師後，因機緣巧合，得遇上海解興邦大師之高徒張道福，遂隨其專習心意六合拳。在張道福師處得糾正拳架、強化基礎、釋以拳理後，始一掃先前練拳之惑，逐漸明晰心意六合拳藝之法門。

張道福老師逝世後十年間，譚全勝老師謹按教誨，在不改先師之道、不斷自行盤練的同時，還不斷與全國各地的心意拳同門進行交流學習。20世紀90年代中期，曾到山西、河南等地與諸多老師交流，後又到上海與同門交流學習。其間，根據自己體認，先後在《武魂》《武林》《精武》《少林與太極》《武當》等雜誌上發表了十餘篇有關心意六合拳的文章，獲得全國眾多武術愛好者及心意拳同道的

譚全勝老師拳照

譚全勝老師拳照

好評。

　　2000 年後，譚全勝老師開始在安徽醫科大學傳授心意六合拳。傳拳時，譚老師嚴格按照傳統拳法習練之規律，按部就班地加以傳授。當時首批隨譚老師學習的，多是合肥各大高校的有大學生，這批人中能堅持習練的有楊純生、張煜良、何建三、吳曉丹等，至今不但在拳藝上，而且在各自的事業上，都取得了引人注目的成就。另外在十幾年的教學中，社會各階層的人士也不斷來到合肥參加學習，除安徽外，現在譚老師的學生有來自北京、遼寧、山東、廣東、青海、湖南、江浙等地的武術愛好者。這些學生在譚老師的帶領下，大部分都參加過全國性的武術比

賽並獲獎,也有的在雜誌及網絡媒體上發表了不少關於心意拳理、拳藝的論文。

近十年來,譚全勝老師與上海同門緊密聯繫,為發揚盧式心意六合拳而努力,曾參與上海盧式心意六合拳研究會的籌備並分擔部分工作。

譚全勝老師照片資料

2015 年,譚全勝老師與眾學生在合肥成立坤德堂心意六合拳會館。2017 年,坤德堂心意六合拳會館獲得上海盧式心意六合拳研究會授牌,成為上海市非物質文化遺產盧式心意拳合肥市傳承基地。同時,為了更好地推廣盧式心意拳,在張道福老師之子張宏旗等師兄的支持和共同努力下,又在合肥成立了盧式解傳張道福心意六合拳會。

桃李不言,下自成蹊。譚全勝老師在合肥對盧式心意六合拳傳播起到的作用引起了當地媒體的廣泛關注,安徽《新安晚報》《徽商》雜誌及合肥有線電視台等都曾對其進行過專訪。

湯必勝老師

湯必勝，安徽
合肥人。1976年退
伍後隨張道福老師
學習心意六合拳。
20世紀80年代後
在合肥傳授拳術至
今。現任合肥市武

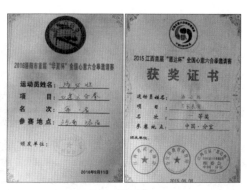

湯必勝老師獲獎證書

協委員、一級武術師、中國武術六段。自2013年參加
省、全國武術比賽，榮獲各種獎項數十個。

沈國明老師

沈國明，安徽合肥人，張道福老師義子。隨張師習
藝，多年來致力於拳術的鍛鍊和研究，在合肥傳有學生數
十人。其先後參加全國性的武術比賽，獲譽甚多。其弟子
多人在全國性的心意拳比賽中獲得一等獎。

沈國明老師拳照

樊永平老師

樊永平（整理人），61歲。1971年拜師張在生（張在
生師承解興邦）學習心意六合拳至今，較系統地學習了該

拳法。期間因參加學
歷教育和忙於工作等
中斷一定時間練習。
參加過 2013 年上海
精武「盛政杯」第十
一屆和 2014 年上海
「精武杯」第十二屆
太極傳統武術心意六
合拳的比賽，並取得
較好成績。

張在生（右）向樊永平敘述學拳經歷

樊永平老師拳照

梁海華老師

　　梁海華（整理人），1975 年生。2011 年跟隨葛宗楊
老師學習心意六合拳。

盧少君老師支系

整理人：蔡伯澄、范興文

關係：盧少君老師徒弟、徒孫

盧式心意拳掌門人——盧少君老師

　　盧嵩高祖師生有四子，少成、少波、少裕、少君，唯幼子少君承其藝。祖師爺功夫了得，年至七旬喜得幼子，自然甚為疼愛。少君師自幼喜動，模仿能力極強，少裕師伯曾與吾言：「你師父承老爺子天性，7歲時就被老爺子耳提面命、培養基礎，玩得有模有樣。」我曾問少裕師伯，「您怎麼不出來？」師伯答曰：「老爺子歸真前7天，與我們兄弟說，『就叫君出去（出山）吧，你們要監督他勤練。我要走了，你（少君）要專心玩味，不可改拳，心意拳好東西。』我們當時甚為驚詫。次日老爺子便臥倒在床，始不能言，到第7天老爺子就無疾歸真了！」

　　祖師爺歸真時少君師未及弱冠，卻知使命重大，時刻專心玩味，少裕師伯也監督甚嚴，功力與時俱增。

盧少君

盧嵩高（右）與盧少君（左），蔡伯澄提供

　　若干年後，為了讓少君師走出去體悟一下成名師兄的拳功風格，師奶奶（李寶珍）特地與解興邦、白恆祥等打過招呼：「你小師弟現在很要強，你們要讓他多多體悟。」因此少君師每週一天去解興邦師兄家，如此連續3個月，間或去其他師兄弟家感悟，而更多的是與白恆祥師伯一起盤藝、飲酒、論譜。至22歲時，少君師已具一身神力，雞腿、龍腰、熊膀、虎領筋、四正八柱特徵大顯。自此少師功夫成有乃父之風、卓然一派大家之氣。

兩代大師的人文軼事

　　師父常說：「練功要練回勁。」有時練功太累不想再練，此時若咬緊牙關堅持再練一會，漸漸就會不再感覺勞

累；剛開始汗水鹹而又苦，堅持練直到汗味漸漸有甘津味。日積月累，能量逐漸足實，感覺日漸輕鬆，直到用意不用力，用力在一點時就會到新境界。

為了驗證自己的功夫，師父功成後常找人切磋武藝。當時正值「文革」時期，好武之風盛行，在朋友的邀約下師父參加過數次武鬥，無不大獲全勝。師父年少時還曾去上海各大公園踢過場子。他既不與人交談，也不通報姓名，直接找教拳師切磋，踢完就走。一時間圈內皆奇，怎麼突然冒出來一個如此厲害的後生晚輩，出手敏捷，力大勢宏。後被知情人爆料，方知是盧祖師的少公子，無不感嘆，真是將門虎子，家傳正宗。

記得第一次去師父家時，師父正在與上門拜訪的武術人演示雙臂掛人，師父平伸雙臂，手心向上，肘略垂，前臂略上翹，手腕處讓兩人同時用雙手掛住，兩人雙雙離地吊起，足足掛了一分多鐘。兩人體重均在70公斤以上，足見少君師雙臂已練就老熊之功。

有一次，看到師父坐在小凳上，雙手用肋夾功勁插兩邊鐵桶裏的鐵砂，手掌直插沒入鐵砂中，由此方知師父指節粗厚的原因。師父說，如果只是空練鷹捉把、虎擺尾，雖然也能氣貫指尖，但硬度稍欠，還需要用工具來足實，使指尖的力量達到能將手指插入對方軟肋間而將肋骨擒住的程度。師父在我身上示範過一次，令我至今仍感恐懼。

師父那時手握成空心拳，在對方眉心稍彈抖就能使對方暈厥；單把往下輕輕一塌即可使對方心臟驟停，功力之大，至今仍令我輩神往。

盧少君弟子合影

在我的眼中師父是文武雙全之大才，文通多種經略，武尤擅長心意功夫，精妙絕倫，勢不可擋；做人疏財仗義，常與我們講：「練拳做人都一樣，有一顆正大光明之心，才會有無堅不摧之意，一個人一身正氣最最重要。」

徒弟陸萬龍眼中的師父：1991 年，盧少君老師在上海武術院公開舉辦心意六合拳培訓班，本人有幸參加了培訓學習。培訓結束後隨老師至其家裏繼續學習。1993 年 1 月 10 日，正式遞帖拜盧少君為師，當時到場的有于化龍、王書文、張兆元、陸安廣、侯長信等老師及上海武術院的領導。1992 年，師父在靜安公園拍了不少練功照。在我印象中，師父尤以蛇撥草技藝最為精絕，其在家裏對著桌角練習，左右跨幅甚大，束展絕妙。2005 年，師父

與心意同門師兄王書文、張兆元、白恆祥等老師組建成立了上海盧式心意六合拳研究會，為上海盧式心意六合拳在上海及全國各地發展起了極大的推動作用。徒弟朱海濱對師父教的踩步搖閃把也是記憶猶新，兩手回勢鷹捉、塌意、畫圓時帶有捧意，腰胯用力，趁勢向前上闖去，勁宜柔，猛則呆滯，師父特別強調一定要帶有捧意！

師父對於教育、學術是非常嚴謹的，我們幾個師兄弟拜師前在外面都有找過啟蒙老師的經歷，因在外面學習來的東西與師父的教學方法、動作尺寸、要領要求都有很大的區別，所以一開始師父教得很慢，一年教不了三四個招式，總是關照我們要把前面學來的東西全忘了，不然就教不下去。當時我們也不以為然，怎麼會教不下去呢？慢慢地才知道教拳容易改拳難，固有的思想意識要改造確實需要時間，所以老一輩常說，寧教白紙一張，也不願教過堂的，就是這個原因。難怪以前師祖教拳分好多類別：

一直交學費就學的叫學生，老師看得中拜師進門的叫徒弟，有人介紹帶藝投師的叫過堂徒弟。在外面學了同種拳法有人介紹又來學的叫過路學員，練同門拳法而已經拜過師是不能收為徒弟的，有人介紹也不行，因為這樣拜師的人有欺師之嫌，說明品質低下，做師父的也有不懂規矩、不道德之嫌……要弄得如此複雜實屬無奈，因為他們以此為生計，但又不想輕易丟掉手藝。老一輩雖然以教拳為生，但十分珍惜名聲，愛護業界生態。這樣一分類，後遺症也很大，因為教的都不一樣，傳到後世差異就是十萬八千里，就比如畫家，有精品畫、有工作畫、有應酬畫之

分，畫家的畫好與不好也就欣賞而已，然而武藝如此對後世影響就特別巨大了。

師父不但一招一式教得認真，特別講究動作結構的科學性、規範性、合理性，對於理論文章也是特別關注，誰

盧少君（二排中立）與法國學生合影，拍攝於20世紀90年代

盧少君老師拳照

發表了心意拳的理論文章他都要仔細閱讀並加以標註，有些出書內容寫得文不對題的他就直接丟垃圾桶，然後告訴我們應如何鑑別地閱讀吸收，並告誡今後出書、寫文章要特別嚴謹，切勿誤了子孫。

盧少君書法（十形大法）

武藝特色

盧少君老師是盧式心意拳開山鼻祖盧嵩高的兒子，是鼻祖之衣缽傳人。師祖盧嵩高常與徒弟言，天上飛的，地上跑的，水中游的都是我們的老師，所以盧式心意拳是「崇尚自然、師法自然、道法自然」的典範。盧式心意拳象形取意，模仿龍虎馬猴蛇雞燕鷹鷂熊等生靈在獵食、抵禦或逃脫天敵時表現出來的那種撲擊、收縱、竄側、勇猛之天性靈意。盧式心意拳正是獲取其天性靈意為拳，故師祖總結了「十大形」：①龍形裏橫；②虎擺尾；③夜馬奔槽；④猴豎蹲；⑤蛇撥草；⑥踩雞步搖閃把；⑦燕子抄水；⑧鷹捉把；⑨鷂子穿林；⑩熊膀，號稱十大真形。

其實並不止於這十種動物之十種拳形，因為天上飛的、地上跑的、水中游的皆可為我輩師習，這也是盧師祖對後學的教導，也非常符合「心意」二字之真義。確實，盧式心意拳中尚有：烏牛擺頭、狸貓上樹、鯉魚打挺、黃鶯登架等。十大形中也並非止於十形，一個正形三個副形。因此，盧式心意拳不但具有來自戰場搏擊的顯著技擊性，兼有生靈動物

盧少君在《武林》雜誌上做的批註

優美的運動藝術性；更有內家拳獨特的呼吸和發勁方法，練之使人長壽。

本支系的勁道分類與訓練特色：

（1）**長勁**　動物的伸張之勢即為我拳之長勁，也叫尺勁。所以初練者都需要開胯、開肩、開胸、開骨節，初練時達到手腳齊順和整，筋長力大，骨節伸得長、拉得開至關重要。弓馬形態與懶腰勁為主，周身緊張而內中空洞，呼吸順暢，周身協調。這就是本支練明勁階段的重要路徑。

（2）**短勁或劃勁**　也稱之為寸勁。動物之曲勢轉折即是我拳之短勁或劃勁。練功者動作圓通自由，三節分明，四梢齊整，形態合理，意氣通達，勁力合一（內外同合），這是經由明勁階段的刻苦訓練而進入暗勁階段的必然路徑，否則不可言其功。

（3）**剛勁**　動物之往前迅猛直去是我拳之剛勁，也稱之為撞勁。

（4）**柔勁、化勁**　稱之為厘勁或毫勁。動物之曲曲彎彎即是我拳之柔勁、化勁。動物之縱橫變化、靈活巧妙是我們人類所不及的，所以練習者要盡動物之本性，也要盡我們人類潛質之本性，當練功達到四肢動轉自如，起落進退均不著力，專以神意運用，專注於用意不用力，用力在一點，似龍蛇無腰而其身曲曲彎彎動轉不已，無處不著力而又無處不可著力，以至於無處不可擊人，周身協調，是至於化勁近也。

（5）**尚柔不尚剛**　本支尤重尚柔不尚剛，剛猛之勁

均為明勁階段之勇力（弓馬階段都是剛勁），進入暗勁階段就特別重視轉化之功，引進落空之意（使用雞步出勁都是暗勁）。師父經常講：太極有的我們都有，太極沒有的我們也有。

（6）**重丹田與呼吸** 明勁階段為自由呼吸，進入暗勁階段就尤重丹田的內翻、外翻、左甩、右滾、右肩至左胯、左肩至右胯，並與呼吸緊密配合。有時二步一呼吸，有時一步二呼吸。二步一呼吸頻率慢，一步一呼吸頻率快，一步二呼吸頻率極高，唯視發勁的需要而調節。

本支系訓練功架清單：

一級：拳前四式，虎擺尾，馬彈蹄，雞步（寒雞登架，雞側翅）。

二級：長三步（輕步站），弓步大劈，弓步搖閃把（定勢），拔劍出鞘，龍抬頭虎擺尾，擠勁，切勁，霸王脫銬。

三級：崩勁，鷹捉把，雷聲，虎撲收勢，龍調膀，韌勁，刮地風，五行掌盤功，六合大撞。

四級：虎撲把，野馬躥道，夜馬奔槽，勒馬聽風，蛇形穿拳，裹邊炮，過步箭穿。

五級：單虎抱頭，雙虎抱頭，貓洗臉，大裹，小裹，雲遮日月把，猴形小裹。

六級：雞步大劈，跟步大劈，龍形大劈，小劈，磨盤劈，斜劈，沉劈，掂步挑領，大龍形，小龍形，揉中節，插中節，熊形鑽拳，大塌，小塌，蛇撥草，蛇形撐肘，左右明撥，十字裹橫，雙虎擺尾，熊膀。

七級：猴豎蹲，橫拳，虎搜山，斬把，懷抱頑石，沖天炮，燕子抄水，小虎抱頭。

八級：四面搖閃把，龍形調步，鷂子入林，鷂子翻身，鷂子鑽天。

九級：熊形盤肘，單把，鯉魚打挺，狸貓上樹，一頭涮碑，烏牛擺頭；三盤落地　。

十級：四把拳。體現整勁、驚勁，三節分明、四稍齊整。

【傳承譜系】

創始人：盧嵩高（1875—1961）盧式心意拳鼻祖

第一代：

盧少君（1945—2008），盧祖幼子，盧式心意拳掌門

第二代：

蔡伯澄　王夢義　朱海濱　陸萬龍　鄭榮煥（韓國）

蔡伯剛

第三代：

蔡伯澄老師門下弟子：

李家琛　范興文　辛紅衛　朱永偉　凌　駿

鄭渝瀚　黃元龍　郭　雋　張　銘　張　旭

賈宸博　蔡佳儒　蔡佳鑫　蔡杰儒

王夢義老師門下弟子：

錢立剛　趙維維　馬以斌　鄭　嶸　曹歆晟

丁　毅　顏雲斌　王祥志　秦宇慶　林應璞

顏海勇　王　丞　呂　昆

藝花如今

蔡伯澄老師

蔡伯澄老師盧式心意拳非物質文化遺產代表性傳承人，盧式心意拳研究會會長，盧式心意拳總教練。1965年出生於浙江省諸暨市，畢業於浙江工業大學，兼修漢語言專業，現居上海。從小迷戀武術、氣功，少時曾學少林拳棍、形意、太極、武當子午氣功、道家九轉玄功、硬氣功等功法。於1986年開始接觸盧式心意拳，1988年有幸拜入盧式心意拳掌門盧少君門下，自此專攻盧

蔡伯澄老師照片資料

式心意拳。在恩師的悉心傳授下，勤學苦練二十餘年，其中1996年師父因車禍受傷，恩師將我推薦到白恆祥師伯處（白恆祥師伯是盧師爺同族關門弟子），並得到白師多年恩授。因此，在盧式心意拳學上我有幸得到了二位大師的傳授。至今盧式心意拳已成了我的摯愛，成為我的一種生活方式。二十多年如一日，嚴遵師授，孜孜不倦，起早摸黑地訓練，才有了如今的精於生理、拳理、氣理的成績；練就百脈通達、精氣強旺、身手敏捷，對盧式心意拳的技藝特色有了較深體悟。因為喜愛盧式心意拳的淵博文化，多年來與余江、吳秋亭等同門為了盧式心意拳獲批非

蔡伯澄老師拳照

物質文化遺產不斷努力，為了盧式心意拳的繼承、推廣與發展辛勤耕耘。我與我的同道們仍將繼續前行，讓盧式心意拳成為大眾的摯愛。

王夢義

蔡伯澄先生全承盧少君老師衣缽，善盧式心意拳技藝，體用俱專。兼工道家軟硬氣功。

王夢義老師

1960年出生，居上海。盧少君老師入室弟子，敢用敢衝，尤為威猛。

范興文老師

1986年出生，居

范興文

上海。師承蔡伯澄，專致玩味盧式心意拳，體用俱佳，出手威力巨大。

朱海濱老師：生於1959年，盧少君老師入室弟子。

陸萬龍老師：生於1962年，盧少君老師入室弟子。

蔡伯剛老師：生於1973年，盧少君老師入室弟子。

鄭榮煥老師：盧少君老師入室弟子。

王書文老師支系

整理人：余江、高玉良

關係：王書文老師親傳弟子

盧式心意拳研究會會長——王書文老師

王書文師一生淡泊名利，不事張揚，一生勤學不倦，默默無聞地研習心意六合拳已六十餘年，因為很少在武術界走動，又惜藝如金，擇徒甚嚴，故不聞名當世，只聞名於師門裏。

王書文師是山東萊州人，生於 1919 年，自幼便隨著家鄉的武術老師學習武術，十四歲時跟著家人到北方學做生意，賣百貨，後來腿被凍傷，不得已於 1936 年來到上海，在外灘開辦了美華大理石工業社，同年拜在中原大俠——王效榮老師的門下，一邊做生意一邊習武。

王效榮老師是河南懷店人，一代武術名家，分別在上海的東新橋、海寧路開辦有兩

王書文

王書文

所得勝武術社。王效榮老師勇猛過人，十八般兵器樣樣精通，尤以大刀和查拳最為馳名。1937 年在上海「大舞台」曾舉辦過一次國際性的武術比賽，外方擂主是俄國大力士鮑克羅夫，中方擂主就是王效榮老師，外方主裁判是猶太人，中方主裁判是著名武術家王子平先生。盧嵩高是現場指揮。在三個回合的比賽中，王效榮老師只用兩個回合兩次把鮑克羅夫舉過頭頂，重重地摔在台上，全場一片叫好。

王書文老師作為王效榮老師的得意弟子，與師弟王佩在比賽開始前上台表演了大刀進槍的武術套路，嫻熟的配合，天衣無縫的表演，贏得觀眾們陣陣歡呼。

王效榮老師和盧嵩高師都是回族，又是老鄉，同在上海的外灘公園教拳，關係非常好，對老師也非常尊敬，每次提到盧師的功夫時總是讚不絕口，常請盧師對其徒弟們指點一二。盧師曾傳授過王效榮老師心意六合拳中的一招「一頭碎碑」。王效榮老師常在公園裏表演、練習，每次表演都能引得人們駐足觀看，以其驚人的力量、塌天的恨意、拖如犁的功夫，使人驚嘆不已。1938 年初，王師和師弟王佩、李儀華三人對心意六合拳神往已久，下定決心

要學習，三人直接找到盧老家拜師，盧老不肯收，後經王效榮老師的引見，再經過一年多的考察，才同意他們三人遞帖磕頭拜師。

二十餘年來，王書文師一直跟隨盧老師學藝，對待盧師就像對待自己的父親。盧師也很喜歡王師，公園練後，

王效榮老師（後排居中）與弟子王書文（三排左二）、付博英（三排右三）、王沛（後排左二）及愛女王愛英（三排居中），1937年攝於上海復興公園

還常帶王師到山東會館空房間單傳獨授，說到興奮處，連比畫帶打。盧老師晚年常對王老師說：「書文，你要好好努力下把勁，趁我現在還能教，等我『無常了』（河南迴民方言死了的意思），我還能帶到棺材裏不成？這門拳是古上留下來的寶貝，花錢買不到的，你要堅持傳下去，不能失傳，也不能亂傳，我以後只是圖落個名。拳不複雜，但易學難練、更難精，拳意非常的深奧，你要去撈，越撈越深，要勤學苦練，學到老，練到老。」

盧師是於1961年因病去世的（去世在當時的紡織醫院），終年87歲。盧師去世後，王師與大師兄李尊賢、師弟楊肇基一起共同研習，遍訪師兄師弟，整理拳譜。大家感到這門拳中除了有一套「四把拳」外別無套路，於是王師與兩個師兄弟用了五年的時間，編寫完成了一套「心意十形連拳」。它具備了心意六合拳的踩、撲、裏、束、

盧嵩高與王書文(後)，余江提供

決的勁意與攻防合一、剛柔相濟的思想，保持了心意六合拳身成六式的基本特點，把過去單盤單練的一些動作有機地連在一起，充分發揮了心意六合拳的靈活性、「三翻九轉一個踢」的任意性及其剛猛性，突出了對頭、肩、肘、手、胯、膝、足的應用，共計四十八式，並請形意名家姜容樵老師、太極名家王守先老師作序，楊肇基師弟寫了前言。當時「文革」，王師等三位師兄弟不敢去公園練拳，但是在王師家裏每週都會閉門聚會練拳，對心意拳之痴迷可見一斑。

1984年，安徽蚌埠宋國賓老師的三代弟子拿著宋師與盧師的合影在上海的公園裏尋找習心意六合拳的練家，有相熟的拳友將他們帶到王書文老師家裏（盧師和宋師是調帖的弟兄，盧師每次回河南或來上海都要在蚌埠住一段時間，宋師的弟子們對盧師非常的尊重，他們也算盧師的半個徒弟）。同年受蚌埠師兄弟們的邀請，王師和師弟張照遠、白恆祥一同前往，受到蔣安波、李克儉、劉福田等十幾位師兄弟的熱情接待，相互間切磋學習，取長補短，常常交流到天亮，深切感到他們對心意六合拳的痴迷。後來，諸衍玉老師的兒子諸福成及王德利、楊世友等人還專

程到上海王書文師家學習完善心意六合拳。

　　隨著中外文化交流的日漸頻繁，越來越多的外國人喜歡中國的文化，關注中國的武術。美國黑人拳師——約翰，在本國常聞中國功夫博大精深，又非常的神秘，他總想見識一下真正的中國功夫。約翰於 1992 年來到上海，在翻譯的陪同下到公園、拳社、武館看人練習，與人切磋交流。一個多月以後，有朋友把他領到王師家，高大威猛的約翰為人謙虛，說話也比較和氣，但此時約翰對中國功夫不怎麼認同，不經意間流露漫視，隨著交流的深入，約翰的表情明顯地嚴肅起來，不住點頭，接下來的切磋更使約翰驚詫不已。本門打人如走路、如「親嘴」、如拔草般的輕巧，他看不清其中變化，也摸不準其中勁路，挨了打還要問：剛才是用什麼部位打的？王師笑了，別說是約翰不知，就是許多練習多年心意六合拳的也不一定明白其

王書文（左一）在家中授拳

中。王師告訴約翰，中國武術每一門功夫都是經過十幾代傳人畢生心血不斷積累，沒有行家點化，是很難弄明白的，所以中國武術特別注重傳承，講究明師才能出高徒。

最後，王師告訴他虛實、開合在心意六合拳中的變化關係，又告訴他「拳無拳、藝無藝，打人不露形，露形不為能」的道理。約翰似懂非懂，本來馬上要回國的他決定再留下來。這一個多月，每天都請王師到他下榻的錦江飯店傳拳，又是請客，又是送禮，愈到後來愈是誠心，愈是對中國武術充滿了敬畏。回國後，給王師寄來邀請函和擔保，信中告訴王老師，他在美國的十幾位同事聽了他的介紹後，也要學習中國武術。

王師雖然性格淡薄，然而上門絡繹不絕者甚多。1994年，部隊的領導了解到王老師德藝雙馨，引薦自家子侄過來學習。經過很長時間的考察，1996年王老師收了第一個徒弟——余江老師。

王書文老師90歲壽

前蘇聯戈巴契夫時代，有許多蘇聯人學習中國功夫，他們特別信任中國教練。在上海，他們多方打聽、了解後，選中王書文師，並寄來邀請函和合同。但王師始終認為這門拳是古上留下來的寶貝，過去一直是秘不外傳，它與中國的傳統文化息息相關，若不懂中國文化，即使下苦功，也很難學會，於是便謝絕了。

王師多年來一直隱居在上海的一所里弄內，閉門勤修，日就月將，更感心意拳的珍貴，不敢有一日懈怠。王師幾十年來嚴守師道，寧可失傳，不可亂傳，傳要真傳，慎重收徒，認真授課，入門前要對弟子進行短則一年、長則三年的考察，主要考察弟子的人品、心性、資質。

2005 年 10 月 1 日，王師與盧師的兒子盧少君、張兆元、白恆祥老師們共同發起成立了「盧式心意拳研究

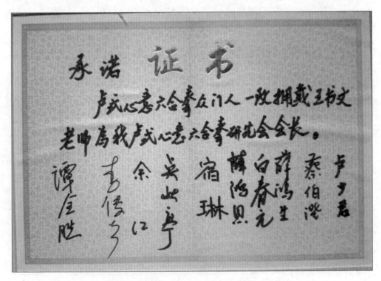

王書文老師任盧式心意六合拳研究會會長證書

王書文老師拳照

會」，並擔任第一任會長，為盧式心意拳的發展做出了重大貢獻。

2006年10月1日，王師的弟子余江和王周成立全國第一家「盧式心意拳會館」，專業傳授盧式心意拳至今。

【傳承譜系】

創始人：盧嵩高（1875—1961）盧式心意拳鼻祖

第一代：王書文（1919—2010）

第二代：王書文老師門下弟子：

　　　　義孫：袁武杰　　張　強

　　　　余　江　宿　琳　巫善東　尹魯波　高玉良

　　　　李瑞新　張國慶　王　周　戴皓民　張禮金

　　　　李凱龘　劉映暉　林天昊

第三代：

余江老師門下弟子：

　　程立駿　屠純音　黃光金　陳　剛　徐駿立

　　陳家樂　李雲峰　蔡崇昱　莫曉明　張晨昕

　　徐　棟　任錚齡　呂飛艷　朱本家　劉　崗

　　楊青峰　龍慶波　費　宇　林中笑　董　亮

　　沈書閱　陸海峰　朱海墨　藍　天　徐興博

　　郝長雋　汪英財　李　可

宿琳老師門下弟子：

　　初本明　畢軍華　李菁臣　初本泰　劉進軍

王周老師門下弟子：

　　葛天宇　　黃婕瑋

藝花如今

余江老師

生於 1971 年 1 月 17
日，河南南陽人。自幼習
武，曾經是河南鎮平縣武術
隊成員。1990 年 3 月，來上
海學習工作；1996 年，拜王
書文老師為師父，專心學習
盧式心意拳；2005 年，任盧
式心意拳研究會秘書長；
2006 年，與師弟王周一起成
立盧式心意拳會館，任館
長、總教練；2015 年，被推
選為普陀區及上海市非物質
文化遺產項目盧式心意拳的
市級傳承人和區級傳承人，
並擔任上海市非遺保護協會
理事和盧式心意拳傳承基地
負責人。

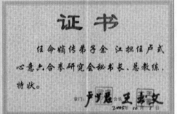

余江老師照片資料

余江老師關注盧式心意
拳在當下社會的實踐，思考
武術能給當下的人們帶來什麼。

為什麼中國武術在中國流傳千年而沒有中斷絕跡？心
意拳已經在中國延續了九百年，盧式心意拳也已經在上海

余江帶隊參賽

興旺發展了一百多年。因為武術是關心人的生命、改善人的生活、健全人格、構建人的心智、培養人的勇氣的學問。學拳不是讓你回到過去，而是為了樹立獨立的人格，擁有獨立應對困難的能力，能更好地應對當下，活在當下，擁有解決當下問題的力量和方法。武術是一群人智慧的結晶、勇敢的化身、團結的親和力，是學習中國文化的一條道路，能成就中國人能文能武的夢想。

　　余江老師身體力行致力於盧式心意拳的傳承發展，2006年成立盧式心意拳會館，十多年如一日地進行盧式心意拳的保護、整理、培訓和傳播，長年開辦盧式心意拳學習班，培養盧式心意拳優秀的傳承人。2008年，參與舉辦心意拳的全國競賽；2011年，出版《盧式心意六合入門》《盧式心意拳開拳》圖書；2012年6月，承辦「首屆上海武術文化展」，並聯合上海體院舉辦「首屆上海武

術文化研討會」；2013年，申請上海市普陀區非遺成功；2015年，申請上海市非遺成功，目的是為盧式心意拳的發展做貢獻，為了讓更多的人關注武術，關注盧式心意拳。

教學上，余江老師重視盧式心意拳系統性研究，從「實用、長壽、易上手」三個方面引導學員開始學習盧式心意拳，強調學拳是完善對規律認識的深度，完善對身心約束的一個能力過程。

宿琳老師

生於1968年，成長於北派吳式太極拳的故鄉山東萊州武官村。1987年，從師吳式太極拳第四代傳人修占老師，學習吳式太極拳、劍、槍、推手；同年赴煙台上學，經修占老師介紹，在煙台跟隨孔慶樂老師繼續學習。

1995年，在上海，經吳式太極拳師兄弟謝強推薦，得以拜在馬岳梁先生得意弟子錢超群老師門下，繼續學習吳式太極拳南派拳術、推手。學習期間，得到師兄朱方泰、周榮貴等的指點幫助。

1998年，在上海，巧遇盧式心意六合拳傳人及同鄉王書文老師，拜師學習心意六合拳，並得到

宿琳老師拳照

大師兄余江的多方面指點，也與同門師兄弟巫善東、張國慶、戴皓民、高玉良等經常交流。

2000年，陪王書文老師回故鄉萊州省親，留師父在煙台住了一段時間，得到老師朝夕不離的學習機會。期間介紹吳式太極拳門的師兄弟尹魯波拜王書文老師為師，學習心意六合拳。

2004年，在義烏拜訪錢超群弟子同門師兄王愛民，向王愛民師兄學習。

2004年，在濟南工作期間，向王明星老師學習程式八卦掌。因學習時間較短，未能系統學習。

2004年，在濟南，拜楊澄甫式太極拳第四代傳人遲紹和先生門下，學習楊澄甫式太極拳。2010年左右，在杭州，遲紹和老師回國傳授太極刀。在杭州期間，與楊澄甫式太極拳同門師兄盧家華、管厚任經常交流。

2005年，在煙台，向于仁齋老師學習拳術、瘋魔棍。

王周老師

1973年出生，自幼師從外公學習少林拳、查拳和各類器械，並加入地區武術隊。

1990年，作為優秀隊員被選入省散手隊系統學習各種格鬥技法，為主力隊員。

2004年，有幸拜於心意拳大師王書文老師門下，精研盧式心意六合拳。寒來暑往，悉心問道於門內各位前輩，研究各種典籍，勤習不輟十數年。現任盧式心意拳研究會副會長，總教練。

王周老師拳照

王周老師因為多年的實戰搏擊經歷，所以一直注重於心意拳的實戰技法和各派傳統武術與現代搏擊之間的交流切磋，力求尋找新的思路和方法，讓古老的傳統拳術在新的社會環境下再現活力。在教學方面注重學以致用，從悟理到體修再到實操的不斷進步，為盧式心意拳的傳承與發展做不懈的努力。

林天昊老師

1974年4月19日生於安徽合肥，幼年體弱。1993至2008年旅居俄羅斯和加拿大。旅居國外期間，為了強身健體開始習武，涉獵了空手道、跆拳道、合氣道、泰拳和西洋拳擊。2008年回到上海，2009年拜王書文老師為師父，學習盧式心意拳。

由於林天昊老師涉獵多種技擊體術，所以比較關注盧

式心意拳和其他拳術在體現形式、教學傳承等方面的區別。

空手道、跆拳道、合氣道等發源於日本和韓國，已經形成了成熟的教學體系和段位體系；教學體系的形成比較容易在武館複製和發展，而段位體系的形成比較容易去量化評估一個練習者的水準，同時也會讓練習者有一個練習的動力去考取更高的段位。

泰拳和西洋拳擊沒有相應的段位體系，但是他們的動作相對簡單，容易上手，也有著成熟的教學體系，能夠迎合當下白領減肥減壓的訴求。

林天昊老師拳照

拳擊是奧運會比賽的賽項，在西方社會乃至世界上都有廣泛的群眾基礎，有著各種成熟的賽事和很多贊助商。最近幾年在中國發展得也很好，各種拳擊比賽賽事和學習場館也如雨後春筍般湧現了出來。

心意拳在中國已經延續了九百年，盧式心意拳也在上海興旺發展了一百多年。作為一個內家拳，心意拳有著很豐富的內涵，同時也是一個實戰性很強的拳術。如何發掘和發揚盧式心意拳的核心價值，從而推廣之是我輩盧式心意拳弟子任重道遠的責任。

劉映暉老師

1970年生於上海。自幼酷愛武術，並長期習練太極拳。在北京唸書期間，曾連續獲得北京高校武術比賽太極拳、劍冠軍。除太極拳外，他一有機會便四處拜訪名師，意拳、形意拳均有涉獵。

劉映輝老師拳照

1992年回滬後，又廣為拜訪內家拳名家，有機會接觸到吳式太極、孫式太極拳、綿拳和心意六合拳。

2009年，經大師兄余江先生引薦，拜王書文老師學習盧式心意拳。

劉映暉老師非常關注盧式心意拳以及內家拳等中國傳統武術在當下社會流行的搏擊項目上的實踐，一直在思考、研究和親身嘗試將傳統內家拳的打擊發力方式融入到現代拳擊技術中去。已愈不惑之年的他還經常與現役菲律賓、俄羅斯、泰拳運動員不斷交流切磋，希望為內家拳的傳承奉獻出自己的力量。

張兆元老師支系

整理人：張大惠

關係：張兆元老師之子

盧式心意拳副會長——張兆元老師

我父親張兆元先生，是黃埔軍校第十九期學生，畢業後到楊浦公安局前生——榆林警察局參加工作，在警局裏認識了盧老師的外甥方瑞芝，在他的援引下，遞帖子，立誓言，拜盧老先生為師，學習武藝，成了我父親一生嗜好。受過高等教育，有很深文化底蘊的他，在盧老先師的教導下，對武術有了很深的造詣。

父親酷愛武術，同門師兄們都認可我父親的為人，特別是解興邦老師。解師伯與我們家住得較近，而且與我父親都在一個警局工作，在他的影響下，我父親參加了革命工作，並經常去他家探討武藝。

張兆元

　　下面援引一段父親於1982年底發表在《武林》雜誌上《也談心意六合拳》文章的前序：

　　余1948年冬，得方瑞芝先生之援引，幸師承於盧嵩高老師之門下，習心意六合拳。自蒙收錄，朝惕夕乾，聆聽老師之口授，體練老師之身傳。門牆桃李，十載薰陶，存得一燈，多年來踐習鑽玩未敢稍忘，他把學習心意六合拳的思想和意義歸納為六點，淺釋概述如下。一是心意六合拳源流疏考；二是心意六合拳稱內家的哲理依據；三是心意六合拳嚴謹學風及道德修養；四是心意六合拳習技體練之要求；五是心意六合拳練功十六法；六是心意六合拳形名正宗說。

　　我父親一生謙虛、謹慎、慷慨、大度，用畢生的精力鑽研武術的真諦和精神。

張兆元老師照片資料

我們要繼承老一輩武術家們的武術精神，發揚光大心意六合拳，修身養性，讓心意六合拳成為武術界的精神和楷模。

張兆元老師照片資料

張兆元老師拳照

也談心意六合拳

遼寧營口　張兆元

余1948年冬，得方瑞芝先生之援引，幸師承於盧嵩高老師之門下，習心意六合拳。自蒙收錄，朝惕夕乾，聆聽老師之口授，體練老師之身傳。雖然賦性駑鈍，未得奧，但門牆桃李，十載薰陶，先生之餘火殘薪，存得一燈，多年來踐習鑽玩未敢稍忘，淺釋概述如下。

一、六合拳源流疏考

心意六合拳乃內家拳之鼻祖，考其沿革依循，遠溯至宋、元、明、清四代。首創岳飛，集成於明末姬龍鳳，乃定名為心意六合拳。岳飛祖創此拳名曰意拳，此說世論紛紜，信疑參半，余以為可信其有。茲僅按清乾隆十五年歲次庚午荷月，龍邦由陝回晉，遵師命途經河南洛陽，拜謁師伯學禮馬公，戴與馬公相談甚洽，馬囑戴為岳武穆王意拳譜為序。戴氏有如下一段自敘：「茲見岳武穆王拳譜，意既純精，譜亦明暢，急錄之以志余愛慕之情。」又有「王精通槍法，以槍為拳，立一法以教將佐，名曰意拳，神妙莫測，蓋從古未有之技也（戴氏譜系老譜之一也）」。又按雍正年正月河南新安進士王自誠為南山鄭氏序心意六合拳譜，亦有岳武穆意拳之說，鄭氏亦姬老師拳藝之得傳者，譜亦有如下敘說：「鄭氏於姬老師之拳、刀、槍、棍，無取不精，為譜以教其子弟，不敢言姬老師之傳也。」（末句係自謙語）。此譜亦目前流傳老譜之一也。綜上所述，竊以為古人不吾欺也。

姬老師名宏，字際可，號龍鳳，山西浦州諸馮從氏，係明末總兵，精大槍術，因世亂朝昏，乃棄職歸農。居家嘗自歎曰，吾提槍騎馬，有萬夫不當之能，今拳打二人忙，值此亂世保身家。武藝之道，獨恨未精，有朝聞道、夕死足矣之憾，於是棄家訪道於終南，遇異人，授武穆拳書，歸乃參悟多年，集而成之，稱心意六合拳。留譜論，授徒子，得其真傳者，有河南馬學禮，陝西曹繼武，子姬壽及南山鄭氏者（名不傳）。曹繼武傳山西戴龍邦，戴傳河北李洛能（係布商），李洛能傳白西園、劉奇蘭、郭雲深等。李洛能因感心意六合拳稱呼與理解皆不便，於是改心意拳為形意拳，其徒郭雲深又增十形為十二形，或稱五行拳。今流傳於山西河北之形意拳，源於出。唯河南馬公學禮，自藝成後歸鄉務農，不求仕宦，晚年授藝於族屬，保持姬老師心意六合拳原貌，末稍更動。以馬公係回族，外教不得扣其門，秘傳之，呼心意門，代有傳人，沿襲至今。馬學禮傳馬三元、張志誠，張志誠傳李政，李政傳張聚、白先師，張聚傳子張根、買壯圖、馬毛，買壯圖傳袁鳳儀，袁鳳儀傳尚學禮、楊殿青、盧嵩高、宋國賓等。

盧嵩高老師藝成後離鄉輾轉於京漢謀生至武漢，會鐵氏父子。鐵氏係武漢心意六合拳一支，其所出非唯同，屬回族。又因買壯圖之女嫁於鐵氏門中，故武漢一支存也。盧師中年曾住蚌埠，與師弟宋國賓同理鏢業，故蚌埠亦有心意門一支存也。

盧師由蚌埠過南京而後留居上海，授徒為業，徒子眾多。余就學時入其門，常見者有李尊賢、馬義芳、王守

賢、馬海凱、解興邦、孫少甫、王藍田，以上諸君多已故歿，現存者寥寥無幾，又皆無聞，故名氏查不到。心意六合拳上世雖屬保密，並獨傳於回族，但非單傳。余所言者僅就盧師一系而已，其於上世先輩，限於聞見局偏，考據無從，若有疏漏，尚希同好雅諒。

二、心意六合拳稱內家的哲理依據

判別一門拳術內外之屬性，竊以為不在攻守與剛柔，而在於該拳術創制理論指導之內涵，賦予體練者習踐預期之宗旨目的，內家以培本為密旨，外家以修枝為要務。人之本，精、氣、神也。人之枝，筋、骨、皮也。故內家以藏精、蓄氣、煉丹為培本之密旨，外家拳以伸筋、硬骨、揉皮為外務之修造，故世俗流諺，謂內練一口氣，外練筋骨皮之說。本固枝榮是內家之主旨，修枝壯幹則外家之目的，涇渭殊途，重輕立判。僅按岳武穆王及姬老師之譜論曰：精養靈根氣養神，元氣不走是其真，丹田練就千日寶，萬兩黃金不與人。畫龍點睛，詩句明白道出心意六合拳練功密旨，在乎藏精、蓄氣、培神也。蓋精藏則吾人之靈根旺，氣蓄丹田實則吾人之元氣盛，氣與神通，神者生之本，表者生之具，一言以蔽之，心意六合拳乃吾人精、氣、神培煉之要妙也。呼為內家，意此之誼也，茲將心意六合拳哲理依循之十說條列如下：

①虛無一氣萬化說；②兩儀陰陽天地說；③三才配位三體九節說；④四象四梢說；⑤五行五臟五關說；⑥六合混元一體說；⑦七星七位七拳說；⑧八陣奇正變化說；⑨九九丹成說；⑩十形應象說。

也谈心意六合拳

辽宁营口张兆元

余一九四八年冬，得方瑞芝先生之援引，幸師承于卢嵩高老師之門下，習心意六合拳，自愧收录，朝揣夕勤，聆听老師之口授，体练老師之身法。虽然賦性鲁钝，未得盘长，但门墙桃李，十载栽陪，先生之家久残謝，存得一灯，多年来瑣习钻玩未敢稍怠，浅移翰以自勉。

一、心意六合拳源流概考。心意六合拳为内家拳術之鼻祖，考其沿革依信，远溯宋来、元、明、清四代。首創自岳飞，集成于明末戚继光，历定名为心意六合拳。岳飞祖創此拳名曰意拳，此说此论纷纭，作豪参半，余以为可信其有。盖仅按清乾隆十五年少次庆午荷月，龙邦由晋回晋，道降命途经河南洛阳，外訪師傅华礼马公。戴与马公识史甚沾，马嗣祖为岳武穆王意拳谱为作。戴氏有加下一段自叙："兹见岳武穆王拳谱，意思纯粹，谱示明确意来以之忘余爱慕之忱。"又有"王斯通枪法，以枪为拳，立一法以救持往，名曰意拳，神妙莫测，盖只古未有之大技也(戴氏谱系祖金久，一也)。"又据正十三年正月河南新安纪王自诚为南山郑氏序心意六合拳谱訪，亦有岳武穆意拳之说，郑氏迪亦短老師拳艺之传者，谱示有如下叙说："郑氏行诸老師之拳、刀、枪、棍、无取不精，为谓以救其子弟，不敢言短老師之传也。(来自系谱訪)"此谱亦目前流传心老谱之一也。综上所叙，窃以为古人不吾嵌也。

短老謀名宏，字际可，专龙风，山西蒲州诸冯人氏，系明末起兵，颇大枪术，因变乱谢藏，乃弃剞归农。居察寘自买刀，晋传枪术马，周万不当之勇，可惜无及义之唯。于弃家訪谓之教谓，殁求彩形拳术，归歹参师多年，集因而成之。嗣心意六合拳，皆谱论，投收子弟，有其真者传，有河南礼，陕西曾继礼，于洛及南山为氏氏者(名不传)。曾继礼传西戴龙邦。

一、虚无一气万化说。二、两仪剛阳天垴说。三、三才宿位三体九节说。四、四泉四柙说。五、五行五胜五头说。六、六躁七层七位七拳说。八、八捶奇正变化说。九、九九开成说。十、十術应教说。

上列十说，各有渊脉诀词，包孕天地奥秘，以此武艺上可以参天地，旁以入人神，补全其有，宙为内家之桥梁，武通之主，彩形之真正，素功之本。仅依岳武穆及及短老師之论论曰，唯练心意六合拳，新之无穷，有勤日载月练，则智无不密，身无不主，得无平之理，会和平之顺，成血自筑，则练去筋劲，能劲得坚，能劲得甚，不劲加山岳，势如劳四川，无防如天地，灭实如太名，浴浴细为浴说，睫聪如三光。民族瑞宝可以明也。

三、心意六合拳源流及其脈语訪，岳武穆王及短老師之论曰，心意六合不虽传，无勤刻姓无其同，若彼彼无别说，需訪把探保身者。故有三家。三不传。以不特技为尹。卢嵩高老師口曰三不曰：不特技为尹。一曰：习艺者，行行亦刚睭，滋文恓之，泄庄歹也。

四、心意六合拳技法技之实来。請曰：鸡腿、龙身、熊肩、马踪、虎抱头、雷声，此为六合，此乃形拳技技应送到之意变也。若无特力之以服，无以成全之也。鸡腿者清谓之劲法，以实而的转劲之其技也。熊静者指得熊虎虎有其枪，其抱实来也抱不劲，首苗者，劲如风电，劲如虫力不及抱邪，先声夺人也。雷声者劲不特。謂曰非特结果几个謂，世有奇才多柱用，可惜奇才不多。此謂学者皆多謂棒实少，真能易也，非如学者，盖翰双誓也。故谱曰：山上石多金少，世上謂多謂稀，大平我誓其人誓。世有名師之誓，盗滥名于，其实難謂。有功先推名者，有謂智活謂，難力得也。故欲若名師皆求明如難觉也。名万外俗之如，明万内照之共也。

五、心意六合拳劲功十六法。訪曰：一寸，二踩，三謂，四就，五夹，六合，八正，九踩，十陇，十一謂渟，十二谁点，十三刚雨，十四五行，十五刚解。十六法貝单于习一体之中，有为外谓之

二、心意六合拳理依据内家的哲理依据，判别一门拳術内外之属性，务以在不抵改守及刚柔，而在于谁拳术谓創理论指导大之内涵，威乎体練及谓謂訪之深的目的。内家以掐本为敖習，外家以参技为务要。人本之，敖气神也。人之技、筋、骨、皮也。故内家以藏胎、蓄气，端外为馆本之敖智合。外家之劳精、硬骨，快劲为劳外务之劲说，故俗论谓谓，谓内練一口气，外练筋骨皮之来。本謂核貝为内家之主謂，参按谓于謂外家之謂，泾渭判然，宜莫之判，仅标依据彩王及短老師之论论曰：精練及彩气渊神，元气不謂是其真，田田赖成千日宏，万两黄金不与人。函孔点胎，谓行中明自谓也，心意合拳谓谓说，盖精謂真謂谓人之其根趣，气谓丹田实謂谓人之元气谓，气与神谓，神者生之本，形者生之具，一言以蔽之，心意六合拳为谓人。敖、气、神，均謂之妙切也。呼为内家，意谓之所由。

益謂心意六合拳謂依据之十说条方列於下：

辨梢，有为内家之会谓。神形互济，内外質谓，谓藏气蓄，其艺自谓。

现仅柈我形一式谓述如下：

卢嵩高老師口訪曰：虎行风生，龙行斯山。此谓猛虎谓行劲有风谓也，故易曰：云从龙，风从虎。虎难敢，威可以谓众谓，但其战力谓为敢，此谓为山中王，故虎谓之谓也。失其身謂威難服，故俗有谓渭平谓谓大敢之谓。故心意六合拳谓形一式以虎谓山为其来头。然謂虎之威究何威也？卢師曰：敢敢谓抖，敢敢谓，谓敢敢，以三谓谓伏谓，是虎威之所在也。卢師谓威，已谓出虎形謂谓。所谓敢敢以扑者，盖如如谓谓，纵如放虎，是有所谓，谓谓先謂，古抖之式也，转謂以敢，是抖雨未谓，左右明敢也，左右谓谓，是趋謂出怒之式也。持謂如谓謝，举謝中之此謂是也。以上虎形，及谓严谓謂，谓练技论，谓人在場以习谓，有謂流在謂謂謂謂，相谓如也。早自然謂其身谓之类敢。

六、心意六合拳形名正家说。仅按卢嵩高老師讲说，及其生前誓来智影益相谓名之谓者，一曰龙形谓晋，二曰虎抱山，三曰谓谓，四曰谓謝，五曰彩謂，六曰敢行入林，七曰謝謝謝，八曰夜马奔谓，九曰謝谓水，十曰谓敢彩，心意六合拳所家十谓，呼为十大真形，所谓其一者，盖按岳武穆王，兵貝如一之谓，取少谓練也，一者一謝体也，一可以敢万，变化无谓曰：絶彩一谓，用谓十谓，故其谓谓，不谓不饰谓，谓以通其刻彩，纯謂简练。

（一九八二年八月二十五日写于上海）

上列十說，各有演繹說詞，包乎天地陰陽，達乎物初人始，元妙精微，寓乎心意六合拳中。以見此藝上可以參天地，同造化，下可以契人壽，補修短，延命年，謂為內家之鼻祖，武首家之上乘，藝術之真品，蓋有因也，僅按岳武穆王及姬老師祖之譜論曰，唯我心意六合者，攀躋之無窮，苟能日就月將，則智無不備，勇無不生，得和平之理，會和平之情，順成自然，則能去能就，能弱能強，能進能退，能柔能剛；不動如山岳，難知如陰陽，無窮如天地，充實如太倉，浩渺如滄海，眩耀如三光。民族瑰寶可以明也。

三、心意六合拳嚴謹學風及道德修養

岳武穆王及姬老師之譜論曰，心意六合不亂傳，無窮奧妙在其間；若教狂徒無知漢，惹禍招災保身難。故有三教三不教之說。

盧嵩高老師口戒三不曰：不持技尋鬥，不持技為歹，不眩技逞勇。又曰：習此藝者，應行如病郎，守如處女，溫文儒雅，端莊肅穆。

四、心意六合拳習技體練之要求

譜曰：雞腿、龍腰、熊膀、鷹捉、虎抱頭、雷聲，以此為六合，此乃要求習技者應達到之意境也。若非持之以恆，鍥而不捨，其可達乎？

雞腿者謂趨踩之步；龍腰者謂轉側之身法也；熊膀者謂揮臂虎虎有風也；鷹捉者謂抓拿疾狠如鷹撲食也；虎抱頭是肘不離肋，手不離腮也；雷聲者，勢如電閃，聲如迅雷不及掩耳，先聲奪人也。唯其要求如此，故譜又曰：牡

丹花開滿樹紅，後來結果幾個成，世有奇才多枉用，可惜奇才不多生。此謂學者總多而精者實少，學非易也。非唯學者不易，蓋師亦難也。故譜又曰：山上石多黃金少，世上師多明師稀，太平我重其人語。世有名師之說，然盛名之下，其實難副，有朋黨推名者，有竊譽沽名者，名高望眾，求易得也。故求名師易求明師難也。蓋名乃外譽之加，明乃內照之美也。

五、心意六合拳練功十六法

譜曰：一寸、二踐、三躜、四就、五夾、六合、七疾、八正、九經、十脛、十一起落、十二進退、十三陰陽、十四五行、十五動靜、十六虛實。十六法貫穿於習藝者一體之中，有為外形之規矩，有為內意之會通。神形互濟，內外貫通，精藏氣蓄，其藝自精。

現公將虎形一式略述如下：

盧嵩高老師口授曰：虎行風生，威在蹲山。此謂猛虎行動有風隨也，故易曰：雲從龍，風從虎。虎有威，威可以攝眾獸，但其威以蹲山為最，以虎為山中王，山者虎之勢也，失其勢則威難發，故俗有虎落平陽被犬欺之喻。故心意六合拳虎形一式以虎蹲山為其宗也。然則虎之威究何威也？

盧師曰：收縱以撲，轉側以掀，掉尾以鞭，慣用三絕。以三絕而伏眾獸，是虎威之所在也。盧師數語，已畫出虎形真諦，所謂收縱以撲者，蓋收如伏貓，縱如放虎，是有所取，欲進先退，擊撲之式也。轉側以掀者，是撲而未中，左右明撥也。左右明撥，是猛虎出籠之式也。掉尾

如鞭者，拳架中之虎擺尾也。

以上虎形，若能嚴遵師訓，謹按技法，則人在場上習拳，有若虎在眼前施威，栩栩如生，呈自然逼真肖似之美感。

六、心意六合拳形名正宗說

僅按盧嵩高老師講授及其生前拳架留影，茲將形名分列如後：

一曰龍形攔橫；二曰虎蹲山；三曰鷹捉；四曰熊出洞；五曰雞腿；六曰鷂子入林；七曰猴豎蹲；八曰夜馬奔槽；九曰燕子抄水；十曰蛇撥草。

心意六合拳所採十形，呼為十大真形，所謂真者一也，蓋依岳武穆王，兵貴如一之訓，取少而精也，一者一整體也，一可以致萬，變化無窮。經曰：絕利一源，用師十位，故其拳架，不尚巧飾虛繁，而以逼真刻意，造型樸美，純精簡練。

1982 年 8 月 25 日寫於上海

白恆祥老師支系

整理人：張寧衛、張展浩

關係：白恆祥老師親傳弟子

盧式心意拳研究會副會長——白恆祥老師

白恆祥先生 1934 年生於上海，回族，河南淮陽縣人氏。自幼喜愛武術，7 歲跟隨河南查拳大師馬忠啟、馬忠立前輩學練查拳。1951 年，白老師到白家走親戚時（白家親戚是盧師祖遠房表親）恰碰盧嵩高師祖在場，閒暇時白老師演練了一套查拳。白老師的查拳舒展流暢，乾淨俐索，發力到位；盧祖見白師年輕、英俊、靈巧、勤奮，心中甚喜，即生傳藝之心；在白師親戚的力薦下，白師老父親當即令白師向盧祖行拜師大禮，遂成盧祖在回民徒弟中的關門弟子。

白師天資聰慧，勤奮好學，年近八十高齡盧祖，自然傾囊相授。在白家店鋪後門（現上海市長

白恆祥

壽路橋公園附近），盧祖對白師一對一言傳身教，耳提面命；白師心領神會，長年勤練，寒暑不輟，功夫日漸精進，盡得真傳。盧祖晚年，極少外出，白師利用下班、節假日的空閒時間前往盧祖家裏學拳，同時主動分擔一些家務，聆聽盧祖的教誨，師徒間建立起非同尋常的父子般情誼。盧祖從拳譜理論體系到拳法結構及應用、內功心法、實戰變化和器械等，一一單獨面授給白師；白師比較全面地繼承了盧祖心意六合拳藝，理所當然地成為了盧祖心意拳回民中的關門弟子。盧祖臨終前是白師日夜侍奉其左右，待師親如父，盧祖彌留之際，已經不能說話，師徒間仍用點頭和搖頭的方式來確認密傳心法、拳法及功法，驗證其拳理。後來事實證明，白師的拳架、功法及發勁特徵極具震撼力，有著與盧祖相似的氣勢和神韻，得到同門師兄弟的廣泛推崇和高度肯定，成為上海盧式心意六合拳第一代極具影響力的人物。

白恒祥（前排左三）與諸老師合影

白恒祥老師拳照

白系的流傳史

白恆祥先生一生擇徒很嚴，謹守本分，恪守門規，一輩子從未在外面收徒，所有弟子都是經親戚、朋友或者師兄弟推薦而入室的。早期上海劉方海是白師兄弟推薦；中期有合肥張寧衛是合肥友人李治忠推薦，湖北張展浩是盧祖弟子張兆元先生推薦，合肥王勇是友人張志剛推薦，上海李傳藥為白師二女婿；後期王小鵬、李文卿是查拳師兄馬孝芳推薦，周正貴是方世英領來的，上海蔡伯澄則由盧祖小兒子盧少君，大家稱之少老師推薦。在白師為數不多的弟子中，盧家兩代人先後各向白師推薦了弟子。

有一次，有幾個師兄在盧家等盧嵩高祖師，盧未回家，白師正好也去盧家。當時一位師兄對白師說過過手，當時真打過來，白師一個龍形調步人已在其後，手已經拍

在師兄身上。其身法步法之快，令師兄吃驚。

20世紀80年代初，中國拳擊界北拳王張立德在上海拜訪方士英、馬孝芳、白恆祥幾位老師，準備寫一本《拳擊與中國武術》，並結為至交，尤其是在和白師動手切磋時，一個照面，白師用蛇形三角步進身，右掌在對方的脖子上輕輕打了一下，沒有真砍。張立德對白師出手快如閃電，佩服至極。

武藝特色

白老師一生唯一的嗜好就是練習傳統武術，儘管他還學了查拳、七勢拳，但他最愛的還是心意六合拳。他常常對弟子講，我的拳（心意六合拳）與外面的拳不同。他強調練就內三合、內五行為要，心意拳講究以內催外，以意領氣，以氣催力；或身成六式：雞腿、龍腰、熊膀、鷹捉、虎抱頭、雷聲，以凸顯心意拳勇、猛、短、毒、疾、恨、快、利之本色。

龍虎勁：所謂龍虎勁，是取意於龍虎兩大靈性動物的先天本性。取龍之驚、虎之恨之意，此意是貫穿整個心意拳各個拳架的盤練發勁之靈魂。白師常常講，勁是驚出來的，而發力過程著重盤練一個「合」字。

白老師的所有入室弟子，都是他自己一對一手把手地教出來的。驚勁、恨勁不是想練就能夠練得了，驚不出來怎麼驚？恨不下來怎麼恨？白老師講，驚勁發勁前，通常由一個很小的輔助動作引領，比如單把，是靠左（下）手自襠內翻轉驚起向上，用大魚際輕擦任脈至下顎；右手成

白恒祥老師拳照

鵝頭狀上提後至耳齊；內氣（內五行相合）與左手輕擦任脈，同步上提至中丹田，兩肩關節像是高壓鍋蓋緊緊扣住，此時，胸腔內聚集巨大的能量，耳為靈性，右掌心與右耳相呼應，「三性」調和，恨勁才會崩出。

拳譜云：手摟手恨喝案。此把拳，驚勁、恨勁盡出，功夫加深，靈勁自會上身。

心意拳巨擘買壯圖老祖創新提出心意拳「靈」勁功夫，有「靈勁上身天地翻」之寓。買老祖的靈勁，加上心意拳本身的龍虎勁，也就是驚勁、恨勁，構成買氏心意拳驚勁、恨勁、靈勁之三勁，與當時在黃河北岸的形意巨擘郭雲深形意拳整勁的明勁、暗勁、化勁相互呼應，開創了黃河兩岸兩位大俠的武學巔峰時代。

雷聲：六藝中數雷聲最難練，雷聲其意義博深，含意宏大。其發之有序，震於肺，動於意，始發於內丹田震盪而聲出於口。白師講雷聲之藝是盧祖師不傳之秘。

當時盧祖師教他此藝時是早上三點在郊區無人之處練習此藝，盧祖師雷聲洪亮。白師當時給我們演練時，聲如暴雷，使在場之眾心身一驚，可稱之藝驚四座。聲如炸雷能使人癱坐於地上，可想而知其丹田發力的勁力有多大。

雞腿：白師一再強調練拳主要在於盤根，此拳下盤最為重要。腿法步法，在心意六合拳中有著獨特的盤練方法，有著不傳之密。盧祖師曾講過，教拳不教步，教步打師父。可想盤練下盤功夫的重要性。

心意六合拳的雞腿，白師教出來的弟子就是與眾不同，往下一坐，一看雞步就知道你的功夫怎樣，是否得到

真傳。屁股坐下的（坐胯）與曲膝下蹲（磕頭步），就是兩個完全不同的概念。這叫作「差之毫釐，謬以千里」。

白師教拳重視內外雙修，自始至終要求渾身上下從內到外，內至內五形，外至外五形，四梢、毛髮都須一動無不動，一驚而無不驚，真正做到三節明，四梢齊，如馬驚，如雷爆，練拳時始終貫之精氣神，體現出勇猛短毒、疾恨快利的心意六合拳核心特徵。

白師盤練功夫途徑：

第一層為練勢法，練動作的準確，是外三合，要求去僵為順。

第二層是練心法，以外三合帶動內三合，主要練內的驚勁，練內外齊動，要求四肢全身，四稍和內外五形齊動，一枝動而百枝搖。主練驚抖之勁。

第三層練養內功，主練內丹田之氣，以內催外，主練驚炸勁。靈勁上身天地翻，靈勁為驚天翻地的爆炸勁。

白恆祥先生晚年閒時也動筆寫寫東西，發表個人看法，記錄一些個人感悟。他將畢生學到的湯瓶七式拳的拳意精華，觸入到心意六合拳之研究之中，對心意拳的拳法和理論更加深入系統地進行研究。

晚年的白師，考慮到傳承，將心意拳的六合內功大法等，傳給了張寧衛等人。

【傳承譜系】

創始人：盧嵩高（1875—1961）盧式心意拳鼻祖

第一代：白恆祥（1934—2005 師父：盧嵩高）

第二代：

白春元	李傳蔽	劉方海	張寧衛	王　勇	張展浩
蔡伯澄	沈錦康	李繼偉	李貴寶	李忠林	曹福根
周正貴	崔勤偉	楊瞬耀	楊德才	祁福星	章泉樂
王小鵬	李文卿				

整理人介紹

張寧衛老師，號銀虎，係盧嵩高師祖關門弟子白恆祥先生入室弟子。1984年，拜師於白恆祥先生學習心意六合拳，幾十年如一日，勤學苦練，較為系統地繼承了白恆祥先生所傳的十大形等秘傳拳藝。

張展浩老師，1984年4月，經張兆元先生極力推薦，與合肥張寧衛等人於當年5月1日

張寧衛老師拳照

同時拜師，成為白恆祥先生入室弟子；三十多年來不斷琢磨與反思白恆祥先生與眾不同的拳藝，頗有心得。

王守賢老師支系

整理人：薛鴻生、薛鴻恩
關係：王守賢先生的外孫

王守賢老師

王守賢恩師（1900—1974），回族，河南開封市人，是上海心意六合拳創始人盧嵩高宗師在滬第一期最早的嫡傳入室弟子之一，是我們的恩師。他既和師爺盧嵩高是河南同鄉，又是回族門裏，兩人居住相隔僅百米之遙，守著師爺相依為伴數十年，得其真傳，功力驚人，深得師爺喜愛，在眾師兄弟中有口皆碑。恩師一生是練拳習武的一生，數十年如一日，持之以恆，從不間斷，得其真傳，一生淡泊名利，從不張揚。

1900年，恩師出生於河南開封東大寺（清真寺）旁一個貧窮的回族家庭，當時的開封——東京汴梁，是一個武林高手雲

王守賢

集的地方。幼小的他，就已深受武術氛圍的薰陶。他對我們說：無論是攀槓子，玩石鎖，練摔跤，還是習武弄棒，他樣樣愛好，但更是與武術結下了不解之緣，尤其擅長回教門裏的查拳、七勢、西涼掌，練就了一身的好武藝，是當時開封「東大寺」聞名的大學長。

他親口跟我們講：由於家境貧寒，只得憑藉印子錢（指借高利貸）老父親做燒雞，他十二三歲便上街提籃小賣。一次，軍閥馮玉祥部的兵痞拿了燒雞不給錢，他雖年小，但毫無懼色，在忍無可忍的情況下，就用學了的西涼掌幾下就將兵痞打翻在地連連求饒，他說可嚐到練拳的好處了。二十多歲時，他便隻身來到十里洋場的上海謀生，遇盧嵩高先生後，與馬義芳、李尊賢（李敬臣）、馬孝凱、馬學廣、穆清瀾、解興邦等作為第一期最早的入室弟子。這一期的師兄弟們基本都是河南回族人，原本自身功夫就了得。因為心意拳歷代只在河南回民中相傳，又稱教門拳，應該說第一期師爺只教回民孩子，而解興邦為了學拳，隱瞞了民族，事後師爺也認可了，從此師爺在上海打破了傳回不傳漢的傳統習慣。

恩師從開封接家，先安置在虹口公平路。「八一三」事變日本人從公平路碼頭打過來，恩師攜家眷逃難遷到普陀區的回民窩（現為常德路新會路口），距師爺家隔百公尺之遙。除了謀生幹活外，他與盧師爺可謂關係最為密切，相處時間最長，得到盧師爺的教誨和指點亦最多。師爺歸真後，師兄弟就他一人陪同師爺家人徒步送往大場公墓，回來後悲痛欲絕，他說：「老師說守賢啊，我這病好

了，還有些東西不能帶走，得留給你們。」誰知「口喚」來得這麼快啊。

恩師秉性剛正不阿，不畏強暴，他行俠仗義的軼事，家人永遠不能忘懷。早在抗戰時期，上海淪陷，日本人橫行霸道。一天，在日租界裏，一幫日本人想要弄中國人，恩師正巧路過，他們見恩師個子矮小，便圍了過來，其中一個日本跤手，抓住恩師翻到背上想摔「背包」，恩師並無還手，只在日本人背上一鬆，任憑他如何發威，就是摔不下來，這時恩師暗暗發功，往下一墜，將那日本人重重地壓趴在地。旁邊的日本人，伺機報復，擺開架勢，從四面撲了過來。未等後面那個日本人抱住身，恩師一個火燒身，接一個虎坐窩，便把他打得不會動彈。正面那個此時又要撲將過來，恩師一個矯健的蛇行步迎了上去，一記搓把，將其擊倒，然後側轉身，一個裏橫，旁邊的日本人也應聲被打出幾丈遠，圍觀的中國人無不拍手稱快。

還有一次，在英租界，恩師見到一位中國老漢被英國巡捕警棍打得頭破血流，卻還不罷休，眼看要出人命。他怒不可遏，一個箭步躥了上去，僅用一個搬把將那巡捕打到牆上撞昏過去，隨後背起老漢奪路而走。恩師不但疾惡如仇，還心地善良。當時，靠出大力掙得微薄收入，養活一家七口人，還要孝敬老師，已是相當拮据，但遇到鄰里窮苦人餓得接不上頓，他就是勒緊褲腰也要鼎力相濟。幾十年過去了，這些得助的人至今還念念不忘。

恩師一生勤奮刻苦練拳，對心意六合拳的執著和痴迷程度是常人難以想像的。他老人家常說：「老師傳下的心

意門是咱們教門的拳，是門好拳，我只要有口氣，能動彈，我就不能丟，就要練。」他一直教導我們：「練拳要有恆心，千萬不能三天打魚，兩天曬網，與其那樣不如不練。」他還說：「學拳要先學做人，練拳人不能貪男女之色，不能驕傲炫耀，貶低別人，更不能欺負人，咱們練拳是為了強身防身的。」在習拳練功上，恩師是想盡了辦法，家裏地方不大，卻擺滿了自製的練功器械，大到沙袋沙包、攉把用的白蠟桿、六合槍、六合刀、盤龍棍（兩截棍）、月牙大刀、缸、壇子，小到練握力的小木棍，應有盡有。用他的話講：「練咱們這個拳不拘形式，下場子可以練，走路可以練，在家裏站著、坐著、躺著，只要想練，隨時隨地都能練。」

我們記事的時候，看到恩師每天天還未亮，就先在家練搓把，後到室外練拳，然後上班。儘管恩師在鍋爐廠從事冷作工這樣繁重的體力勞動，但是下班晚飯後，恩師還堅持到場子裏去練拳。回家後，還要練鷹捉功、五行掌，起初用的一缸黃豆，最後練得都成粉末了，又換一缸鐵砂。睡覺前還要練蛤蟆功，用手指撐地，一口氣就是一二百下。年復一年，從不間斷。

20世紀60年代中期，老伴去世（回民稱為「無常」），恩師便以練拳來發洩悲痛懷念之情，日復一日，不慎勞累過度，導致中風。為了便於照料恩師，我們兄弟倆就搬到恩師家。40天後，恩師能下地了，就又一瘸一拐開始鍛鍊；同時，加上針灸推拿，三個月後奇蹟發生了，身體基本康復，白髮換黑顏，又和郭文治老前輩帶著我們活躍在

膠州花園（後靜安體育場）和靜安公園。他演練的狸貓上樹，30多公分粗的樹，一打就是百十下，樹幹直顫，樹葉紛落。李尊賢、馬孝凱、解興邦、于化龍、王樹根等諸位師兄弟，既是欽佩，又是心疼，紛紛相勸。

　　恩師雖然武功精湛，但極守門規，擇徒甚嚴，寧可不收，絕不濫收。除代師教徒外，新中國成立後，大多是師兄弟們的弟子登門求教。恩師授拳極為嚴格，他對最為得意的兩個嫡傳弟子即薛鴻生、薛鴻恩兄弟倆，傾注了大量的心血。他常說：「練拳架子不能走樣，差之毫釐，謬以千里。」一招一式不厭其煩，言傳身教，日復一日，不但撥架子，還詳盡地講解每個動作的要領、意境和用法。我們已練了七八年，老人家還不時給我們撥架子，可見盧式心意拳特別講究細節，為我們幾十年的習武生涯打下了堅實的基礎，使我們受益終身。

　　恩師雖然離開我們已經四十多年，但是他老人家對武術的執著追求、深厚的功夫、在場子中練拳的風采以及和

王守賢老師拳照

藹可親的音容笑貌，時時浮現在我們眼前，鼓勵我們堅持鍛鍊，永不懈怠，將中華民族的傳統武術文化傳承下去，發揚光大。

【傳承譜系】

創始人：盧嵩高（1875—1961）盧式心意拳鼻祖

第一代：王守賢（1900—1974）

第二代：薛鴻生（1949—）薛鴻恩（1954—）

第三代：

薛鴻恩老師門下弟子：

浦雪根　薛宇暉　阮根友　　陸曉明　佟　琦

王季璞　方　瑞（加拿大）　石　歡（美國）

吳　恆　任　義　劉廣清　　袁　杰　席文亮

王俊徽

第四代：

佟琦老師門下弟子：

梁紹寧　金咸康　徐　馳　周興凱　張　超　汪　昊

陸曉明老師門下弟子：

馬俊寅　方逸韜　鄭　華　陸雨曦　崔天碩

藝花如今

薛鴻恩老師

薛鴻恩，回族，河南南陽人，1954年9月出生於中國上海。

薛老師出身於武術世家，幼年喜好武術，七歲跟隨外

祖父、恩師王守賢（一代宗師盧嵩高最早嫡傳入室大弟子）苦練心意六合拳和查拳。在習練心意六合拳時曾得到李尊賢、孫少甫、馬孝凱、解興邦、李尊思、于化龍、王樹根、白恆祥等諸位師伯師叔悉心指點；在習練查拳時得到王菊蓉、李尊恭、李尊思、馬孝芳、方世英、朱洪寶等師叔的指點。後又向老前輩郭文治老先生學習七勢拳，直至1974年恩師謝世。後又拜李尊思為師，研習買金奎前輩的心意拳。與此同時，他還潛心研究太極，把太極的精華為己所用，豐富了心意六合拳的內涵。

他不但講究心意「六藝」中一招一式的拳勢要領，更注重靈性的修煉。特別難能可貴的是，五十多年來，他持之以恆，習武不斷，尊師重道，誠懇待人，勤思善悟，終得心意門之真髓。他不但拳術功夫好，還身懷多種絕技，特別是90公斤重兵器月牙重鑹，國內罕見，在廣西全國民運會上，他的「月牙重鑹」和「五馬分身」等項目技驚四座，獲得了一致公認的最高榮譽，媒體更是稱之為「回族神功」。

薛老師不但武功精湛，還善言傳身教，積極宣傳推廣心意六合拳。自1979年以來的三十多年，先後在上海武術館、徐匯網球場、普陀體育館、普陀公安分局、滬西工人俱樂部、滬西清真寺、回民小學、中環集團等場館，分別傳授心意六合拳、心意排打、太極拳、查拳、散打、擒拿格鬥等拳術，還曾擔任上海市首屆武術散打和上海市第一次工人武術散打比賽的教練及裁判。

在國內表演和比賽中，尤其1982年在上海舉行「全

國民運會」上海組團選拔賽時，薛鴻恩以原創「心意十形合一」的傑出表演得到一致高度評價，入選上海市代表團（當時入選運動員僅五名），並在全國民運會中得到表演級別最高的獎項。後又相繼參加在廣西、雲南、西藏、北京、寧夏等地先後舉辦的全國少數民族運動會上多次獲得金、銀、銅獎。

　　特別是1991年榮獲全國硬氣功一等獎；1992年榮獲上海國際武術博覽會一等獎；在上海市傳統武術比賽和市工人武術比賽中榮獲內家拳（傳統武術內家拳類別包括心意、形意、八卦等拳種）第一名和特別優秀獎；以及在上海武術節大世界武術擂台賽上榮獲特別優秀獎；2000年再次榮獲國家部分省市武術競技擂台賽金獎。

　　1992年8月，作為中國氣功超人團赴日本領銜主演了

薛鴻恩老師拳照

武功；拍攝的武術影片在美國、加拿大和東南亞各國及台灣、香港、澳門等地播出，滿譽而歸。其精湛的武功使人大為讚歎，在國內外武術界頗有影響。

1999年經上海市體委、上海市民委一致推薦，作為上海武術名人由日本朝日電視台跟踪採訪報導。薛先生深厚的武術功夫及謙和的待人態度，給攝製組留下了深刻的印象，為此，朝日電視台還專門寫了「感謝狀」以表謝意。

2003年，又被阿聯酋盛邀代表中國大世界武術競技團出訪，其精彩表演受到阿聯酋皇室和海外人士高度讚譽。

2006年，在江蘇鎮江國際內家拳武術大賽中，又獲傳統拳術類（心意六合拳）、器械類（心意兩節棍）兩塊金牌。作為少數民族武術高手被編入《回族武術在上海》《上海民族志》和《中國名人大全》等。

凌漢興老師支系

整理人：高培華

關係：凌漢興老師親傳弟子

凌漢興老師

凌漢興老師是上海市川沙人，生於武術世家，祖上幾代都習練南拳。自幼隨父學文習武，遍訪名師，青年時代以經商為業。20世紀40年代初，偶然機緣拜識了名震滬上的心意六合拳開山宗師盧嵩高前輩，當年在震旦大學的一場武林聚會，盧嵩高前輩精湛的武術表演，一代名師的風範，使年輕好學的凌師折服，當下進入後場，拜在了盧嵩高前輩的門下。

凌漢興老師是讀書人出生，天資聰慧，勤奮好學，遇惑求解不隔時日，稍有所悟不敢忽忘，習研苦練，長年不怠，加以事師至誠得盧師真傳，武學技藝與身俱進。盧老師生前曾言：「你有文化底子，悟性過人，將來心意六合拳的著書立說，傳承發揚，非你莫屬。」凌漢興老師練武鍥而不捨，堅持不懈幾十年如一日。

凌漢興老師早年代師授徒。盧師逝世後，凌漢興老師20世紀60年代在原工作單位教過幾個對武術愛好的門人，在「文革」期間受到過衝擊，由於這個原因。怕引起是非，凌師授藝謹慎，很注重人的品德。凌師嚴於律己，

品行端正，低調處世，同道無門戶偏見，對別門之長兼收並蓄，師門之事不說長短。

門下弟子從入門伊始，須受十五字訓，這頭三字就是「武為德」，練武之人止戈為武，學武必須品行端正。凌師所著書譜卷首就開宗明義：「拳藝運動可以健身益智，防病自衛，奮發精神，鍛鍊意志，檢驗品德。」於中足見先生的品德存自心中，及對門人和社會的責任感。「文革」十年內亂，良莠不齊，先生不設固定練場，遊教滬上，眾多慕名投師和想拜識凌師的同道，只聞其名，不見其影，一時成了神秘傳奇人物。

凌漢興老師練武鍥而不捨，持之以恆，不論嚴寒暑

1947年冬拍攝於上海復興公園，前排左起第二人為盧嵩高老師，第三人為凌漢興先生。後排左起第三人為孫少甫先生，第四人為王蘭田先生。

熱，刮風下雨，數十年如一日，從不間斷。曾記得20世紀70年代的一場特大風訊，颱風刮了一夜，次日清晨，所見之處，大樹、電桿連根拔起，橫七豎八地躺滿街，颱風的餘勢仍在作態，而年近花甲的凌師卻依然到場鍛鍊，就像他常說的「練拳就是奮發精神，鍛鍊意志」，身體力行就是凌師的精神境界。

在教學授徒上不弄玄虛，演教中示以盤勢，明以拳理，動作盤式追求精密，要求在最普通的基本盤架上下苦功，精規格定勁力。

凌師常說：心意拳每式以單盤為主，盤出勁力，其法至簡，其理至深，易學難精，必詳明其理，數萬遍盤練，勁力才能定格。高深的功夫就是從最普通的盤式中，從規格中提煉出來，功到勁自出，分而盤之，合而化之。隨師學藝數十年才漸漸參悟此理，其言不謬。

20世紀80年代初期（1981年），應徐匯區武協徐道明主任之邀，凌漢興老師在徐匯區武協對社會開班設教，成百上千的學員來場拜師學藝，盛況空前，三年間培養出很多的弟子。同時期在徐匯區武協開班的還有海燈法師（少林功夫）、馬金標大弟子祝庭耀（醉拳）、王壯飛（八卦掌）、裴錫榮（形意拳）等老師。

為弘揚傳統文化和習武健身的理念，為廣大心意六合拳這一海派文化的傳承，凌師著書立說，悉心授徒，幾十年來門下弟子遍布滬上各處。2006年7月15日，數百弟子與武林同道齊聚南翔古猗園，共祝凌師九秩大壽，滬上幾大媒體同時採訪報導了這一盛事，千萬市民目睹了一代

大師的神采。

繼凌漢興老師後，第二代嫡傳肖力行老師（凌師之子）扛起了門第的大旗，全盤負責本門的事務及教務工作，傳授武術十幾年，培養出了很多的優秀弟子。

第二代資深門人吳新猛老師，是跟隨凌師幾十年登堂入室的優秀弟子。現在寶山砲台濕地公園執教，負責傳授心意六合拳與心意六合八法拳。

凌漢興老師照片資料

第二代資深門人柳家明老師，是跟隨凌師幾十年登堂入室的優秀弟子。作為精武會在人民公園設立的培訓基地，負責傳授心意六合拳與心意六合八法拳。

第二代資深門人金曉慶老師，也是跟隨凌師幾十年登

堂入室的優秀弟子。現在中山公園執教，負責傳授心意六
合拳與心意六合八法拳。

【傳承譜系】

創始人：盧嵩高（1875—1961），盧式心意拳鼻祖

第一代：凌漢興

第二代：

肖力行	趙來興	李富強	陳進泉	喻儒林
王泰東	盧懷仁	左宏權	高培華	呂毅龍
吳新猛	朱全弟	李 怡	顧海林	馬祥發
王 濤	柳家明	金曉慶	俞學仁	吾 永
郭梅生	郭偉杰	李 杰	陳竹君	周現龍
董建良	蔡頌德	王瑞同	張敏杰	蔡月明
嚴月明	儲春發	儲禮貴	朱俊杰	王順昌
楊 光	蔣忠良	陳德楷	黃玉雯	夏雄剛
吳富貴	王瑞生	單 良	朱宏濱	朱榮庚
盧孝基	丁運耕	洪 軍	鄭永慶	倪振麟
喻 嘉	蔡欣欣	王子揚	呂 敏	黃伊瑩
王國燕	周嘉怡	廖德龍	徐駕君	李 莉

藝花如今

高培華老師

20世紀70年代初（1971年），經人介紹拜入凌漢興
老師門下，學習心意六合拳和心意六合八法拳，至今長達
47年歷史，是凌漢興老師門第中資深的門人之一。

趙文章、趙文亭老師支系

整理人：賈大勇　傅志平

關係：二位老師的親傳弟子及再傳弟子

趙文章老師

趙文章老師，天津人氏，來滬謀生住打浦橋肇嘉濱路一條弄堂裏，育有一女。平生喜好練武，習有形意拳，後與胞弟趙文亭師從盧嵩高學習心意六合拳。

趙文章老師為人謙和，平易近人，無他喜好，唯酷愛武術，結交朋友也是練武之人，每天早晚勤練孜孜不輟，從不間斷，得閒時常去解興邦等師兄處學習交流，每有所得非常高興，隨即會轉授給後輩學生。趙文章老師練拳很

趙文章

認真，儘管年紀已大，每個動作，一招一式都一定要練到位。故而他的拳風勁力內斂，步伐沉穩，伸展自如，非常有章法。趙文章老師待人很隨和，對我們後輩很親切。我們隨趙文章老師子女稱呼趙文章老師「大伯」。大伯教拳很認真也很嚴格，手腳擺放、運行位置必須正確，不容偏差，平時常以盧師爺說過的話來教導督促我們勤奮練拳。

至今還記得很清楚的話是：「功夫是練出來的，不想練的時候要堅持練，想練的時候就多練練，這樣功夫就練出來了。」「練拳的時候架子要低，上身要直，腰胯要鬆，後腳不能欠，就像坐個小板凳一樣。」大伯還把他在工作時不管坐著還是站著都能練功的方法講給我們聽，激勵我們刻苦練拳不要鬆懈。

五十年過去了，大伯離開我們也有三十多年，大伯慈祥和藹的音容笑貌猶在眼前不能忘懷，他的無私教導使我得益終身。

趙文亭老師

趙文亭老師是天津人，由其兄趙文章老師從老家帶到上海謀生，供職於上海東亞刀具廠保衛科。趙文章老師是上海盧式心意六合拳（又稱十大形）的開山祖師盧嵩高祖師爺晚年的學生，趙文亭老師也因此得以拜在盧祖師爺的門下學拳，並成為盧祖師爺晚年所收的入室弟子。

趙文亭老師尊師敬心，自從投於盧祖師門下，其家中一直供奉著祖師爺的相片，幾十年如一日地香火不斷，以全人子之禮。而對於盧祖師爺所傳的功夫，趙文亭老師更是每日勤練不輟，不敢有絲毫懈怠。據當時跟其學拳的弟

錢中強（左）、趙文亭（中）、賈大勇（右）

子所述，趙文亭老師夏日練拳，一個鷹捉打出去時額頭上
的汗珠飛濺，能將腳下的沙土地砸出坑來。趙文亭老師行
拳出手剛健，勁意鬆透，功力深厚，以單把擊樹能將樹皮
擊到爆裂；胳膊伸出來肩窩裏能塞下兩根手指；以刮地風
起腳能將公園裏的石凳踢成兩截；練到晚年手臂上的皮膚
能長長地一把拉起，幾乎到了「馬竄皮」的境界。趙文亭
老師晚年退休後曾遊歷安徽、河南、河北、天津等地，與
當地拳師交流切磋，以印證自己所學，歷時數月終得以了
卻平生所願。趙文亭老師除拳腳功夫外還精通點穴和中醫
的骨傷治療及針灸技術。武醫皆通，儼然大家風範。

　　當年跟隨趙文亭老師學拳的同事親友不少，長年堅持
終有所成者有謝勇（上鋼三廠副廠長）、朱洪慶（趙老師
妻弟，無錫醬類食品廠書記）、王洪文、賈大勇等人。趙
文亭老師的弟子們跟隨師父勤學苦練多年，各有所長。謝

勇老師最早跟趙文亭老師學拳，功力頗深，用大裹一式可
以將比杯口粗的樹幹擊斷。賈大勇老師跟趙文亭老師學拳
的時間最長，前後達二十多年。賈老師還先後得到過盧祖
師爺的多位入室弟子如李尊賢、孫少甫等大師的傳授和指
點，並與趙文亭老師的兄長趙文章老師相交頗深（賈老師
對其以大伯相稱）。賈老師精通拳理且拳架工整，因其經
歷過盧祖師爺多位弟子的悉心傳授，對盧式心意六合拳一
門的功夫有著深刻而獨到的見解。

　　朱洪慶老師早年在上海工作時跟盧振鐸老師練燕青
拳，後投在趙文亭老師門下學盧式心意六合拳。朱老師
1962年下放，後在無錫工作，曾在江蘇省武術比賽中奪
冠。20世紀80年代全國功夫熱，不少武林同好慕名而來
找朱洪慶老師交流較技，朱老師每每以盧式心意拳的功夫
應之，未嘗敗績。朱老師除武技外也繼承了趙文亭老師的
醫術，經常為鄰裏療傷祛痛，在當地群眾中口碑極佳。如
今上海的盧式心意六合拳在朱洪慶老師的多年努力下已在
無錫甘露和蘇州北橋一帶得到傳承，其弟子有：許鵬程、
華仁龍、陸金林、傅志平（朱洪慶老師妻弟）、華錫明、
毛佳平、繆洪偉、吳日寬（河南）等人。

武藝特色

　　趙文亭老師所傳的盧式心意六合拳共有四十餘式，由
雞形、熊形、蛇形、虎形、鷂形、燕形、龍形（分大小龍
形）、馬形、猴形、貓形以及每個形所附數個手法和烏牛
擺頭、大裹、泰山壓頂、丹鳳朝陽等散式組成，拳架緊

趙文亭老師拳照

趙文亭老師課徒

湊，風格鮮明。比如趙文亭老師傳的鷹捉以螺絲拳為引手
明顯別於他家；再比如趙文亭老師教拳要求出手高度齊
眉，以求實戰效果，即使是丹鳳朝陽這樣的招式也一樣出
手以眉毛高度為限。四把捶為心意六合拳的核心功夫之
一，各家均有自己的練法和心得。趙文亭老師傳下來的四
把捶套路招式相對豐富，極具特點。除言傳身教外，趙文
亭老師還傳有一份盧式心意六合拳的總譜手抄本和一份點
穴譜，以便後學弟子們在習練過程中能夠參照修習。

　　自古光陰造化弄人，從盧祖師爺駕鶴西去後，其第二
代弟子們也相繼作古。但所幸的是大師們用一生的精力修
習的功夫卻未成絕響。盧式心意六合拳的後繼弟子們正在
沿著本門先賢們用心血照亮的道路上一路前行，將祖宗傳
下來的寶貴財富竭力繼承，發揚光大，薪火相傳。

【傳承譜系】

創始人：盧嵩高（1875—1961）盧式心意拳鼻祖

第一代：趙文章趙文亭

第二代：

　趙文章老師門下弟子：

　　賈大勇　錢中強　陳曉鐘　欽　志（音）

　趙文亭老師門下弟子：

　　謝　勇　朱洪慶　王洪文　賈大勇等人

第三代：

　朱洪慶老師門下弟子：

　　許鵬程　華仁龍　陸金林　傅志平

　　華錫明　毛佳平　繆洪偉　吳日寬（河南）等

整理人介紹

賈大勇老師：

1966年師從趙文亭、趙文章老師學習心意六合拳。當時「文革」動亂始起，復興公園成為少數幾個沒有多少政治喧嘩、殘酷階級鬥爭的安靜之處。

趙文亭老師在亞洲刀廠工作，早上上班前和下班後都會在公園假山後一條幽靜泥地小道上教我們練拳。趙文章老師在淮海路陝西路上一家皮草加工店工作，每天下班指導我們練拳，一直到天黑才回家。星期天兩個老師上下午都會來公園練拳。我們不上學也不參加造反運動，練拳成了每天的主要活動。

劉寶慶老師支系

整理人：徐德金

關係：劉寶慶老師親傳弟子

劉寶慶老師

劉寶慶，又稱劉備慶，江蘇宿遷人，原住普陀區藥水弄永慶里清真寺對面，係盧式心意拳宗師盧嵩高老師的徒弟。年輕時投盧師學藝，練習心意拳數十年不斷，人稱「小侉子」，這是因為劉師個子較瘦小，拳路走輕靈快捷之勢，尤其是劉師的「龍形調步」，更是出神入化。

【傳承譜系】

創始人：盧嵩高（1875—1961）盧式心意拳鼻祖

第一代：劉寶慶

第二代：徐德金

第三代：

徐學麟	毛金星	劉大椿	李德前	瞿建剛
吳金強	崔藝杰	孫智靈	高傳富	柴文御
楊鞏飛	耿君榮	陳百強	劉民榮	邱 華
陳滿意	羅鑫海	徐善祥	黃曉東	楊永林
許仁根	沈正明	周小強	劉夢囡	劉 駸
陸意兒	孫軍光	梁慶輝	徐曉峰	芮家明

涂逆峰	畢湖冰	李蘭花	朱安祥	張永平
張志權	趙　峰	朱文歡	談亦衛	吳義太
張　帆	韓瑜弘	劉　偉	程　聰	錢　孟
劉大瑜	劉上溫	許志興	錢霞東	陳海群
陳紀文	邱　松	吳劍霞	朱春明	張榮虎
李香賢	馮飛飛	陳素挺	張鑑之	朱潤一
黃建士	劉　晶	方愛華	陳東坤	張偉東
何雪繪	黃達藍	林　峰	張廷全	趙志雲
孫信宏	劉忠奇	徐子恆	鍾浩榮	項順成
周月忠	何優奈	黃潮星	劉善柱	楊學勇
蔡豐柱	嚴慧波	郭麗麗	陳　曉	袁文濤
劉佳偉	王占友	劉　剛		

藝花如今

徐德金老師

1949年2月1日出生。1969年拜劉寶慶大師為師，得到劉師的悉心指教，練習心意拳至今已有48年之久，為弘揚和傳承這一古老的拳種，截至2016年已正式收徒89人。

近十年來，徐德金老師率眾弟子多次參加全國心意拳大型比賽，取得了很好的成績，其門下弟子在全國大賽中得過金牌者不下數十人。

弟子來自全國各地，有教無類，尤其是自編「心意五行陰陽把」的集體拳，先後在全國心意拳大賽中五次獲得集體一等獎，其拳式氣勢磅礡，擲地有聲。

徐德全老師照片資料

羅時望、羅時茂老師支系

整理人：羅祥輝、李曦初

關係：羅時茂老師兒子、羅時茂老師再傳弟子

羅時望、羅時茂老師

江西心意六合拳，是由江西豐城市津頭橋的羅時望、羅時茂倆兄弟在20世紀60年代初傳授、70年代初始廣泛傳播而形成。

羅時望先生從小就在江西豐城老家，拜滿清末年臨江府知府的保鏢張大師練習江西地方南拳。藝成之後，在20世紀40年代初，因其師張大師與盧嵩高先生有兄弟之情，故將羅時望先生推薦到上海，投拜上海的心意六合拳一代宗師河南周口人盧嵩高先生為師學藝。

羅時茂

羅時茂先生則是在20世紀50年代初，由其兄羅時望先生帶領到上海參加工作。1951年，羅時茂先生拜佟忠義大師練習六合拳。1953年秋，羅時茂由其兄羅時望先生引領，投拜在心意六合拳大師盧嵩高門下，專心研習心意六合拳。在20世紀60年代初，由於國家困難，盧嵩高先生亦仙逝，羅時望、羅時茂倆兄弟同時響應組織的號召，由上海下放，回到江西豐城市津頭橋老家務農。從此，江西開始有了心意六合拳。

20世紀60年代中期，羅時望、羅時茂倆兄弟由組織調動重回上海工作，不久又被組織派往四川德陽東方電機廠支援國家的大三線建設。因此，四川也開始有了心意六合拳的傳承。

「文革」期間，羅時望、羅時茂倆兄弟先後都回到江西。羅時望先生於20世紀60年代末回到江西豐城市津頭橋老家後，沒有再回四川德陽，就一直在家行醫，幫鄉里鄉親推拿接骨、看傷治病，生活到老。

羅時茂先生在20世紀70年代初則由組織調回到江西南昌工作。此後，羅時茂先生就把南昌作為發展基地，廣泛傳播心意六合拳，並輻射到各地市，在20世紀80年代愛好者就發展到了好幾百人。

羅時茂的學藝經歷

羅時茂（1936—2009），江西省豐城市劍南鎮津頭橋程羅徐自然村人，中共黨員。自幼習練崆峒派字門拳及羅氏家傳傷科秘技；1950年師從佟忠義大師習練滄州大六合拳；1953年由兄長羅時望引薦，拜在盧嵩高大師門

下，與盧師朝夕相
處，潛心刻苦習練
心意六合拳九年。
由於品行淳厚，尊
師重道，悟性極
高，深得盧師厚
愛，故得窺心意六
合拳秘奧，為盧師
晚年拳藝真傳弟子
之一。

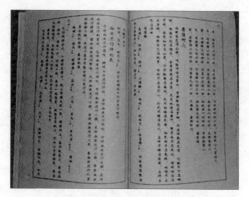

《羅時茂家傳秘方選》

　　盧師晚年常攜焦煥榮和羅時茂等弟子相隨，對外交流，多次殷囑其學成之後，當不負師恩，勉力擇人傳播拳藝，為師父及心意六合拳揚名。

　　藝成之後，羅時茂拜別恩師，於1962年下放回調到老家江西省豐城市。從此終身盤練心意六合拳不輟，並謹記師訓，擇人傳播拳藝，一生累計收授徒四百餘人，遍及四川、南昌、撫州、分宜、新幹、新余等地。

　　1963年，首開山門，收得江西新幹縣的朱拾根為開門大弟子；1965年，因工作所需調到四川德陽（古稱綿竹）市，教授了江本模、張世杰等一批心意六合拳弟子；1971年調回江西南昌市，先後又傳授了一大批弟子，主要有南昌的羅祥輝、李江明、胡水保、杜國林、周興隆、廖永順、裘建華、章華仁、錢曉勇、胡曉輝、王保國、萬建國、熊應華、劉坤根、胡慶宏、胡韶華、黃兆華、萬國紅、萬保林等，江西撫州的李和慶、吳正剛等，江西分宜

的鐘勤伢、鐘黎伢等；江西新余的黃志兵等；江西豐城的羅明輝等。現在這些弟子當中有的人已開門授徒，正在贛都大地將心意六合拳代代傳承下去。

羅時茂的人文軼事

羅時茂大師畢生修習心意六合拳，拳藝謹嚴，內功深湛。其拳架工整，上下裹束一體，行拳低沉，步法輕而敏捷，六藝及踩、撲、裹、束、決盡含其中，保留了心意六合拳古樸的風貌。其身柔如棉，九節皆鬆，尤其是兩膀極鬆，可自行將兩肩關節脫臼，後又自行復位，這樣便可於無形中突具爆發之勁，勢若迅雷，將人發於丈外。

1963 年在豐城期間，當地有三位著名拳師在旁偷窺其練拳並譏笑心意六合拳不能實用，為維護師門尊嚴，其同時與三位拳師較技，用過步濺躍加單把將其一位拳師打出丈外有餘，繼而用左右虎擺尾將另外兩位拳師打翻在地，對手心悅誠服。1968 年在四川德陽與形意拳名家、李宗仁保鏢范老師切磋武技，互相欽佩，結為摯友。

羅時茂大師還明岐黃之道，精推拿接斗之術，行履所至，周邊百姓跌打損傷多尋其救治，治癒了許多手腳脫臼、肋骨斷傷、不孕不育、內傷、小手（江湖俗稱「五百錢」）傷人等。

1985 年在去桂林的火車上，一位老人中暑，生命已危在旦夕，適逢羅時茂先生在此車，為其所救脫離險境；門內弟子方氏不育，為其治癒，後生三個孩子；在南昌的江英船泊大隊，廖桂堂被人下過「五百錢」後由人用竹床抬來，群醫對此疑難束手無策，經羅師救治後立起，由家

人扶著回家。

羅時茂大師品行高潔，不以醫術謀利，從不收取半分錢財，患者康復後頗受感動而多提酒、煙來謝而已。

1989年4月27日，由羅時茂大師率眾弟子成立了全國首個省級心意六合拳研究協會——江西心意六合拳研究協會，並親任首屆協會主席，為心意六合拳在江西的傳承提供一個良好平台。

盧式心意六合拳江西支系軼事三則

1. 羊子巷羅時茂神功退羅漢

南昌市的地痞流氓在本地的叫法是「羅漢」，相當於天津的混混、上海的青幫，20世紀80年代嚴打以前常打架鬥毆，橫行街市，擾亂社會治安。

羊子巷是南昌一條明清時代延續下來的老巷，處在古代南昌城進賢門、順化門相交的中線，往西是撫河邊的惠民門、廣潤門一代的棚戶區，正當交通要道，三教九流頗為複雜。

有一次，羅時茂去外面喝酒坐車回來，車行羊子巷，剛一下車即碰到兩伙羅漢手持凶器打群架鬧事。可能由於天色已晚，一夥人誤認為羅時茂是對方的同夥，不由分說，一條鐵棍忽然兜頭打來，羅時茂長年練習心意拳已練出了極為機敏的靈勁，說時遲、那時快，只見身子聞風一閃，一個龍折身，已躲開了黑沉沉的鐵棍，進身就到羅漢跟前，一個刮地風，揚手將其擊於一丈開外，羅漢們見此人如此神勇，知道遇到了高人，立即作鳥獸散，呼啦一下星散逃空。

2. 李和慶為乘客保駕護航

李和慶是羅時茂大師早期弟子之一，其身量瘦削精幹，動作極為敏捷，尤喜心意六合拳的「收勢」這一技法，在鷹捉、虎撲上悟到了深奧的東西，用到交手中，每每得機得勢，其在江西撫州武術界打出名氣，憑的絕招就是心意六合拳的收勢這一技法。

20世紀80年代中末期，撫州到南昌的公路上每有車匪、路霸搶奪錢財，阻礙交通，公交公司每受其苦，打擊卻不得法。聞李和慶精於拳法，乃禮聘其專門押車，為乘客保駕護航。李和慶欣然接受，無事時就混身在乘客中，有時遇到車匪、路霸就動手和他們打鬥，車匪哪是他對手，每每被打跑，打得多了，這條路上就慢慢清靜多了。

3. 江本模侍師極誠

全國心意門的人大都知道舊上海的解興邦對恩師盧嵩高生活上關心備至，侍奉極誠，由此感化盧嵩高拋開回、

羅時茂老師拳照

漢之見，將心意六合拳廣泛傳播。而羅時茂四川德陽的弟子江本模對待師父幾乎可以與解興邦相比。

江本模是大戶人家的子女，其父為一方名醫，與在四川德陽工作的羅時茂相交甚好。其父生其時年已老大，對江本模珍愛備至，遂將其送到羅時茂處學拳。後來羅時茂在德陽當地治好了一個被人下過「五百錢」的大幹部，其人感恩，動用關係將羅時茂調回故土，在南昌電廠工作。江本模感念師恩，每逢春節必坐火車到江西豐城看望師父。20世紀七八十年代的交通極為不便，從四川德陽到江西豐城，舊式火車在路上要顛簸三四天，其間還要轉幾趟車，下了火車還要走好長的一段路才到羅時茂豐城鄉下的家裏。過年時期，正是天寒地凍、結冰下雪的天氣，可見路途艱辛。

江西心意門現任掌門羅祥輝正是羅時茂次子，他記得很清楚，小時每到大年三十晚上快吃完年夜飯時，便響起了敲門聲，有人在門外用四川口音叫門：「師父！師父！」這就是江本模到了。羅時茂大師晚年患病仙逝前，江本模從四川來豐城盡心侍奉了師父幾個月。

【傳承譜系】

創始人：盧嵩高（1875—1961）盧式心意拳鼻祖

第一代：羅時望　羅時茂

第二代：

羅時茂老師門下弟子：

朱拾根　江本模　張世杰　羅東輝　蔡泉水　李江南

李江明	許倍奮	肖存章	熊光榮	李和慶	胡水保
方綠水	束杜安	杜國林	吳正剛	夏多根	李立新
付火生	張長根	唐毓堅	伍國亮	廖永順	丁建明
杜偉國	裘建華	章華仁	周興隆	鐘勤伢	鐘黎伢
聶善崽	鄧安中	周　琦	汪　洋	王　剛	貢建平
黃　洪	梅曉輝	羅變如	左根保	雷良富	鄭　勇
曹金生	徐水根	羅良輝	羅陽輝	胡曉輝	羅祥輝
黃志兵	錢曉勇	肖俊林	曾衛國	羅　群	羅生根
王保國	龔潤根	劉火金	熊三泉	熊自源	張小安
萬建國	陳國容	王　鴻	萬向忠	韓平伢	熊應華
林根伢	郭小牛	余新明	林正苟	鄧金石	鐘傳生
王愛國	孫雪文	徐　志	鍾秋苟	劉　明	劉坤根
晏順根	晏傳伢	萬長杏	鐘挑生	謝志民	胡慶宏
杜國華	杜啟順	杜萬林	袁國輝	熊愛華	熊應華
鄒　旭	謝增芳	月庭鑫	楊新民	王　忠	胡韶華
胡海林	萬建林	萬明華	萬國紅	袁平華	黃新華
徐六根	鄧軍平	敖旭昇	陳新民	吳信紅	黃兆華
萬保林	朱國華	林九伢	陳細根	陳火根	陳小青
陳水根	徐志丹	吳　天	史新華	詹　明	董順民
李繼軍	羅明輝	萬　智	許詠平		

第三代：

朱拾根老師門下弟子：

袁金根	程金華	龔國林	劉春根	李國林	曾小凡
朱建方	楊　瓊	李曉珠	陳國強	劉勝華	黃曉嶺
皮志敏	陳小飛	劉　明	黃志濤	鄒午軍	黃永剛

李紅平

李和慶老師門下弟子：

唐洪兵　李玉清　曾　斌　雷建鋒　胡明良　饒振江
許京華　王　貴　黃玉保　黃小平　徐勝輝　賀應林
蔡敏玲　邱　賓　肖小月　林子俊　黃劍芳　陳　人
劉　豐　肖冬發　黃志建　石鵬達　周秀成　何　鵬
謝春山　支建華　程華文　余衛兵　陳孝和　尹健康
曾文超　王振宏　楊　波　陳嘉偉　諶林彬

裘建華老師門下弟子：

胡長印　聶保國　梅國清　陶小龍　徐支員　徐小平
徐國平　謝　偉　朱　敏　郭少卿　廖志剛　郭志峰

廖永順老師門下弟子：

傅冬生　傅滿生　孔細根　劉潤根　簡友根　胡愛兵
熊雲輝　陳福鵬　萬發明　余俊波　應宗強　廖　凱
章憲邦　陳　剛　周義軍　鄧如懿　徐志郅　胡順文
桂小強　李貫成　付簽水　梁耀科　姜力強　劉　強
湯希紅

董順民老師門下弟子：

陳軍峰　孫　輝　韋　超　徐進進　錢志鵬　張　杰
王明輝　喬　飛　李雪卉　王　浩　董　偉　徐占友
何　偉　韓　輝　董　浩　于天援　徐雲龍　陸　毅
代　飛　陸志蒙　王春雨　馮希光　曹廣君　房　震
朱　輝　李艷南　王　雨　李小龍　蘇勝磊　王　峰
張　鑫　甄　歡　姜　偉　胡學春　宋業兵　侯廣才
羅　斌　葛　鵬

萬建國老師門下弟子：

熊　建　王翔東　肖清雷　黃小群　程文龍　熊國林
萬清華　萬志文

杜國林老師門下弟子：

李行華　蔡先華　朱文根　李林仔　朱三根　伍發生
朱潤根　曾青兒　朱賤根　曾新夫　朱水根　曾龍根
朱火仔　朱金根　王躍建　任慶永　杜敏菲　胡成俊

錢曉勇老師門下弟子：

周起烈　熊振輝　錢小明　錢滿清　錢　皓　張小鵬
唐　勇　章啟球　李保國　周家榮　譚家榮　萬國勝
譚三牛　錢勝利　李小斌　許峰峰　魏俊雄　蔡　軍
左華寬　李梁成　熊海春　徐　銘　江浪清　陳忠輝
陳旭明　梁金龍　華志誠

鐘勤伢老師門下弟子：

李權雅　林小兵　林輝萍　林曉泉　林禾生　黃小華
鍾武傳　朱凱龍　林愛兵　林小寅　俞恩明　郭豐賢

熊應華老師門下弟子：

龔家智　高招波　黃承章　高小明　楊　春　林丁龍
梅　冬

唐毓堃老師門下弟子：

盧曉權　陳樹根　李小虎　李曦初　張　平　黃炳林

羅祥輝老師門下弟子：

鍾瓊林　胡建平

鐘黎伢老師門下弟子：

黃志剛　林小玉

第四代：

唐洪兵老師門下弟子：

  萬強輝　徐建華　盧明鋒

鍾武傳老師門下弟子：

  鄒　院　涂武洋　鐘昕謹　黃　格

李曦初老師門下弟子：

  李治一　涂傳胜　李海斌　楊獻龍　蘇林龍　徐賽水

  張鶯波　劉佳華　湯建明　余曉金　王文青　程贊雨

  章如威　湯偉文

藝花如今

唐毓堃老師

第二代著名心意六合拳名家唐毓堃（師父羅時望、羅時茂），江西豐城人，1952年1月出生。

20世紀80年代初，羅時茂先生之高足唐毓堃先生為了心意六合拳的科學發展，積極倡導成立江西心意六合拳研究協會，旨在對心意六合拳進行科學分析和研究。經過唐毓堃先生多年不懈的努力，終於在1989年5月1日成立了江西心意六合拳研究協會。首屆主席是羅時茂先生，唐毓堃先生為副主席兼秘書長。同年，唐毓堃先生被江西武術館聘任為江西武術學校總教練。唐先生在江西武術學校任總教練期間，積極傳播心意六合拳，帶出了一班心意六合拳弟子。

1990年，唐毓堃先生代表江西參加了國家體委《體

育文史》雜誌、《中國體育》雜誌、《精武》雜誌、《武當》雜誌、北京體育學院出版社、甘肅省體育科研所等六個單位在敦煌聯合召開的中國武術與傳統文化學術討論會，唐先生的武術理論得到了大會的高度評價。1993年唐先生又代表江西參加了麥積山首屆武術論文研討會，並及時提交了論文，唐先生的《釋論〈心意六合拳譜論〉》一文獲得了本屆優秀論文獎。

20世紀90年代初期始，唐先生在《武魂》《武林》等雜誌和其他國家出版上物連續發表了有關心意六合拳的科學論文和有關文章，在全國首開了宣傳心意六合拳科學性的先河。

唐先生從20世紀80年代至今，組織帶領江西心意六合拳代表隊，參加了全國各省、市組織的世界性、全國性的各種武術比賽與活動，均取得了優秀的成績，為心意六合拳的傳播與發展做出了積極的貢獻。

唐毓堃老師拳照

　　江西心意六合拳研究協會的心意六合拳門人，不僅對這門中國最古老的內家拳進行認真的科學性研究，還對中國傳統的武術傷科做科學性的研究，他們始終堅持走武醫結合的發展道路，旨在為人們解除在生活和工作中有意或無意產生的一些傷病。江西心意六合拳研究協會的多數心意六合拳門人，均掌握了中國傳統武術傷科的推拿、接斗、看傷治病的知識，並對人體氣血有較深的研究，其中不乏精通者。他們在日常工作和生活中救死扶傷，治傷療病，均不計報酬，為社會廣大人民群眾的健康做出了積極有益的貢獻。

羅祥輝老師

　　羅祥輝，生於1968年。自幼跟大伯羅時望學習祖傳崆峒派字門拳，八歲隨父親羅時茂學習心意六合拳。1981年，全家隨父親在南昌定居，此後一直跟隨在父親身邊，耳提面命，深得父親的言傳身教。經過父親多年的嚴厲教導及悉心栽培，加上自身勤學苦練，所獲尤多，深得拳藝精髓，對心意六合拳拳譜有準確而深刻的理解，行拳架勢工整，內勁充足，發力明晰，體現了心意六合拳的技擊風格，年方二十便已得父親的真傳，完全

羅祥輝老師拳照

繼承了父親羅時茂大師的衣缽,是江西心意門內唯一的嫡傳弟子。

2001年,在父親和眾師兄弟的推薦下當選為「江西心意六合拳研究協會」會長,由於當年工作繁忙,協會工作暫由眾師兄弟們代為操持; 2015年8月,再次當選為「江西心意六合拳研究會」會長,並同時出任江西心意六合拳掌門;1995年就被聘為國家武術六段。

朱拾根老師

朱拾根,1951年10月出生於江西新幹縣神政橋鄉湖田村,自幼跟隨父親習練家傳武學及中醫。1962年7月,朱拾根父親與羅時茂大師結識,倆人互相仰慕,遂結為異姓兄弟。由父親提議,1963年1月,朱拾根拜羅時茂為義父及師父,成為羅時茂的開山大弟子。此後,在師父的悉心傳授下,朱拾根刻苦練習心意六合拳,功夫突飛猛進,三五年後便學有所成,年輕時便在新幹當地頗有名氣,曾以心意六合拳的「追風趕月加單把」力挫當地一武師,使對方望而卻步,誠心拜服。

朱拾根不但武學修為較高,武德涵養及人品也很好,終身追隨師父左右,為師父分憂解難。在20世紀60年代的困難時期,朱拾根長年步行來往於新幹與豐城之間,為師父家送去生活用的大米,過春節時也經常陪伴在師父及師娘身邊。在師父晚年身體欠佳之時,朱拾根更是不離左右,端茶倒水,盡心侍候,是師父臨終時在場的唯一弟子。

朱拾根在師門內威望極高,終生謹記師訓,以弘揚心

意六合拳為己任。1984年，協同師父在新幹當地開設心意六合拳場，教授廣大農村群眾學練心意六合拳藝；1988年開門授徒；1989年5月，協助師父羅時茂成立「江西心意六合拳研究協會」，擔任新幹分會會長至今。

杜國林老師

杜國林，1960年生，江西豐城人氏。從13歲開始就跟隨在羅時茂大師身邊學習心意六合拳，同時還兼學江西地方字門拳、板凳術和長棍術，是羅時茂大師的早期弟子之一。由於杜國林練功刻苦，加上自身悟性極高，經過十多年的苦練，對心意六合拳的造詣頗深，尤其精於四把捶及大龍形，與人較技，從無敗績。

20世紀80年代，秉承師訓開門授徒，還經常跟隨師父奔走於江西豐城、新幹及分宜等地，傳播心意六合拳，並在1989年5月協助羅時茂大師創立江西心意六合拳研究協會，出任首屆協會副會長。

杜老師為人正直、謙遜、低調，頗得羅老先師喜愛，是江西心意門內得羅老先師絕學最多的弟子，也是江西心意六合拳的代表人物。

現在雖已50多歲，但杜先生終身不忘師訓，長年練功不輟，至今仍在孜孜不倦地傳承、發展心意六合拳，為江西心意門的發展做出了較大的貢獻，現為江西心意六合拳研究會總教練。

李和慶老師

李和慶，1951年2月生於河南安陽市。少時習練祖上家傳武術；隨父親進江西支援建設，又習練江西地方字門

拳。1972年，拜羅時茂大師修煉心意六合拳功法；1982
年，在師父授意下開始業餘傳拳，現有弟子數十人。

　　李老師於2000年參加全國心意拳邀請賽，獲壯年組
表演一等獎；2004年參加漯河舉行的心意六合拳邀請
賽，獲四把捶一等獎；2004年，以江西心意六合拳協會
總教練的身份帶隊參加河南漯河心意六合拳邀請賽，獲九
個一等獎、集體一等獎和道德風尚獎；2007年，以教練
的身份，帶隊參加安徽蚌埠的「龍興杯」國際心意六合拳
邀請賽，獲八金一銀和集體一等獎、道德風尚獎；2013
年，參加第十二屆香港「夢想杯」武術比賽，獲男子老年
組四把捶一等獎。作為臨川新才子，撫州電視台、臨川晚
報進行了專訪和報導。

　　李和慶現為國家武術協會會員、國家武術六段、國家
武術一級裁判、江西省武術協會常委、江西省太極拳協會
常委、江西省傳統武術養生專業委員會名譽副主席、江西
省撫州市武術協會主席、河南省漯河市心意六合拳協會副
主席、湖北荊州市心意六合拳協會顧問、武當功夫國際聯
合會常務理事、全國心意六合拳促進會副主席。

李曦初老師

　　李曦初老師，1964年12月出生。師承唐毓堃先生。

　　現任第四屆江西省武術協會副主席、江西省心意六合
拳專業委員會副會長兼秘書長、國家一級裁判，中國武術
七段。1997年10月，入選《中國民間武術家名典》。
2006年10月，入選《當代武壇精英名人錄》，並被授予
「中華武壇精英獎」。

　　江西心意六合拳專業委員會目前的培訓基地在江西余幹武術專科學校，校長李曦初先生是唐毓堃先生的高足。李曦初先生20世紀90年代就在江西武術學校擔任教練，後回老家江西余幹縣自辦武術專科學校，學校歷年被省體育局評為「全省先進武術館校」，學校還專門設有「心意六合拳」專訓班，從小培養學生掌握、了解這門優秀內家拳。李曦初先生每年帶領弟子參加國際及全國性傳統武術比賽並創佳績。為傳承、弘揚心意六合拳，李曦初先生做出了積極的努力，為推動和發展江西心意六合拳做出了一定的貢獻。

李曦初老師拳照

陸安廣老師支系

整理人：葛紅貴

關係：陸安廣老師的親傳弟子

陸安廣老師

先師陸安廣，生平酷愛武術，早年練習少林長拳及各門器械等，均有很深的武術造詣。一生好學，尋師訪友，得知上海灘上的武林前輩眾多，高手雲集，幾經師友的介紹，20世紀50年代參拜盧師爺為師。但其拜師過程很艱難。聽先師說：當時的心意拳是回族的教內拳，對漢族有不授之忌。先師是個酷愛武術的好學之人，哪能錯過學心意拳的機會，最終為師以自己的待人謙虛和為人忠實的品

陸安廣

行讓師爺默認收下為徒。

先師是中醫傷科醫生，醫術相當高，醫德更好，一般不認識他的人，只要上門找到他，都是熱心接待，細心治療，總讓病人滿意地離開。並且，鄰裏關係相當好，不管哪家的老人摔傷、脫臼、傷筋傷骨找到他，他都用自己調製的中草藥及膏方調理治療，效果相當好。師父從不收別人的錢和禮物，是我們做人的榜樣。

教拳方面，師父不管炎夏寒冬都是第一個到場。

為我們授藝細心講解，一招一式，要領分明。心意拳練習以單為主，要練就成熟，領會其中的內涵是非常不易的。師父的諄諄告誡至今仍在我們耳邊迴盪。如今先師已故，但我們始終未能忘記先師要我們加倍刻苦勤練，一招一式都要吃深吃透，要把心意拳一代一代傳下去的教誨。為了更好地繼承和發揚中華民族傳統武術，讓我們去認真努力吧！

【傳承譜系】

創始人：盧嵩高（1875—1961）盧式心意拳鼻祖

第一代：陸安廣

第二代：

葛紅貴　吳文偉　鮑一飛　錢紹鴻　常正林　王根強
路國道　等

第三代：

葛紅貴老師門下弟子：

任利平　孫建民　倪巧生　錢祥德　鄒　濤　周　信

陳　建　陳俊怡　黃　衛　陳曉文　高函濤　朱梭杰

葉　佳　黃戴乾　陸建新　孫易斐　陳宇洋　孫學根

夏政強　王榮生　潘為冬　周　敏　范菊良　吳春杰

吳　杰　王諸琪　夏友強　許衛文　張　平　張　臣

徐　浩　王友發　刁龍生　王　榮　虞曉波　單國洲

戴　軍　孫建華　王　彪　邁克爾　喬　恩

吳文偉老師門下弟子：

王連福　桑安秋　Sanzio Versari

馬爾可　Marco More no

方思可　Francesco Samarco　雷莫　Remo Pizzin

陸　可　Luca dallara　菲力普Filippo Fei Long

唐俐瑋　Lidia Tamaro Alen Bitto　陳　晨

拉　佳　Elijah Nisenboim等

鮑一飛老師門下弟子：

譚子政　劉兵兵　王亞章　孟獻虎　張紀坤　陳羽中

王連福老師門下弟子：

楊朝華　馬啟洪　劉成奎　劉曉東　劉濟仁　邵志華

劉東蓀

藝花如今

葛紅貴老師

葛紅貴，男，1946年10月10日出生於上海。從小酷愛武術，20世紀60年代拜過河南「箭眉大師」騰少男先師學習查拳、洪拳等拳術和器械，1963年恩師仙逝後自己習練；1968年，經朋友推薦給盧嵩高師爺的得意弟子

陸安廣師父學習心意六合拳，其間也深得王書根師父的精心指教，受益匪淺。

20世紀80年代，因工作原因，從上海調到崑山，也就在崑山紮根練拳授徒。1984年，與當地的武術同道創立了崑山市武術協會，同時也成立了心意六合拳分會，並任會長。每年都帶領弟子們參加國際、國家級以及省市級武術比賽，多次取得參賽獎項。2005年，應邀參加了國際武術大師對中國武術的研討。

心意六合拳大師　葛紅貴

雞步

心意六合拳大師　葛紅貴

沈劈

葛紅貴老師拳照

陳信義老師支系

整理人：徐光明

關係：陳信義老師親傳弟子

陳信義老師

據陳信義大師的兒子陳金根所講，1922年陳信義老師拜一代宗師盧嵩高老師為師，開始系統性地學習盧式心意六合拳。

與李尊賢、王守賢、解興邦等成為盧嵩高老師在上海的第一代入室親傳得意弟子。

【傳承譜系】

創始人：盧嵩高（1875—1961）盧式心意拳鼻祖

第一代：陳信義（？—1976）

第二代：

童光美 錢志來 林統民 茆永康 王龍扣 季為民

張玉良 徐光林 徐光明 等

第三代：

徐光明老師門下弟子：

王維乾 徐嘉健 梁大道 王旭磊

藝花如今

徐光明老師

徐光明老師拳照

徐光明，自14歲起（1974年2月到1976年10月）隨師父陳信義學習心意六合拳（師父於1976年11月去世），練習至今，已初步掌握了心意六合拳體系。近十年經由與同門的切磋溝通，在個別練法和教法上逐漸形成了自己的特色。

多次獲得武術交流比賽的獎項：

2011年，獲安徽「鑫民杯」傳統武術一等獎（四把捶）；2013年，獲上海「精武杯」傳統武術一等獎（四把捶）；2014年，獲河南周口「長青杯」傳統武術一等獎（四把捶）；2015年，獲江西首屆「恩德杯」傳統武術一等獎（四把捶）；2016年，獲上海首屆武術節傳統武術一等獎（四把捶、組合套路）。

在習練心意六合拳的同時，一方面推動六合拳的傳承，在公園、大學以及白領聚集的園區推廣心意六合拳，培養的學生有數人奪得上海市相關心意六合拳大賽金獎；另一方面，加強與同門的交流、聚會，積極參加精武會、上海心意六合拳專業委員會(任理事)等相關協會的一些賽事以及座談會。在傳授心意六合拳的時候，能夠針對每個徒弟的學習能力、悟性、身材特點以及時間等因素，因材施教，切實幫助他們快速提升心意六合拳的能力和水準。

宣鵬程老師支系

整理人：宣恆敏

關係：宣鵬程老師之子

宣鵬程老師

宣鵬程先生，自幼嗜武。早年參加革命，歷經抗日戰爭和解放戰爭，曾任騎兵排長，有極豐富的戰場短兵搏殺經歷，身上有與日軍肉搏時留下的刀傷。因其所學武術有最真實最直接的長期戰鬥體驗，故對武術有自身獨到的體會和理解，對格鬥能力亦極為自信。

宣鵬程先生後至滬，得遇滬上回族心意名家盧嵩高先生，在交手中被盧連打了十幾個跟斗，遂感「山外青山樓外樓」，對盧之心意六合拳神奇格鬥技巧佩服得五體投地，故拜盧先生為師學習河南心意六合拳，與孫少甫、于化龍、解興邦、徐文忠、余皮匠等著名武術界人物交好。

宣鵬程先生中年時授徒較多，上海本地及外地人士至其家中學拳請教，拜師者絡繹不絕。至年老慢慢淡出武林，2006年80歲過世。

【傳承譜系】

創始人：盧嵩高（1875—1961）盧式心意拳鼻祖

第一代：宣鵬程

第二代：

宣恆奇　宣恆敏　高林森　翟存亮　吳愛民
鄒　毅
第三代：
宣恆敏老師門下弟子：
杜海忠　閔師瑋　雷宗普

藝花如今

宣恆敏老師

宣恆敏老師是上海盧式心意六合拳名家。宣老師的父親宣鵬程老先生早年參加革命，在戰場的腥風血雨中與日本侵略者和國內反動派生死搏擊並屢立戰功。新中國成立後，宣老先生在上海偶遇心意拳宗師盧嵩高，經過切磋後折服於盧宗師的神功絕技，遂拜在盧的門下成為入室弟子。宣恆敏老師自幼在父親薰陶下愛上傳統武術，其秉承家學練功不輟，深得父親真傳。

宣鵬程老先生與其師兄解興邦、于化龍和孫少甫大師來往甚密，解、于、孫三位大師也經常聚於宣府喝酒論拳、切磋武技、探討武學。那時的宣恆敏老師只有十幾歲，在其父和三位師伯的桌旁耳濡目染，如痴如醉，並有幸得到三位大師的盡心指點。

宣老師武藝精湛，拳架極為工整，功力極為深厚，發勁如晴天霹靂、雷霆萬鈞，身法快似鬼魅深不可測。但宣老師為人又極其低調，不願為虛名所累，只願將先人的真功夫傳承下去。

　　筆者痛感傳統武技失傳太多，多年來苦勸宣老師多做自我宣傳，不求名利只為傳承。宣老師幾十年如一日，每日清晨於魯迅公園練拳授徒，對拜訪求教者毫不保守，誨人不倦，並從不求任何回報。

宣恒敏老師拳照

賈治國老師支系

整理人：賈興福

關係：賈治國老師之子

賈治國老師

賈治國，生於 1923 年，河北省武邑縣河西務村人。由於家境貧困，13 歲隨父母來到上海，居住在楊浦區，以修理自行車、板車謀生。新中國成立後進入上海絨布廠工作。約在 1950 年前後，投帖於心意六合拳大師盧嵩高門下，成為第三期入室弟子。

賈治國先生為人忠厚，敬師如父，雖然自己當時生活條件亦非常困苦，但自從師從盧師祖後，了解到盧師沒有其他工作，靠教拳為生，家裏生活條件並不寬裕，遂每月拿到工資的第一件事，就是將學費盡快送到盧師家中。每到逢年過節時，也不忘買些禮物去看望盧師。每次到盧師那裏學拳回來後，就按照盧師的要求，一絲不苟地反覆盤練。賈老師熱愛

賈治國

心意六合拳，以拳為樂，一生勤奮練功，經常夜深人靜出門練拳，等到別人早上出門鍛鍊，他已經練好了拳，回到了家中。賈老師做事低調，從不以拳示人，向別人炫耀武功，很少有人看到父親練拳，所以左鄰右舍很多人不知道賈老師身懷絕技。

賈老師練拳不怕吃苦，不管刮風下雨，酷暑寒冬，每天堅持鍛鍊。如果遇到刮大風下大雨，就在家裏練，家裏地方小，一步一轉身，兩步一調頭，盤練到自己滿意為止。賈老師不吸菸不喝酒，無其他嗜好，一生以練拳為樂，把畢生的精力奉獻給自己熱愛的心意六合拳。

賈老師在心意六合拳上有很深的理解，他反覆對我講，龍調膀的架勢看似很平常，裏面內含了心意拳最核心的東西。因此，我在很長一段時間裏，練習最多的就是龍調膀、韌勁和雞腿三個架子，這為我以後練習心意六合拳打下了很好的基礎。

賈治國老師說過一句話：「打拳寧可一輩子不用。」當時我只有幾歲，非常不理解這句話，練拳不用，還打什麼拳呢？賈老師告誡我說：透過練拳，在磨鍊人的意志以及吃苦耐勞精神的同時，增加武德修養，使自己的身體更加強壯，不到萬不得已，絕不能出手傷人，造成傷害。就是出手，也是為了解救人的危險。他還說，拳要打好，但更要做好人，武德最重要。

賈老師平時很少與人動手，在與朋友同門的拳術交流中，總是能收放自如，點到為止，從不出手傷人，給人留下了很好的口碑和印象，也得到了別人的尊重。

賈老師雖已去世多年，但他的持之以恆，刻苦練拳，注重武德的優秀品質，是我終生學習的榜樣。

【傳承譜系】
創始人：盧嵩高（1875—1961）盧式心意拳鼻祖
第一代：賈治國
第二代：賈興福

藝花如今

賈興福老師

賈興福，1956年3月生於上海。從小在父親賈治國老師的指導下習練心意六合拳。剛開始走步，東倒西歪，賈治國老師就用腳在地上畫了一條線，讓我在線上練步。由於年紀小，對賈老師的練拳要求似懂非懂，也難做到位。賈老師每次耐心仔細地講解每個動作的要求以及要點。在我練拳時，賈老師嚴格要求，一個架子，有時反反覆覆，經過無數次盤練，直到他滿意為止。他還說，拳貴在專精，要肯下苦功，熟能生巧，要理解每把拳的真正意義。每當我想起這句話，真是感慨萬千。

1972年我16歲，社會上流行摔跤，父親鼓勵我積極參與，讓我跟比我年紀大的孩子摔跤。用這種方法，把心意拳的技擊方法，靈活地融合到摔跤中。遇到那些身體比我高大壯實的對手摔不動的情況下，我馬上回家向父親討教，再去與人比試。經過一年多的摔跤鍛鍊，我終於可以把心意拳的勁力及手、眼、身、法、步等很好地發揮出

賈興福老師拳照

來，自如地運用到摔跤裏。

1984年，我從農場調回上海後，在經濟壓力和社會環境影響下，練拳時斷時續，但是，我還是努力堅持了下來。幾十年來，我都一個人早晚練拳，從不出門，與世隔絕，靜心參悟心意拳的真諦，對心意拳有了進一步的認識。這期間，有苦有樂，每日盤拳，也是我最開心的事情。

在技擊運用上，剛開始學用的時候，往往銜接不上，用起來也慢。父親就用最簡單的方法、最短的距離、最隱秘的手法進行講解，讓我在他身上反覆進行體驗、盤練。每當想起這些，我都會有很多感慨，懷念他對心意拳傳承付出心血和汗水的日子。

緬懷父親，為我練拳所做的點點滴滴，感謝父親的耐心與仁厚。正因為父親對心意六合拳的摯愛，以及堅持不懈的努力做榜樣，使我在幾十年裏，雖然斷斷續續，但還是努力地堅持了下來。

今後我會儘自己最大的努力專研這門古老的拳術，把這門拳藝原原本本地傳下去，決不辜負心意拳前輩對我的期望。

汪百盛老師支系

整理人：劉雪炎

關係：汪百盛老師親傳弟子

汪百盛老師

汪百盛

汪百盛，1935年出生，原紹劇二面大王汪筱奎小兒子，從小隨父親在上海唱戲。為培養小兒子身手武功，前拜上海灘盛名的心意六合拳鼻祖盧嵩高大師為師，為盧大師在上海第二期弟子，學習有十大形各小形與心意盤龍棍等各種器械。

汪百盛先生1975年至1976年在紹興府山、三中等地教徒很多，有搬運工潘寶根、紹興化工廠羅達、紹興塔山村壽阿大、紹興上虞劉雪炎等。

【傳承譜系】

創始人：盧嵩高（1875—1961）盧式心意拳鼻祖

第一代：汪百盛（19 36—）

第二代：劉雪炎（19 50—）

第三代： 駱國華　金培榮　丁炎輝　楊志勇　劉光輝

　　　　 俞百良　宣坤宏　任澤民　金杜威　金　洋

　　　　 練益林　宋玉喜　胡森桃　倪雲峰　宋迬民

藝花如今

劉雪炎老師

劉雪炎，1962年拜鄰居張炳炎為師。師父為原舊上海四明國術館總教練，練習河北派形意拳、八卦掌及十八般兵器。1970年，依師囑到上海尋找孫存周、趙道新二師爺，不遇。其後在淡水路21號找到孫劍雲、王喜奎兩前輩，指導了形意、八卦、九宮與龍形劍。

1975年在紹興府山奇遇李青山、汪百盛兩位老師，後拜汪百盛老師學習心意六合拳、四把、盤龍棍及一些器械。李青山老師初囿於不便向漢族傳藝的舊禮，只交朋友不拜師，後亦教了些拳法和器械。

曾在浙江、山西、安徽等地比賽中榮獲十二塊枚金牌、三塊銀牌和一塊銅牌。現為浙江省紹興市上虞區武術協會副主席。

周永福老師支系

整理人：陳榮、朱小峰

關係：周永福老師親傳弟子

周永福老師

周永福師父出生於1928年12月，1943年進入到上海滬東紡織機械廠工作，20世紀40年代中期與王文海（後拜解興邦為師習心意拳）曾拜少林海燈法師習少林功夫，學得梅花螳螂拳、查拳、華拳以及刀槍劍棍套路，尤其精通少林盤龍棍及少林羅漢拳。

20世紀50年代初有緣拜盧嵩高為師習心意六合拳。

周永福（左）與于化龍（右）

期間與解興邦、于化龍二師兄交往甚密，並得到二位師兄的悉心指點。1983年退休回江陰後開始收徒傳藝。

【傳承譜系】

創始人：盧嵩高（1875—1961）盧式心意拳鼻祖

第一代：周永福（1928—2008）

第二代：張國祥　陳　榮　朱小峰　包炯賢　張　文

第三代：

陳榮老師門下弟子：

陳國宏　吳文俊　徐文俊　徐　鵬

藝花如今

陳榮老師

陳榮，生於1956年5月，江蘇常州市人，盧式心意六合拳第二代傳人，中國武術協會會員，中國武術六段，中國武術教練員。

少年時習練少林十路彈腿、少林五形八法拳等基礎功夫。20世紀80年代初，練心意六合拳。1981年10月，有緣拜盧式心意六合拳大師周永福（江陰人氏，上海心意六合拳鼻祖盧嵩高入室弟子）為師，專心跟隨其習練盧式心意六合拳十大形、心意拳丹田功、紅砂手功法、心意盤龍棍、心意雞爪鐮等。1986年，拜魚志海（全國優秀武術輔導員，太極大師程毅如的高足）學練陳式、楊式太極拳、八極拳，八大硬桿等。1999年，得到師伯于化龍大師指點，此後更通心意六合拳之理，知拳理之互為貫通，

陳榮老師拳照

深感拳味厚重，每日練習，不敢怠功。2008年，被常州市武術協會授予「優秀武術教練員」稱號；2010年，獲「國家武術六段」；2015年5月，參加江蘇省武術交流大賽獲得心意六合拳橫開三簧鎖第一名金牌；同年10月在常州武術交流大賽獲十大形第一名金牌，並被頒發「武術教練員無私貢獻獎」；2014年1月，創辦了常州心意六合拳俱樂部；2016年9月參加河南洛陽舉辦的首屆「華夏杯」全國心意六合拳暨傳統武術大賽上獲心意六合拳第一名金牌，所帶團隊榮獲團體一等獎。2016年10月，被編入《當代中華傳統武術優秀傳承人名錄》。

數十年來，陳榮老師在常州人民公園、紅梅公園、翠

竹公園、北環等地義務教學心意六合拳、陳式太極拳，從學者計數百人，培養了眾多傳統武術愛好者和優秀人才，為心意六合拳的普及和傳承以身作則，悉心教授，為中華武術的推廣做出了自己的貢獻。

　　陳榮老師數十年來勤修不輟，初得武學之味，不敢妄自云通理悟，當取長補短，努力為培養後續力量，傳於有緣人，使中華傳統武學生生不息。

朱小峰老師

　　朱小峰，江陰市公安局工作，中國武術六段。

　　1985 年 2 月，拜周永福為師始習心意六合拳；2010年，珠海心意拳交流會拳術一等獎，並作《淺析心意六合拳的繼承與發展》交流報告；2010 年 11 月，主持操辦江陰心意六合拳協會成立十週年紀念暨「天下心意匯集匯集」心意拳研討會；2011 年，蚌埠「創維」杯武術比賽一等獎；2014 年，第六屆世界傳統武術錦標賽一等獎；2014 年，受邀參加紀念心意六合拳一代宗師宋國賓先生走進蚌埠 100 年全國心意六合拳研討會暨演武大會。

朱小峰

丁長福老師支系

整理人：韓和清

關係：丁長福老師親傳弟子

丁長福老師

丁長福（1932—），1954年拜盧老師為師學心意六合拳，是盧師的關門弟子，師兄弟之間和解興邦的關係最要好。今年已是八十餘歲，精氣神仍不輸於青壯年，行拳如風，行走如風，為人處事古樸有節。丁長福老師善使心意拳中的龍抬頭、虎抱頭、單把、雙把、馬形、雞形、蛇形等，對心意拳有獨特的見解。

【傳承譜系】

創始人：盧嵩高（1875—1961）盧式心意拳鼻祖

第一代：丁長福（1932—）

第二代：丁久林　曹鴻亮　韓和清　蔣為毅　錢仁錶

第三代：

錢仁錶老師門下弟子：

丁雲飛	丁建華	丁奕晨	丁　勇	馬為民	萬建好
萬學青	門軼之	王　偉	鄧　崑	高　軍	王國敬
王忠喜	王　銀	廠盧春	付光磊	劉　彌	孫　劍
孫　雷	孫小龍	朱之軍	鄒永偉	劉玉祥	紀誌慶

許益菲	孫曉鵬	孫志惠	許燕春	蘇　誠	李　宏
李　峰	張　宣	余　俊	李　喆	張　兵	邱小松
陳開華	楊元慶	陳行富	李志萍	李學軍	陳建兵
陳佳奇	楊順昌	陳君健	楊詩林	李建國	楊洪勳
宋曉平	張曉華	張曉磊	陳富毅	明　兵	周　虎
周　鵬	周井亞	周風華	林祥成	周德勝	單以清
胡建忠	趙彥奇	趙樹輝	殷　敏	高　明	都　睿
夏開信	殷世庚	秦國華	高楊忠	顧寶華	徐建武
秦德華	曹廣澤	曹明軍	梅偉國	黃洪濤	崔建功
黃勇剛	黃流明	崔寬江	董文軍	程　義	程亞勇
謝永涵	童華山	騰振亞	樓克加	蔡佳龍	蔡榮強
蔡黎松	潘志威	潘哲軍	薛志威	薛金華	張　瑞
邱小平	薛春忠	魏　濱	章兆祥		

藝花如今

錢仁錶老師

錢仁錶，生於1954年1月，中共黨員。現任盧式心意拳研究會副會長。1976年開始練習心意六合拳、拳擊、散打。啟蒙師父王留柱老師（著名洪拳武術家王亮臣之子），後拜丁長福老師為師父。錢仁錶老師於1982年參加第一屆上海市散打比賽，榮獲重量級冠軍，是1982、1983、1984、1985年連續四年全國散打冠軍；1985年，擔任上海武術院散打隊總教練；1990年，擔任國家隊散打第一任總教練；1992年，受國家體委委派，擔任埃及

國家散打隊總教練，帶領埃及國家散打隊四次參加國際錦標賽並多次榮獲世界冠軍；2016年，應國家體委邀請擔任中國泰拳隊的拳法教練。

錢仁錶老師拳照

徐文忠老師支系

整理人：張薇薇
關係：徐文忠老師外孫女

徐文忠老師

　　父親張品元自幼隨上海名家徐文忠習練少林拳、翻子拳，打下紮實的少林拳基本功，後認識母親徐淑貞（徐文忠女兒）一起訓練，隨著時間推移，共同愛好，結為伉儷。後外公徐文忠先後與心意拳名家盧嵩高、形意拳名家郝湛如結義金蘭，每個星期天在外公家（上海閘北區太陽山路），相互交流，切磋武藝。這時父親和舅舅也加入習練心意、形意拳行列，大師們海闊天空，天南海北；眾徒弟們練長拳，走雞步，站三體勢。當大師們發現某人動作不規範，便及時糾正，並提出高要求，將精華部分面授給徒弟們，聰明點的徒弟則糾正了動作，掌握了精華。父親和舅舅因有少林紮實的基本功，學習起心意和形意拳上手比較快，藉

徐文忠

著聰明勁，大師們在不經意間將看似簡單，其實深奧無比的內家功夫傳授出來。

　　1956年，隨著父母親支援內地建設，來到合肥，母親徐淑貞1958年代表合肥參加了省武術比賽，後被選調進安徽武術隊。當時，外公徐文忠也應聘來到合肥任安徽武術隊首任教練。1958年，母親徐淑貞代表安徽參加全國第一屆全運會獲得獎牌。盧師爺身邊沒有女孩，十分賞識母親的技藝，收為義女。

徐文忠（左）與盧嵩高（右）

　　據父親和舅舅回憶，在舊上海灘，很少有人能過盧師爺三招，一個起落就將挑戰者打翻在地。在20世紀60年代初至70年代末，合肥地區掀起練武高潮，當時，經常有人慕名前來與家父切磋武藝，隨之習練觀看，來人不出幾招，不是臉被打著，就是心意拳刮地風將小腿骨踢傷，經常要準備跌打膏。最有意思的是合肥工大張家本老師，此人當時是安徽省舉重冠軍，已練得一番拳腳，先後拜訪父親兩次，切磋武藝，都敗於父親，後經父親引，拜外公為師。在此之前，有張自山拜徐門習練心意拳形意拳，這樣在20世紀七八十年代就有了「合肥三張」一說。

　　我在20世紀70年代後加入習練心意拳行列，父親找

徐文忠老師拳照

張品元老師拳照

了幾位女徒弟陪我一起習練踩雞步、搖閃把、雞步撩陰，
透過訓練有了一定的武術基礎。當時父親及其兩位師弟在
合肥掀起一股習練心意拳高潮，蚌埠宋國賓的弟子，不少
慕名前來，切磋交流技藝。20世紀80年代，父親隨他岳
父徐文忠去日本教學，在這個階段，日本友人保留了外公
徐文忠的不少影像資料，譬如，十大形基本步法、四把捶
兩種用法、心意六合大槍套路，為盧式心意拳在日本擴大

了影響。總之，外公徐文忠不負盧師爺的臨終託付，將心意拳繼續擴大影響；父親張品元在安徽合肥將心意拳生根開花，如今已經發展四五代，造就了一批人才。

【傳承譜系】

創始人：盧嵩高（1875—1961）盧式心意拳鼻祖

第一代：

　　張品元　徐建國　徐淑貞（師父：盧嵩高、徐文忠）

徐文忠老師門下弟子：

　　張自山　張家本　郜士貴　盛德銘　高恆青　葛茂康
　　趙興堯　馮正寶　朱德貴

第二代：

張品元老師門下弟子：

　　張薇薇　汪開欽　王月明　葉建寧　史東平　童建淮
　　朱正海　張竹仁　楊清枝　姚　啟　王海平　史東林
　　童建新　黃世麟　葉天毅　李程熙　史德忠　徐燕橋
　　趙海俊　李樹雲　朱仁興　趙家勇　陳洪銘

徐建國老師門下弟子：

　　陳小剛　杜　進　劉美禮　錢國強　聞岳鵬　徐惠民
　　呂　鵬　應增榮　徐先進　王　明

張自山老師門下弟子：

　　駱志勝　焦其發　王炳玉　鮑龍江　潘從林　陶仁義
　　張　耀　周弋戈　汪廣宏　蔣鳴放　卞傳忠　張志高

張家本老師門下弟子：

　　張家聲　張家國　張龍坤　王青春　盧　智　吳　斌
　　李紀永　王中夫　張衛衝　倪耘科　朱文忠　左文輝

陳　沛　彭朝保　張德智　王禮倫　費長明　陶　平
第三代：
張薇薇老師門下弟子：
　張曙和　羅賢春　徐新宏　羅會東　鄭　海　程　航
　王錦龍　張立偉　嚴藝斌　許良俊
史東平、史東林老師門下弟子：
　瞿賢超　徐昌雲　劉新章　劉長龍　瞿其強　徐立斌
　夏傳華　董公曾　蔡志剛　季汝俊　楊樂戀　凌德純
　孔建華　張　濤　洪正安　陳益民　錢　武　周仁柱
　封　瑞　侯振東　凌德余　趙昌炳　焦其農　李學華
　司聖力　王從偉　杜寶道　湯大禮　程　鋼　凌　瓏
　謝廣增　朱誦林　章傳照　楊旭胡　運超齊　何　雨
　李宇陽　楊元通　崔浩男　梅金冉　曹勳川　楊久宇
　崔國瑞　張浩宇　郭俊峰　劉海鵬　楊心宇　沙鵬程
　王偉杰　許天澤　李俊杰　劉正偉　馬牛兵　李華明
　何從洋　陳思劍　夏天宇　侯俊杰　滕寶榮　梁俞平
　盛　漢　李高歌　盧肖肖　張嘉珣　楊文慧　王子奇
　劉宇康　熊飛洋　等

藝花如今

張薇薇老師

　　張薇薇，安徽省武術協會副主席、合肥市武術運動協會主席、武術八段。家傳淵源，外公徐文忠，上海武術名家，一生酷愛國術，與心意名家盧嵩高、郝湛如義結金蘭，互傳技藝。

　　20世紀50年代徐文忠曾與王子平、董忠義、王效榮等共同受聘於上海市武術隊教練組，徐文忠任組長；1958年被安徽省聘為省武術隊教練。

　　父親張品元係盧嵩高、徐文忠、郝湛如弟子，深得三位恩師器重。母親徐淑貞，被盧嵩高收為義女，原安徽省武術隊主教練，享受政府津貼，武林百傑，國際級武術裁判，曾在1965年全國武術錦標賽獲全能冠軍，劍術冠軍。舅舅徐建國、父親張品元，深得三位恩師器重，兼三門技藝於一身。

張薇薇老師拳照

李尊思老師支系

整理人：孫雙喜、萬孝先

關係：李尊思老師親傳弟子

李尊思老師

李尊思老師（1918—2014），籍貫河南省沈丘縣槐店鎮，回族。李師一生從事傳統武術的傳承，有傳奇的經歷。

李老師家庭出身貧寒，幼年三歲便失雙親，嘗盡了人間酸苦，然而也鍛鍊了他吃苦耐勞、堅韌不拔、敢於反抗的精神。

他 14 歲進入少林寺學武功；在抗日戰爭時期，曾為八路軍搶回被日寇奪去的糧食。

17 歲時，拜河南周口買金魁為師，學練心意六合拳。學藝成功後，闖蕩武漢三鎮，一

李尊思

路上打抱不平，打地痞、除惡霸。再闖上海後，又投教於他的姑父盧嵩高老師門下，由此技藝更精。

他在八仙橋力戰地痞「斧頭幫」，大陸飯店智擒日偽漢奸，外灘怒懲俄國大力士，東亞運動會上，又棍打日本劍道手，耀揚了中華武威。

新中國成立後，李老師又組織武術義演，為抗美援朝募捐，獲得了當時上海市長陳毅的表揚。改革開放後，李老師更是勤奮地傳授武術文化，多次被評為「優秀輔導員」，多次參加全國少數民族運動會，在傳統武術項目上屢屢為上海奪得金牌，被萬里委員長譽為「一代宗師」。

20世紀60年代中期，萬孝先師兄見李老師生活困

李尊思老師拳照

苦，便組織了八九個人介紹至老師處學習心意六合拳，以收取少量學藝費補貼生活，後由萬孝先師兄提議要李老師在陝西路和人民廣場設場教拳。在這之前，李老師一直幫助盧前輩教拳，盧前輩的弟子稱李老師為大師兄。

李尊思老師是個有情有義的傳奇老師，晚年常提起幾個老徒弟，如萬孝先、鄭傳福、孫雙喜、李金華、天津老孫及唐根楚等。2016年，在大弟子萬孝先、孫雙喜的帶領下，成立了「盧式心意拳李尊思老師心意拳傳承基地」，致力於把李老師的武術文化傳承下去。

【傳承譜系】

創始人：盧嵩高（1875—1961）盧式心意拳鼻祖

第一代：李尊思（師父：買金魁、盧嵩高）

第二代：萬孝先　鄭傳福　孫雙喜　李金華　萬　軍
　　　　談永銘　蔣鴻恩　陳敬宣　等

第三代：

萬孝先、孫雙喜老師門下弟子：

　　喬海生　葉世莪　沙家建　潘文傑　徐昊壯　經仕華
　　蔣志剛　扈元剛　季重高　劉泰山　周偉仁　張根祥
　　張小兵　張建盛　佟凌霄　柯國光　潘國濤　黃成業
　　包建東　劉建東　鄧海龍　時文玉

第四代：

張建盛老師門下弟子：

　　柯俊杰　柯必成　陳翔業

藝花如今

孫雙喜老師

孫雙喜老師現任盧式心意拳研究會副會長，著名的盧式心意拳傳承人。自20世紀60年代末開始，孫師跟隨一代心意拳宗師李尊思前輩學習心意拳。

孫師開始隨李老學藝時，正是上小學四五年級的時候。由於當時的政治環境，李尊思前輩不便在公開場合教拳，故只能在家裏傳承教學。孫師於李老門下學藝，專心致志，極其刻苦，異常用心，深得拳術三昧。同時，孫師品行高潔，尊師重道，對恩師極盡孝道，數十年如一日，在生活中對李老加以照顧，直至李尊思前輩歸真。

孫雙喜老師拳照

　　20世紀70年代，時常有旁門瑣屑之徒挑釁，孫師經常為李尊思前輩出頭與人交手，往往輕取之，維護了師門之尊嚴。孫師極重武林道義，出手取勝後從不向外人炫耀，以全對手之顏面與社會影響。孫師生平坦蕩，膽氣充足，不畏強敵，正義正氣。孫師的師叔，著名心意拳前輩于化龍老師亦極為喜愛孫師之品性與功夫，時常對孫師的功夫給予指點。

　　對外，孫師大力維護師門之名不墮；對內，孫師友愛同門，對同門後學之輩往往不吝提點。

　　李尊思前輩門下大弟子萬孝先、鄭傳福、談永銘、李金華……傳人皆屬李老門下得意弟子，得李老之真傳，數十年來，孫師與各位同門兄弟一直甚為親厚，彼此皆守望相助。

　　時至今日，孫師每日仍舊練拳不輟。功夫已臻化境，爐火純青，深得雞步、龍身、熊膀、鷹捉、虎抱頭、雷音六藝靈勁上身之要，七拳歸一而世所罕見。孫師與人動手，實而虛之，虛而實之，變幻莫測，靜似虎豹欲擇人而噬，動之則快若雷霆，往往人不自知而斯技已臨己身。兵法云「其疾如風，其徐如林，侵掠如火，不動如山，難知如陰」，不外如是。

　　桃李不言，下自成蹊。孫師授徒，講究古法，以實戰為先，務使學者體會到心意拳實用之術。孫師對外所傳技藝皆為心意六合拳實用之學，簡明扼要切中要點，少輕浮做作之風，竭力維持了心意六合拳原始之實用風貌，不負守洞塵技經久不衰之名。

萬孝先老師

萬孝先先生，在20世紀60年代中期跟隨李尊思前輩學習心意六合拳，幾十年如一日敬重李老師，尤其對心意六合拳的內涵和勁意研究很深。

他練龍身、雞形以及虎形有獨特見解並可實用，經常將樹皮「擊手如挫回如鈎」挫碎鈎掉，刮地風尤其踩地風有獨特之處。性格正直，好打抱不平，常為李尊思老師出頭挑戰其對手而取勝，70歲時，曾在外地將當地地痞鎮服而轟動一時。

萬孝先先生對老師的經濟幫助有幾十年，李老師生活困難時（工資低，孩子多），他要李老師公開收徒，由萬孝先先生組織和教拳。

萬孝先老師拳照

李尊思老師當時確認：萬孝先為他的大弟子，有很多事都由萬孝先先生出頭（那時李老師政治上不方便）協調以及收取費用，幫助老師度過困難時期。

萬大師兄在20世紀80年代講過：永遠舉起李尊思老師的旗幟。所以，在李老師歸真兩週年時組建了李尊思心意六合拳傳承基地，目前正在和同門師兄弟聯繫。

李金華老師

李金華老師在20世紀50年代（當時九歲）跟隨查拳名師杜寶昆前輩學習山東查拳，之後又隨河南查拳名師李樹元前輩學習河南查拳。

李金華老師自小習拳刻苦，對查拳的研究有一定的造詣。李樹元前輩歸真後，又隨大師兄萬孝先老師在李尊思前輩門下刻苦學習心意六合拳。李金華老師身體很硬朗，內勁很充沛，拳路清晰，不但查拳以及十路彈腿拳架好，而且對心意六合拳研究很深。他最大的特點是見識廣，善於實戰，並實戰多。

李金華老師對前輩非常敬重，李尊思前輩住院時，李金華老師多次去探望，幾次李尊思前輩在病床上拉住李金華老師的手久久不放，可見他們的感情是何等真誠。

鄭傳福老師

鄭傳福老師，於20世紀60年代初由部隊復員到上海起重運輸機械廠工作，與大師兄萬孝先老師在同一單位，於20世紀60年代中期與大師兄萬孝先老師同時拜李尊思

前輩學習心意六合拳，是李尊思前輩開拳的第一期學員。

　　鄭傳福老師習拳刻苦，他居住的地方與李尊思老師家相近，故不但在教學場子內練，也常在家閉門練並去李老師家請教，所以練就一身好功夫。20世紀70年代初，鄭老師的心意拳已讓人刮目相看，在一次交手中，他的一個調步刮地風將對手的迎面骨刮裂。之後鄭老師在練拳時很注重拳架，很少發力，他怕再出事。所以鄭老師的拳架很好，他的調步刮地風、貓洗臉、左右換肩、虎撲、虎形大劈、十字裏橫、過步箭穿、熊式單把、鷹式撲食以及鷹捉把等都練得虎虎有生氣。

　　鄭老師武藝高強，更得到前輩李尊思的真傳。在困難時期，他自己節儉，但對李尊思前輩的生活非常關心，李老師晚年時期常常念叨阿福（鄭老師的小名）。

劉貴新老師支系

整理人：黃波

關係：劉貴新老師再傳弟子

劉貴新老師

（李漢銘2014年於上海家中口述，黃波記錄）

劉貴新先生（1906—1984），自幼體弱多病，為強壯其體魄，其父特聘武師傳授武藝，體質逐漸強壯，尤精於華拳。18歲時，機緣巧合得拜河南心意六合拳大師尚學禮為師，學習心意六合拳達八年之久。當時由於尚師年邁（已八十餘歲），未能教授心意六合拳盤打之功夫，遂書信一封，推薦到其師弟上海盧嵩高先生處學習心意六合拳盤打之功夫。1935年左右，劉貴新攜尚師書信到上海尋訪盧嵩高先生，於32歲時投師盧嵩高先生門下，後寄居於盧師家中，因此學習的機緣較多。若無他人來訪，便閉門同盧師進行盤打，這樣的盤打訓練每日要進行很多次。經盧師認可出師。他遵盧師之命挾技遍遊各地，訪名家高手以驗其武技。劉貴新先生善罩藝之技，連招出手，其勢疾如閃電，敵人沾衣即跌，應聲即倒。若長勁發人，僅拋其身；若用短手，必傷其內腑。手上功夫極有分寸，融其身柔如棉，九節皆鬆，於無形中善突具爆發之勁，勢若迅雷，故曰：發而不露者，周身皆通也。

　　劉公盤藝，工整而古樸。盤練老架，正脈之規矩，拳勢束長，遵傳統之成法，故而，極受盧嵩高先生器重。時有曾任南京國術館館長姜容樵先生，欲撰心意六合拳拳譜尋求合作者，問盧公：「汝弟子中，誰可攝取標準拳照耶？」盧公答曰：「貴新可！」多年後，劉貴新先生回滬，姜容樵先生三次走訪，因種種原因，合作撰譜一事，終而無果。如今，斯人去也，留下來的只有遺憾了。

　　得傳尚師心意六合拳之老三拳、六合手、熊形猴像以及盧師之十大形盤打功夫，其盤架標準，尤善單把罩藝之功。

　　劉貴新先生一生收徒三人，即劉東海（子）、何海興、李漢銘；劉東海、何海興一生沒有收徒，其拳技未能得以傳承，只有李漢銘先生傳有徒弟。

　　李漢銘先生，祖籍山西太原，祖上遷至湖北，後遷至江蘇，其祖父輩遷至上海，為上海震旦消防廠退休工人。年輕時曾跟隨明師習八卦掌、楊氏太極拳，尤善太極推手，其推手在當地小有名氣。

　　20世紀70年代中期，隨劉貴新先生學習心意六合拳，系統地繼承了劉貴新先生所傳心意六合十大形、七小形、156把和別傳72把，以及老三拳、心意四把、六合四把、熊

劉貴新

形猴像、十形技擊手、六合手、九宮步，器械方面有杜金棍等功夫。弟子有：黃波、曹雲、申碧周等。

劉貴新傳心意六合拳略說

劉貴新先生傳的心意六合拳有十大形、七小形、156把和別傳72把，以及老三拳、心意四把、六合四把、熊形猴像、六合手、九宮步，器械方面有杜金棍等功夫。其十大形的名稱和練法與外界所傳有所不同。其十大形拳諺為：雞踩腿，猴豎蹲，燕抄虎撲龍雲橫；鷹盤爪，熊守身，鷂旋馬鑽蛇草分。名稱為：雞腿、猴豎蹲、燕子抄水、虎撲雙把、龍形裏橫、鷹抓把、熊出洞、鷂子穿林、夜馬奔槽、蛇撥草。據李師所云：雞形含雞腿、雞步、踩雞步、溜雞腿等多個拳把的練法。雞腿是雞形的大形，其他則是小形。大形與小形是有所差別的，大形為根本，小形為變化。現在很多練心意拳者大形與小形沒有嚴格區別開來，甚至把小形當作大形來練。譬如：虎撲雙把和虎撲，鷹抓把和鷹捉等，均是大小形的關係。

另據李師考證：在正傳156把中，其中一十二勢為姬祖原傳，其餘為歷代祖師所增加。李師在《心意門各派拳法校同勘誤遺真錄》中有云：六合始創，勢簡勢繁？據古譜《六合·序》曰：「前後各六勢，一勢變十二勢，十二勢仍歸一勢。」由此可知：六合母勢十二勢，變式一四四勢，合為一五六勢。故曰，六合勢繁而非簡也！師云：簡約常盤易精，衍繁理明知變，寡生博返藝正，三翻九轉歸真。本支入門要求先學定式搖閃把、熊調膀、老三拳。定式搖閃把練的是如何變勁，即橫勁變直勁，然外界盤練此

勢多為直勁或橫勁中的一種，鮮有變勁一法，拳無變勁則不靈。關於搖閃把口訣：「心意發放在搖閃，十個盤練九個反，習時不知橫勁直，六合盡看硬手斬。」熊調膀在外面多稱龍調（吊）膀，李漢銘師曾對此名稱提出個人不同的看法：古人造拳多取法自然，遠取諸物而近取諸身，熊調膀取熊走路蹣跚搖晃，兩膀左右調換而練其身法，故名熊調膀；龍為傳說中虛擬動物，其象形取法於蛇，龍可騰空而行，吞雲吐霧，但其有身有爪而無膀，無膀如何調之？老三拳為鑽裹踐三拳，為本支入門之必修，其訣云：攢拳力摩鑽，迅如電閃出拳搓。裹拳頭裹環，疾如虎風雙頂纏。踐拳上踐撲，連如奔馬落斷續。三拳內藏「中門搓手」之巧，可行九宮踩點之法，此技善群戰，於麇集之圍，可任意縱橫，為三拳秘中之秘。

本支傳承還有兩個四把捶的短拳套路，為六合四把和心意四把，兩者練法不一；據馬學禮《六合譜》記載：四把捶唯有六合四把及心意四把。六合四把捶：唯四技，無雜也！橫拳上舉，稍拳四平。望眉斬臉，截手抱腹。六合四把一把一回身，暗練回勢敏捷；心意四把四式躦正方，暗練鼓勢取人；兩種四把，其功各異。四把有陰陽說，四式右勢，稱陽四把；四式左勢，稱陰四把；習之熟，槃無順，則稱亂環四把。本支盤打實戰技法有熊形猴像、六合手、九宮步（九宮踩點）、十形技擊手等，師云：六合初習，直線盤架，久之嫻熟，則圓中求藝，行三翻九轉之功，盤九宮鬥陣之法；此宮陣九轉之法，為六合上上乘之秘技，須在林中盤藝，陰陽互變，自由穿行。

【傳承譜系】

創始人：盧嵩高（1875—1961）盧式心意拳鼻祖

第一代：劉貴新（1906—1984）

第二代：

　劉東海（193？—）

　何海興（193？—）

　李漢銘（1941—）

第三代：

李漢銘老師門下弟子：

　黃　波　曹　雲　申碧周

第四代：

黃波老師門下弟子：

　敖常喜　王　旭　申抗松

曹雲老師門下弟子：

　秦　聖　劉猛猛　余昌澤

藝花如今

李漢銘老師

　　李漢銘先生，生於1941年，上海震旦消防廠退休工人。年輕時曾跟隨明師習八卦掌、楊氏太極拳，尤擅太極推手，其推手在當地小有名氣。於20世紀70年代中期隨劉貴新先生學習心意六合拳，系統地繼承了劉貴新先生所傳心意六合十大形、七小形、156把和別傳72把，以及老三拳、心意四把、六合四把、熊形猴象、十形技擊手、六

李漢銘老師拳照

合手、九宮步等功夫。

黃波老師

黃波，字泰明，號滴水，係尚學禮、盧嵩高弟子劉貴

黃波老師拳照

新支脈傳人李漢銘先生的嫡傳弟子,為河南心意六合拳第十一代。先後拜多名明師學習了佛道內功以及意拳、形意拳、武當太極等功夫,於2000年起學習心意六合拳,2004年機緣巧合得拜劉貴新支脈心意六合拳傳人李漢銘先生為師學習心意六合拳。目前,較為系統地繼承了李漢銘先生所傳的十大形、三拳、三翻九轉、六合手、心意內功以及各小形練法數十把等心意秘傳拳藝。

曹雲老師

曹雲,李漢銘先生弟子。2014年拜李漢銘先生為師學習心意六合拳。現任遵義市武協主席,中國武術七段,曾先後獲得全國形意拳冠軍、孫氏太極拳冠軍。

曹雲老師拳照

倪德生老師支系

整理人：白玉良

關係：倪德生老師親傳弟子

倪德生老師

倪德生，河南沈丘懷店集人。少年時代隨父親和大老師馬忠青習練查拳。

1947年，隨李好友在武漢以替師帶徒的方式習練尚學禮心意六合拳。

1956年，赴上海休養半年。經其開中醫診所的姑父龐士俊引見，隨盧嵩高學習心意拳。

倪德生（坐）

倪德生老師拳照

1947年，第一次在武漢江岸清真寺設場授徒。

1957—1959年，第二次在江岸皮革廠開場授徒。現武漢江岸八十歲左右的回族習武者均有受益。

20世紀60年代至今，在家門口零散授徒。

【傳承譜系】

創始人：盧嵩高（1875—1961）盧式心意拳鼻祖

第一代：倪德生（1922—2014）

第二代：劉官林　尤治海　馬長春　倪全喜（長子）

　　　　倪全成（三子）　白玉良　白玉柱

　　　　白鐵梁　曲自立　陳西武　等

第三代：

白玉良老師門下弟子：

鄔金柱	馬立新	張小福	張純祥	刁建軍	金　峰
張　亮	李明龍	巴　特	周　毅	張志清	夏文斌
郭愛明	常偉杰	周德長	呂　浩	何　平	肖邦囿
劉　作	劉友明	張　雷	李志翔	張守鐘	等

藝花如今

白玉良老師

白玉良，男，回族，1950年12月26日生於武漢江岸火車站回族居住區。國家武術六段，國家一級裁判員，湖北省武術協會委員、武漢市武術協會理事，武漢心意六合拳・查拳研究會創始人、常務副會長兼秘書長。多次在全國、世界性傳統武術大賽上獲得金獎；多次被聘為心意六合拳全國比賽和研討會的專家評委。

　　1957年，在舅舅倪德生老師的教武場接觸了彈腿、查拳和心意六合拳；1962年，隨蒙師買文德學習彈腿、查拳；1965年，拜在尤文明老師門下，開始系統習練十路彈腿、查拳、各種器械、對練和心意六合拳。至恩師尤文明先生1995年逝世；1971年，經尤師允許，同拜居住在青山區的陳兆瑞、鐵憲斌為師，學習查拳、器械和尚學禮氏心意六合拳及理論。

　　習武幾十年，白玉良謹遵師訓，勤修苦練，尊師愛徒，為傳承中華武術文化不懈努力。在武協的支持下，於2010年7月11日創建了武漢心意六合拳‧查拳研究會。帶領會員參加了多次武術大賽，取得了優異成績。對外展示了武漢心意拳、查拳的風采，為武漢心意六合拳、查拳的對外交流開啟了一個窗口，為武漢心意六合拳、查拳的發展奠定了基礎。

　　2008年5月1日，帶隊首次參加了上海第九屆國際武

白玉良老師拳照

術博覽會心意拳比賽，獲得一個一等獎、兩個二等獎，並應邀參加了名家表演。

6月，參加湖北省傳統武術大賽，獲得一等獎，同時被選拔為第三屆世界武術節湖北省隊隊員。

10月19日，參加武漢市第三屆武術大會，獲得一個第一名、一個第二名的成績。

10月，第三屆世界傳統武術錦標賽獲一金一銅。

2009年9月18日，代表湖北省參加首屆海峽論壇武術交流大會，獲得兩個第一名、一個第二名，得到湖北省武管中心的表揚。

2010年5月，參加2010年武當山國際武術健康大會，獲得一個第一名、兩個第二名。

8月8日，獲全國傳統武術比賽拳、械兩個第一名，參加閉幕式表演。

8月26日，獲湖北省傳統武術比賽一等獎。

9月，參加湖北省第七屆少數民族傳統體育運動會，獲得第三名。

10月，參加第四屆世界傳統武術錦標賽，獲得拳、械兩金。

12月，參加武漢市第四屆武術大會，獲得兩個第一名。

2011年8月，參加廈門海西武術大賽，獲得兩個第一名、兩個第二名和最佳教練員獎。

10月5日，參加安徽蚌埠2011年全國心意六合拳邀請賽，被聘為專家評委，參加名家表演。

11月6日，任2011年全國心意六合拳研討交流會專家評委，獲名家表演一等獎。

11月8日，參加第五屆世界傳統武術錦標賽，獲得一金一銅。

12月15日，任2012年全國心意六合拳研討交流會專家評委，獲名家表演一等獎。

2013年9月15日，參加中國刊博會演武大會，獲得名家表演第一名，拳、械兩個第一名，最佳教練員。兩篇論文獲得三等獎。

12月，參加全國心意六合拳研討交流會，獲得名家表演一等獎。

2014年，武漢第九屆體育運動會武術比賽，任仲裁委員會委員。被聘請為周口傳統武術國際邀請賽專家評委，任全國心意六合拳研討交流會論文一等獎。

6月8日，參加澳門第三屆國際武術節，獲得國際名家匯演金獎。

10月21日，代表武漢市參加湖北第八屆民運會，獲得二等獎、三等獎。

2015年8月8日，代表湖北隊參加第十屆全國少數民族運動會。另被聘任江西全國心意六合拳邀請賽副裁判長。

11月，《武林直通車》傳統功夫雜誌刊登了介紹白玉良的圖文。白玉良被全國二十多個心意拳協會或組織及台灣中華武術總會海外分會聘請為高級顧問。

蘇訓魁老師支系

整理人：蘇民改

關係：蘇訓魁老師之子

蘇訓魁老師

蘇訓魁（1916—1972），經名尤素福，著名武術家，河南省周口西岸人。自幼師從心意拳大師尚學禮、楊殿清、盧嵩高研習心意拳、查拳，又兼李守真、答老恩等師父指導，深得周口心意門諸師技藝真髓，在心意門內聲望

蘇訓魁

極高。精通查拳、心意拳以及三節棍、小鐮子、杜家槍（即後所謂六合槍）等器械，武漢市地方志對蘇訓魁及其心意拳有記載。

蘇訓魁先生是周口心意門諸師傳衣鉢弟子，網上有關蘇訓魁先生的資料很少，而在這極少的資料裏還多是些對蘇訓魁先生的不實描寫，故我們特作一小文，對蘇訓魁先生生平習武經歷作一簡單介紹，其中也兼有從蘇訓魁先生的角度談及尚學禮、楊殿清、盧嵩高等心意門大師，一者表達對蘇訓魁先生的敬仰和懷念，再者希望能對心意拳發展史料做些補充，以供廣大武術愛好者研究。

我的父親蘇訓魁，自幼家庭貧窮，沒有文化，以做豆沫、南瓜稀飯小生意為生，在洋橋南頭，賃一間門面，貨

蘇訓魁老師拳照

真價實，口碑好。

父親一輩子喜歡兩件事：教門和武術。在清真寺一邊學習教門做禮拜，一邊跟隨老師尚學禮、楊殿清、盧嵩高、李守真、答老恩學習心意門。同門師兄弟中楊祥林是大學長，師兄弟有李好友、王贊臣、鐵憲斌、陳憲府、鄭蘭清、郭希聖、馬貴龍、李學增、呂品田等。

父親的師父尚學禮在20世紀30年代，打擂獲勝回來，河南省督軍劉峙親自贈送寶劍一把，此劍現在周口河西清真寺，可以用來宰牛。尚師爺打擂因膀胱受損，褲子總是濕的，當年醫療條件有限，父親和他的師兄弟們輪流照顧尚師爺兩年有餘。師爺去世時，父親說：當時的心情比死了親爹還要悲傷。眾師兄們用手捧著尚師爺的棺木直送到墓地。

父親習武非常用功，頂著他父親不讓練武的壓力（爺爺把父親新做的衣服和三節棍都燒掉了）獨自去伐子地裏練雞腿，在遺地墳頭練濺躜，是不讓人看的。

曾經7年沒有睡過床，和衣睡大板凳上，睡著後，翻身掉下來，就接著繼續練拳。練過蹦地坑，腿上綁沙袋；還練過上下跑立起靠牆的木板等功夫，查拳器械也會不少，但鍾愛「四把」。

在二板橋西頭上崗是穆老會家的院子，尚師爺有一個場子在院內，大樹下的茶桌上，徒弟名單上的方格內看誰放的方孔銅錢壘得高。20世紀40年代，盧師爺從上海回老家周口娶親，父親得知老師回家迎親，就送給盧師爺夠娶兩個媳婦的錢，讓老師用。

　　1959年，父親去上海看望盧師爺，師爺非常高興，把我父親介紹給上海的同門見面，說：「這是我最喜歡的徒弟來了。」師爺把父親留在家裏說拳，一星期都沒有出門，有說不完的話。

　　20世紀60年代，國家武術協會秘書長李天驥對我父親說：像你這樣的功夫，我走遍全國只見到三個人，你好比一面鏡子，埋在土裏，要挖出來，讓世人照一照。

　　新中國成立後，父親在周口是人大代表，在消防隊工作，在周口、淮陽、界首、武漢都帶過徒弟。

【傳承譜系】
創始人：盧嵩高（1875—1961）盧式心意拳鼻祖
第一代：蘇訓魁
第二代：蘇民改
第三代：費春浩

周口河西清真寺盧師子弟支系

整理人：蓋國成

關係：周口河西清真寺負責人

周口河西清真寺

蓋國成老師拳照

【傳承譜系】

創始人：盧嵩高（1875—1961）盧式心意拳鼻祖

第一代：

在周口河西清真寺接受盧師授藝的子弟：

蘇傳青　蘇傳文　蘇訓魁　郭希聖　馬貴龍

劉恆亮　劉忠元　李道福　蘇傳林　馬孝山

石耀祖　劉恆順　李子芳　李子君　袁文斌

馬建奇　劉智甫　馬仁曾

如何來認識一位傳統的武術老師

現在學習武術，特別是學習中國武術中的內家拳，最頭痛的是老師難尋。上當的多，受騙的多，怨恨的人也多。

現在我教你一個方法來辨識一位武術老師是真的，還是假的；是入流的，還是不入流的。想必沒人會告訴初學者們，如魔術師從來不願意自己揭穿自己，大家都知道了，魔術師還吃個啥呀，但是武術老師不是魔術師。

方法從三方面入手，練得好、說得好和做得好。

練得好，分三個層次。

一層次：**基本功紮實**。做老師的準入門檻。

二層次：**有師門特色**。沒有基本功別扯我有師門特色。

三層次：**有個人特色**。沒有師門特色別扯我有個人特色。

說得好，分三個層次。

一層次：**在技術上講道理**。講明白技術中「為什麼這樣和這樣為什麼」的道理為明理。

二層次：**有系統性講道理**。沒有珍珠別說項鍊。

三層次：**有體驗性講道理**。沒有項鍊別說佩戴項鍊的

美感。

做得好，分三個層次。

一層次：有階梯性傳授，體現專業和理性，對武術共性規律的認識。

二層次：因人而異傳授，體現個性差異，從相對共性認識個體差異。

三層次：明是非有操守。

老話講：光練不說是傻把式，光說不練是假把式，能練會說才是真把式。但真把式也就是真把式，自己心裏明白了不一定能教授得出來，所以，三個「一層次」相加才是一位入流的傳承武術老師，多一層次就多一成成色，到了明是非有操守就是9.99成色的武術老師了，但也不會是十全十美的武術老師，因為還有一成是學生。

做武術老師基本功紮實是第一關。武術首先來說是一門技術，是身體語言的技術，中國的武術又多是起源於象形取意的拳種。所有的視覺藝術、身體藝術第一階段都是模仿，學生模仿老師天經地義，老師學得傻了學生就是一群傻子。基本功紮實不需要好得像專業選手一樣，只要不犯常識性錯誤就可以了，是業餘愛好者們的榜樣。可以從以下六個方面對照評估：

（1）看他的拳架是否中正規矩。

（2）看他在打拳的過程中身體是否協調。

（3）看他的速度是否快於常人。

（4）看他的力量是否大於常人。

（5）看他的變化是否有節奏與得心應手，看他的應

用是否真實有效。

說得好首先是能講明白技術中的道理，不是講故事，道理要圍繞著技術呈現，要落到技術動作上才能算是有道理，只會講故事的老師不是真老師。可以準備幾個問題給老師，如：為什麼這樣做？這樣做了有什麼好處？不這麼做有什麼壞處？為什麼我們技術中有這個，別人沒有？為什麼別人的技術中有而我們沒有？

做得好也就是教得好，首先是按武術規律辦事，先教什麼，後教什麼？為什麼有先後？他們的聯繫是什麼？

只有對師門武術有了深刻的了解後才能夠理解這規律性的道理，或者自己不懂但師父知道，那照著老師的大綱、計劃做就是了，怕的是瞎比畫和東一榔頭西一棒子地誤人子弟。

三個方面、九個層次，每一個層面的愛好者都在積極向上走，每一個層面的老師都在積極地向下尋找。吃虧上當是學習傳統武術的一部分，貴在您不斷地努力，不斷地學習，不斷地進步。

歡迎至本公司購買書籍

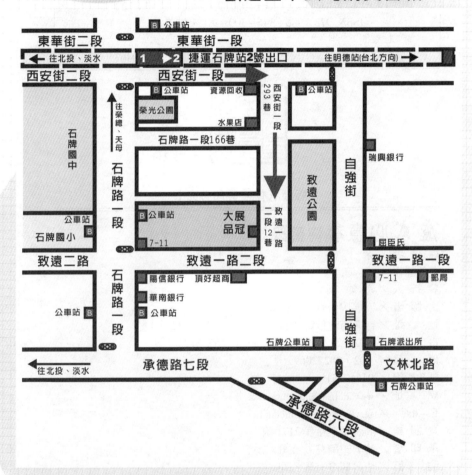

建議路線

1. 搭乘捷運‧公車

　　淡水線石牌站下車，由石牌捷運站２號出口出站(出站後靠右邊)，沿著捷運高架往台北方向走(往明德站方向)，其街名為西安街，約走100公尺(勿超過紅綠燈)，由西安街一段293巷進來(巷口有一公車站牌，站名為自強街口)，本公司位於致遠公園對面。搭公車者請於石牌站(石牌派出所)下車，走進自強街，遇致遠路口左轉，右手邊第一條巷子即為本社位置。

2. 自行開車或騎車

　　由承德路接石牌路，看到陽信銀行右轉，此條即為致遠一路二段，在遇到自強街(紅綠燈)前的巷子(致遠公園)左轉，即可看到本公司招牌。

國家圖書館出版品預行編目資料

盧式心意拳傳習錄／余江 編著
——初版，——臺北市，大展，2020〔民109.06〕
面；21公分 ——（形意・大成拳系列；12）
ISBN 978－986－346－300－9（平裝）
1.拳術 2.中國
528.972 109004635

盧式心意拳傳習錄

編 著 者／余 江

責任編輯／苑 博 洋

發 行 人／蔡 森 明

出 版 者／大展出版社有限公司

社 址／台北市北投區（石牌）致遠一路2段12巷1號

電 話／（02）28236031・28236033・28233123

傳 眞／（02）28272069

郵政劃撥／01669551

網 址／www.dah-jaan.com.tw

E - mail ／service@dah-jaan.com.tw

登 記 證／局版臺業字第2171號

承 印 者／傳興印刷有限公司

裝 訂／佳昇興業有限公司

排 版 者／弘益電腦排版有限公司

授 權 者／北京科學技術出版社

初版1刷／2020年（民109）6月

定 價／480元

●本書若有破損、缺頁請寄回本社更換●

大展好書　好書大展
品嘗好書　冠群可期